法治建设与法学理论研究部级科研项目成果（16SFB2032）
上海市华侨事业发展基金会成年监护专项基金资助

| 博士生导师学术文库 |
A Library of Academics by
Ph.D. Supervisors

老龄监护措施替代机制研究

李霞 著

光明日报出版社

图书在版编目（CIP）数据

老龄监护措施替代机制研究 / 李霞著．－－北京：光明日报出版社，2021.11
ISBN 978－7－5194－6374－8

Ⅰ.①老… Ⅱ.①李… Ⅲ.①老年人—监护—研究 Ⅳ.①C913.6

中国版本图书馆 CIP 数据核字（2021）第 229129 号

老龄监护措施替代机制研究
LAOLING JIANHU CUOSHI TIDAI JIZHI YANJIU

著　　者：李　霞	
责任编辑：刘兴华	责任校对：陈永娟
封面设计：一站出版网	责任印制：曹　诤

出版发行：光明日报出版社
地　　址：北京市西城区永安路 106 号，100050
电　　话：010－63169890（咨询），010－63131930（邮购）
传　　真：010－63131930
网　　址：http://book.gmw.cn
E－mail：gmrbcbs@gmw.cn
法律顾问：北京市兰台律师事务所龚柳方律师
印　　刷：三河市华东印刷有限公司
装　　订：三河市华东印刷有限公司
本书如有破损、缺页、装订错误，请与本社联系调换，电话：010－63131930

开　　本：170mm×240mm	
字　　数：280 千字	印　　张：15.5
版　　次：2022 年 3 月第 1 版	印　　次：2022 年 3 月第 1 次印刷
书　　号：ISBN 978－7－5194－6374－8	
定　　价：95.00 元	

版权所有　　翻印必究

序

夏吟兰[①]

　　本书作者系最早投身于成人监护领域的研习者。早在进入老龄社会的发达国家鉴于应对人口老龄化带来的诸多问题，尤其是成年监护法无法满足老年人的民事需求转而创设新制度时，李霞教授便开始关注，深耕于成年监护法领域二十多年。本书正是在她多年的学术和实践基础上形成的。

　　作者始终秉持"以人为中心"，从最初的对域外制度介绍和我国制度的反思，到法律改革的推动和实践的指引，其研究一直尊重和保护失能者本人的自我决定，推动我国心智障碍者保护和成年监护制度改革。

　　在书中，作者指出了传统老龄监护的特征是替代决定，这决定了法定监护的适用必然导致对老年人自我决定权的漠视。这与人权保障理念相悖，亦不符合老龄群体能力渐退的事实。作者通过对国际老龄监护实践探索的介绍，构想了国际已经成熟的替代老龄监护适用的新型措施的蓝本。值得注意的是本书还有一个崭新见解，即对老年人的失能标准的认识，与财产法不同：意思能力在特定事项中可以独立生效，对简单事项或者亲密关系的事项，只要本人有意思能力，其所做出的决定就应当有效，同时行为能力评价标准应由状态性、结果性转向功能性。

　　本书还着墨介绍了作为优先于老龄监护适用的替代机制，即持久代理权授予、医疗预嘱和监护信托三个措施。三个措施解决脆弱的老龄群体的人身照顾、医疗救治决定和财产管理事务。持久代理权授予制度系我国《中华人民共和国民法典》（以下简称《民法典》）"意定监护"的蓝本，本书不仅对该制度正本清源，也对《民法典》第33条进行了解释论续造。而从法理上深入阐述医疗预嘱，是作为患者本人在有能力时提前对自我的人身医疗事务做出的决定，而不是被动地由监护人代理。这纯属私法自治范畴，排除了传统代理和委托制度中

[①] 中国法学会婚姻家庭法学会会长，中国政法大学教授，博士生导师。

人身行为不得代理规则。此外，本书还提出了医疗预嘱入法路径、类型、要件、撤销和解除等规则。作为第三项措施的监护信托，具有优越的财产管理功能，是本人失能前的提前自我决定从而取代由法定监护人行使财产管理权的担忧，也是尊重自我决定的典型措施。书里对信托运用于监护财产管理的灵活性，监护信托的形式和要件，监护与信托相互效力的体系样貌等有详细阐述。

  作者在老龄监护法领域具有宽广的视野、深度的分析和前瞻的眼光。本书更新了我国老龄监护制度的基本理念，以"尊重自我决定"打破了传统的法律父爱主义；更新了行为能力理论，提出了意思能力的独立考察和功能性评定标准取代原来的精神智力状态；丰富了委托和代理的类型，弥补了现行制度中人身事务代理规则的缺乏。尤为难得的是，本书还具有突出的实践指导意义。除了正文中阐述的适用规则，书末还附上域外替代机制的多种措施的格式范本供实务中利用。

  故作此序。

夏吟兰
2021 年 4 月

将自我决定权还给老年人

为《老龄监护措施替代机制研究》作序

龙翼飞[①]

《中华人民共和国民法典》自2020年5月28日正式颁布以来，国内众多民法学者将多年来的学术研究成果陆续发表，奉献世人，推动了《中华人民共和国民法典》普及宣传和有效实施。华东政法大学李霞教授的《老龄监护措施替代机制研究》一书，是其中具有特别代表性的专著。

引典释法，嘉言懿行。《中华人民共和国民法典》是在以习近平同志为核心的党中央领导下制定的具有中国特色、体现时代特点、反映人民意愿的，具有划时代意义的民法典。《老龄监护措施替代机制研究》一书通篇贯穿了《中华人民共和国民法典》的立法思想。作者在该书中所提出的保障老年人合法民事权益的具体实施建议，都严格遵循了《中华人民共和国民法典》的相关法律规范，精准释法；该书中所表达的法律实施措施，都全面体现了当代中国社会主义核心价值观的精神内核，引导人们敬老、扶老，促进家庭和社会的文明和谐。

高屋建瓴，人格尊严。保护老年人的合法权益，是《中华人民共和国民法典》所贯穿的以人为本的核心法理思想之一即人格尊严的重要体现。《老龄监护措施替代机制研究》一书，站在当代国际社会和当代中国特色社会主义发展阶段的高度，提出保护老年人特殊民事权益的制度设计思想。该书专注于脆弱的老年人面临的医疗救治、财产与财务管理、人身照顾等三大事务的处理和自主决定所遭受的困境，以及其失能后的法定监护人可能的侵害等问题，进行了深入的探索，用《残疾人权利公约》第十二条"协助决策"的最新国际理论范式引领着本书的观点，处处表达着对老年人这一脆弱群体的自主决策的尊重。

别出机杼，独树一帜。本书立足于我国成年监护制度的不足，引出老龄监护的替代机制：持久代理权、医疗预嘱和监护信托这三项措施，它们互相独立、

[①] 中国法学会婚姻家庭法学会常务副会长，中国人民大学法学院教授，博士生导师。

自成体系，却被有机串联在一起，作为本书主要的三大支柱内容，如此安排实在精妙、独到。本书的诸多见解系统表达系国内首次。如书中指出当前的成年监护制度的含义、特征是替代决定，是一种缺乏和忽视老年人的参与、由监护人大而全地包办老年人做决定的制度，成年监护制度对老年人借保护之名实则侵害了本人的民事权利和基本自由，而且"成年监护与行为能力挂钩严重违背了人权保护标准和国际立法趋势，全面监护模式违反了对本人的最小限制原则，对被监护人私权构成过度干预"。同时提出了诸多新观点，包括"意定监护协议的生效后本人的行为能力依然保有""对身心障碍者本人自由的保护力度要高于对犯罪嫌疑人、罪犯自由的保护力度""应允许行为能力有一定瑕疵的成年心智障碍者可以在其意思决定能力所及之范围内设立财产监护信托"等，这些独到的见解书中是不可多得的智识宝藏。同时也将国际视野带进中国老龄监护的研究中。

丽句清辞，流水行云。本书将逻辑严谨、内涵丰富的民法学理论用深入浅出、通俗易懂、行文流畅的语言阐释给读者，使读者在阅读本书时没有晦涩难懂之感。反复阅读此书，将会引领读者深刻领会《中华人民共和国民法典》所规定的保护老年人合法民事权益的相关制度，使之树立法治信仰，将民事法律制度融入人心、化入人行，定分止争，实现法治国家、法治政府、法治社会一体化建设的时代要求。

龙翼飞

2021 年 6 月

目 录
CONTENTS

导　言 ··· 1

第一章　概述 ··· 4
　第一节　老龄监护与老龄监护措施 ··· 4
　第二节　行为能力不完全与老龄监护 ·· 21

第二章　当代老龄监护被替代适用的国际趋势 ·· 26
　第一节　老龄监护被替代适用的背景 ·· 26
　第二节　成年监护对民事权利和基本自由的侵害 ····································· 33
　第三节　老龄监护制度改革的国际实践探索 ··· 44
　第四节　我国《民法典》老龄监护现状 ··· 60
　第五节　中国老龄监护替代措施的方向 ··· 72

第三章　替代措施之一：持久代理权授予 ·· 85
　第一节　持久代理权授予制度与相关制度 ·· 85
　第二节　域外持久代理权的运行 ·· 95
　第三节　《民法典》第 33 条的续法 ··· 112

第四章　替代措施之二：医疗预嘱 ·· 133
　第一节　医疗预嘱的内涵及正当性 ··· 133
　第二节　医疗预嘱法例 ·· 140
　第三节　我国医疗预嘱的框架 ··· 151

第五章　替代措施之三：监护信托 ·················· **159**
　第一节　信托与成年监护财产管理 ················ **159**
　第二节　信托支援监护的历史演变与法律实践 ········ **166**
　第三节　我国监护信托的基本框架 ················ **173**

结　语 ·· **185**
后　记 ·· **186**
附　录 ·· **188**

导　言

老龄监护措施的替代机制研究不仅涉及司法领域的主体制度、行为能力制度、代理制度、监护制度等基本制度，还论及国际人权保障和程序法律制度等。该研究的重点集中在国际新理念的引进及证成、传统老龄监护的局限性、老龄监护替代措施的种类及引进等。

全书内容共分五部分：

第一章对成年监护与老龄监护的含义、特征及分类进行探讨。首先，本章通过研究指出：成年监护制度，即法律允许的一个成年人为另一个能力不完全的成年人的事务做决定的制度。这些决定可包括照顾、安全、健康、护理、教育、治疗措施、住所安排及财产处理等方面的事务。因成年人包括老年人，传统民法一直将老龄监护纳入成年监护制度框架下进行统一界定，故成年监护的概念同样适用于老龄监护。成年监护与老龄监护的本质特征都是替代决定，即监护人替代被监护人做决定。二者依监护设立的原因不同分为法定监护和意定监护两类。其次，本章在介绍老龄监护的措施类型，界定老龄监护替代机制之基础上，指明老龄监护与替代机制之间的关系，即老龄监护替代机制的存在并不意味着老龄监护制度的废除。在适用上，老龄监护替代机制下的诸措施优先，监护仅作为最后的手段。最后，本章揭示了行为能力的剥夺与监护的启动相关联，老龄监护制度是行为能力不完全的效力所及，并指出行为能力的实质构成乃意思能力，民事主体有意思能力才有行为能力。人在老龄时期时会失去体能、智能、精神能力和判断能力等，老年人行为能力之欠缺极具渐进性特点。

第二章介绍了当代国际老龄监护被替代适用的背景、原成年监护对民事权利和基本自由的侵害、老龄监护制度改革的国际实践探索、我国《民法典》老龄监护制度之现状，以及我国引入老龄监护替代措施的方向。由于我国当前老龄化、少子化的社会现实，老年人意思能力欠缺不完全渐进特点，单一的监护制度在老年人权益保护上不尽如人意。成年监护与行为能力挂钩严重违背了人权保护标准和国际立法趋势。全面概括监护模式违反了最小限制原则，对被监护人私权构成过度侵犯。单一化的监护措施，完全忽略意思能力低弱者不同的保护需求。在人权保障和人口老龄化的背景下，许多国家或地区的老龄监护制度，开始从医疗监护模式转向人权监护模式、从完全监护转向有限监护、采用多元化替代措施以尊重并激活老年人余存的不同程度的能力，替代传统老龄监护的适用，同时在意思能力评估上，由状态性、结果性评价标准转向功能性评价标准，以特定问题为基础对能力进行评估。反观我国《民法典》依旧保留陈旧的无行为能力制度，完全背离联合国《残疾人权利公约》（以下简称《公约》）要求，在监护措施方面基本沿袭了《民法通则》的一元化立场。鉴于此，我国未来应在借鉴域外先进立法经验的基础上，结合我国国情，引入多元替代措施，弥补老龄监护制度漏洞，保障老年人合法权益。

第三章重点研究作为老龄监护替代措施之一的持久代理权授予。老龄化带来的社会问题、国际人权运动的兴起、阿尔茨海默病患者数量的逐年上升以及传统老龄监护制度本身的严重漏洞催生了持久代理权。持久代理权授予制度打破了传统代理原则，承认在本人欠缺行为能力时，只要其在意思能力健全的情况下以法律规定的形式指定了代理人，其授权将继续有效，被代理人可以在其自行选择的符合其本人意愿的代理人的协助下，参与到社会社区来，保障本人享受那些"正常人"的生活。持久代理权在中国大陆和台湾地区通常被称为"意定监护"，故在考察域外的持久代理权授予制度的基础上，通过释法路径对《民法典》第33条意定监护进行续法构建，符合我国实际情况的持久代理权授予制度。

第四章主要研究作为老龄监护替代措施之二的医疗预嘱。伴随着人口老龄化、老年人失能失智现象的加剧，老年人的医疗自主权问题逐渐浮出水面。医疗预嘱制度为患者在将来丧失医疗决定能力时仍能主导自己的医疗事务提供了路径，无医疗决定能力患者的自主决定权将依托此制度得到最大程度的伸张。医疗自主权、先前自主权理论、医疗决定不许代理原则及其例外等构成了医疗预嘱的正当性基础。我国现行法律体系中并未规定医疗预嘱制度，但是在社会实践中已有医疗预嘱制度的萌芽。因此，通过考察与借鉴域外的立法例，根据我国当前的社会实践与立法现状，我国的医疗预嘱制度可由未来的医事法做出规定，包括指令型（在世预嘱）和代理型（医疗持久代理）两种不同类型，明确医疗预嘱的成立要件、生效要件、撤销、解除机制等。

第五章主要探讨的是作为老龄监护替代措施之三的监护信托。基于比较分析，在财产管理方面，信托制度比监护制度更具优越性。实践中也早已出现将监护与信托结合使用的情形。虽然监护信托已应用于民间实践，但在我国立法中尚未有监护信托概念。监护信托其实是指委托人在失能前将全部或部分财产通过信托机构进行的规划和安排，在当事人丧失行为能力时，由受托人按照委托人之前的规划和安排对财产予以管理和运行，监护人无权对信托财产进行管理和处分。监护信托在各国形式不一，有扶养信托、特殊需要信托或遗嘱信托等。扶养信托充分发挥了信托的灵活性与稳定性，提前应对可能对被监护人造成影响的不利因素，是财产信托与家庭监护的有机结合。特殊需要信托以社会救助制度为依托，为残疾人进行遗产管理、生活照顾且保留福利资格。我国立法仅规定有遗嘱信托，且存在制度缺陷。我国监护信托立法滞后限制了实务的发展，因此，应对《中华人民共和国信托法》（以下简称《信托法》）进行目的扩展解释，结合多种信托产品的优势，建立完备的监护信托体系。

第一章

概　述

第一节　老龄监护与老龄监护措施

老龄（人）监护[①]系成年（人）监护的重要组成部分（以下全文简称老龄监护、成年监护），传统民法一直将其划入成年监护制度的统一定义。对成年监护制度进行概括性阐述是老龄监护制度得以讨论和研究的前提。

一、老龄监护及其特征

（一）老龄监护内涵

老龄监护，系成年监护制度中对60岁以上年长者的监护之术语。因此，成年监护的基本含义、原理、原则以及规则都适用于老龄监护。概念的阐明是定义老龄监护内涵的基础。

在法律术语上，当前成年监护在诸国有着不同的称谓，我国和韩国称成年监护、日本称成年后见（监护）、德国称成年辅助[②]、法国称成年保护、奥地利

[①] 关于老年人的界定，国际上通用的是以年龄作为划分标准。1982年，联合国通过了《维也纳老龄问题国际行动计划》，指出60岁及60岁以上人群为老年人。世界卫生组织将发达国家的老年人界定为65岁及以上人群，将发展中国家的老年人界定为60岁及以上人群。《中华人民共和国老年人权益保障法》（以下简称《老年人权益保障法》）规定60周岁以上的公民为老年人。老龄人（老年人）应是60周岁以上的公民。

[②] 《德国民法典》对无法管理自己事务之成年人的保护主要规定设在第四编第三章第二节"Rechtliche Betreuung"。在国内译著中，"Betreuung"存在两种不同的译称，一种译为"照管"（参见德国民法典（第四版）[M]．陈卫佐，译．北京：法律出版社，2015：552；杜景林，卢谌．德国民法典：全条文注释（下册）[M]．北京：中国政法大学出版社，2015：1105）；另一种译为"辅助"（参见德国民法典[M]．台湾大学法律学院，台大法学基金会，编译．北京：北京大学出版社，2017：1329）。台湾学者的翻译更符合当代协助决定取代成年监护的国际趋势，故本书赞成后者并将采用"辅助"这一译称。

称成年事务管理、蒙古称成年代办、越南称成年监管、埃塞俄比亚称成年照顾等。[1]

关于成年监护的内涵,各国民法和学理都对其予以揭示。在韩国,成年监护是为保护由疾病、残疾、年老或其他因素产生精神上的制约而造成处理事务能力不足的成年人而设的制度。在日本,成年后监护是指以因精神障碍、失智症、自闭症、脑损伤等无判断能力或判断能力不充分的成年人为保护对象并维护其权益的制度。[2] 在德国,监护制度的适用对象只限于未成年人,成年人因精神疾病或者身体、精神或心理障碍而不能处理其全部或部分事物的,辅助法院依申请或依职权为其选定成年辅助人,此即成年辅助制度。在法国,成年保护是指经医疗确认成年人的精神功能受到疾病损坏、残疾、年老体弱或者身体功能受到损坏的,出于维护当事人利益之目的而设立的保护制度。[3] 英美法系国家通常将成年监护法定义为对成年人管理个人人身或者其他事务的能力进行考察研究的法律。如果法院或陪审团认为一个成年人没有能力管理本人人身或其他事务,则依据成年人监护法规定的法定程序为其指定监护人。在美国,监护制度起源于州政府。在该州市民生活不能自理时对其进行的保护,也被称为"政府监护"权,是一州终止个人在法律上的状态和人格的制度。以爱荷华州为例,在该州,监护是指法院安排一个人为另一个决策能力受到严重损害的人做出某些决定的制度,如决定被监护人住在哪里、得到什么样的医疗服务等。[4] 在监护概念的框架下,美国的成年监护是指州法院依该州法律规定的程序,为通常因智力、精神或认知障碍而被视为"无能力"的成年人指定代理人,并由代理人为本人事务做决定的制度。[5] 在加拿大,成年监护是指一旦法院或者其他法定机关认定一个人无能力处理自己的事务,该人(被监护人)的法定权利、财产和决定权转移给另一人(监护人)的法律关系。[6]

我国《民法典》第 28 条规定了对无民事行为能力或者限制民事行为能力的

---

[1] 李霞. 成年监护制度研究:以人权的视角 [M]. 北京:中国政法大学出版社,2012:2.
[2] 吴秀玲. 日本成年后见制度及其困境对台湾之启示 [J]. 月旦医事法报告,2019 (31):55 - 57.
[3] 法国民法典 [M]. 罗结珍,译. 北京:北京大学出版社,2010:140.
[4] The Iowa Governor's Developmental Disabilities Council. Guardianship &Conservatorship in Iowa [R]. Des Moines:The Iowa Governor's Developmental Disabilities Council,2006:5.
[5] DILLER R. Legal capacity for all:including older persons in the shift from adult guardianship to supported decision - making [J]. Fordham urban law journal,2016,43 (3):495 - 496.
[6] BURNINGHAM S. Developments in Canadian adult guardianship and co - decision - making law [J]. Dalhousie J. LEGAL Stud,2009,18:120 - 121.

成年人的监护制度,但并未对"成年监护"的含义做出准确释明,学界对成年监护的概念众说纷纭,如监护是指"在当事人意思能力不足时,为满足其在现实生活中能够充分实现自己的权利能力和行为能力,要求监护人对被监护人的人身权利、财产权利进行监督和保护,包括民事行为的代理、民事责任的承担及日常生活的照料等方方面面"①,监护是"为无民事行为能力或限制民事行为能力的未成年人或者认知能力有缺陷的成年人设立保护人,保护其人身、管理其财产的法律制度"②,监护是"对未成年人和精神病人的人身、财产及其他合法权益进行监督和保护的民事法律制度"③,监护是"对限制行为能力人和无行为能力人设定专人保护其利益、代表其参加活动、监督其行为并且管理其财产的法律制度"④,监护是"对于不在亲权照护下的未成年人和不能自我保护的特定的成年人,为其人身和财产权益的保护而设立的民事法律制度"⑤,从以上不同概念可以看出,我国学界普遍认同监护是对特定自然人的人身和财产权益进行监督和保护的法律制度。基于此,学界由监护的概念推导出成年监护是指民法所规定的对于特殊的成年人的人身、财产及其他合法权益进行监督、保护的法律制度。⑥从《民法典》的规定可知,特殊的成年人是指因智力、精神健康状况而不能辨认或者不能完全辨认自己行为的成年人,包括无民事行为能力成年人和限制民事行为能力成年人。

综合以上内容可知,两大法系对于成年监护制度的界定大同小异,最终目的均是保护特定成年人的利益。大陆法系国家多从应然层面界定成年监护,而英美法系国家则从实然层面界定成年监护,两者比较,后者更真切反映了成年监护制度的本质,即成年监护制度所保护的特定成年人符合两个条件:第一,本人缺乏能力;第二,有关人身事务、财产事务及医疗保健事务等方面需要他人替代本人做决定。我国《民法典》的条文和学者们的定义中,都没有体现出成年监护的本质是"替代决定"属性,即监护人是负责替代本人做决定的人。⑦

---

① 李洪祥. 论成年监护制度研究存在的若干误区[J]. 政法论丛,2017(2):94.
② 李永军. 中华人民共和国民法总则精释与适用[M]. 北京:中国民主法制出版社,2017:40.
③ 张民安,王荣珍. 民法总论(第四版)[M]. 广州:中山大学出版社,2013:146.
④ 马俊驹,辜明安. 民法[M]. 武汉:武汉大学出版社,2012:62.
⑤ 李霞. 民法典成年保护制度[M]. 济南:山东大学出版社,2007:18;蒋月. 民法总论[M]. 厦门:厦门大学出版社,2007:118.
⑥ 夏吟兰. 婚姻家庭继承法[M]. 北京:中国政法大学出版社,2012:154.
⑦ 在成年监护中,监护人作为被监护人的代理人,替代本人处理他的人身照顾、医疗决定和财产管理等事务,不必是被监护人的实际照顾人、护理人。

可见，英美法系的界定更清晰，即成年监护制度是指法律允许的一个成年人为另一个能力不完全的成年人的事务做决定的制度，这些决定可包括在照顾、安全、健康、护理、教育、治疗措施、住所安排及财产处理等方面的事务。[1]

关于老龄监护的概念，根据上文所赞成的成年监护之概念可推导出，是指法律允许的一个成年人为另一个能力不完全的60周岁以上自然人的事务做决定的制度，这些决定可包含人身照顾事务、医疗与健康护理事务，以及财产财务管理等事务。

（二）老龄监护的替代决定特征

老龄监护制度作为成年监护制度的重要组成部分，其特征依托于对成年监护特征的总结。关于成年监护的特征，国内学者多立足法律条文本身归纳总结出以下三个：第一，内容法定性。成年监护法律关系的内容即监护人的职责由法律直接明文规定。监护人若不履行监护职责，则要承担相应的法律责任。第二，目的保护性。成年监护制度的首要目的是保护无民事行为能力或者限制民事行为能力的成年人的人身权利、财产权利以及其他合法权益等。第三，主体特定性。成年监护制度的适用对象即被监护人只能是无民事行为能力或限制民事行为能力的成年人。监护人必须是与被监护人关系密切的人或者组织，仅限于被监护人的近亲属、其他愿意担任监护人的个人或者组织。[2] 因此，老龄监护亦具有学界归纳的成年监护的三个主要特征，即内容法定性、目的保护性和主体特定性。具体而言，首先，法律规范监护人与老龄被监护人之间的监护权利义务关系，监护人必须按照合同约定或法律规定履行监护职责，反之则要承担相应的法律责任。其次，老龄监护制度之目的是保障由精神日渐衰弱、身体机能逐步衰退等导致丧失全部或部分判断能力或行动能力的老年人的合法权益，为老年人提供补足其行为能力以进行人身照料、财产管理或医疗护理等保护措

---

[1] Autistic Self Advocacy Network. The right to make choices: International laws and decision – making by people with disabilities [R/OL]. [2021 – 04 – 20]. http://www.supportmydecision.org/assets/tools/ASANs – The – Right – to – Make – Choices.pdf. Rebekah Diller 提出，成年监护是一种关于某个状态的法律程序，在这个程序中由法庭指定一名代理人为一位被视为能力不完全的成年人做决定。一旦某人被宣告成年监护，他就失去了为自己人生基本问题做出决定的权利，例如住哪儿，怎么花钱，是否接受健康照料等。参见 DILLER R. Legal capacity for all: including older persons in the shift from adult guardianship to supported decision – making [J]. Fordham urban law journal, 2016, 43 (3): 495 – 496.

[2] 夏吟兰. 婚姻家庭继承法 [M]. 北京：中国政法大学出版社，2012：156；张民安，王荣珍. 民法总论（第四版）[M]. 广州：中山大学出版社，2013：147.

施。最后，被监护人必须是老年人，监护人须具备监护能力。我国立法规定的老年人为60周岁以上的公民。一般来说，原则上老年人具备完全民事行为能力，老年人被监护往往是因为年老体衰、精神衰弱、行动不便等因素自身行为能力不完全或客观上不能处理自身事务。老年人的监护人必须具备监护能力，且必须是被监护人的近亲属，或者其他愿意担任监护人的个人或组织。老龄被监护人与监护人既可是亲属关系，也可是代理关系。①

成年监护制度背后的理念是民法以积极干预私人自治的方式保护交易安全及本人利益。但20世纪中叶以来，以尊重本人自主决定权为理念的成年监护改革此起彼伏。因此，对成年监护制度特征的探究应基于"尊重本人自主决定权"之现代人权理念为核心。我国《民法典》之成年监护制度否定本人的行为能力而后设置监护人，由监护人代理本人就本人相关事务做一切决定，其根本特征表露无遗，即替代决定。表现如下：

第一，成年监护的启动以否定个人的行为能力为前提。《民法典》第21条"不能辨认自己行为的成年人为无民事行为能力人，由其法定代理人代理实施民事法律行为"、第22条"不能完全辨认自己行为的成年人为限制民事行为能力人，实施民事法律行为由其法定代理人代理或者经其法定代理人同意、追认"、第23条"无民事行为能力人、限制民事行为能力人的监护人是其法定代理人"的规定，均表明现行民法规定的成年监护制度是以"否定或限制一个人的行为能力"为前提的，即便只是针对一个人就某一项事务做出决定的行为能力。②

第二，替代本人做决定。一旦本人被剥夺行为能力后，与本人相关的事项决定权由本人转归监护人所有。如《民法典》第30条协议确定监护人的规定、第31条对监护人确定争议的规定，排除了本人参与选择监护人的机会。在监护事项上，本人的财产管理、医疗救治以及人身照顾事务，一概由监护人替代决定。监护人对本人的上述全部民事事务享有代理权、同意权、追认权、撤销权和财产管理权。

第三，遵循本人最大利益原则而没有尊重本人意愿。法律在认定本人意思能力受损基础上剥夺了个人行为能力，本人意愿因此也不再为法律承认，监护人在履行监护职责时以本人最大利益为原则，并辅之以适当的程序保障（排除

---

① 李欣. 私法自治视域下的老年人监护制度研究［M］. 北京：群众出版社，2013：41.
② 李霞. 协助决定取代成年监护替代决定——兼论民法典婚姻家庭编监护与协助的增设［J］. 法学研究，2019（1）：103.

利益冲突）和实质保障（无权做出某些种类的决策）行事。① 尽管《民法典》在第 30 条、第 35 条出现了"应当尊重被监护人的真实意愿""应当最大程度地尊重被监护人的真实意愿"的表述，但其前提都是先行否定本人即被监护人的行为能力。替代决定者即监护人所做的任何一项关于被监护人的决定依据的都是本人的"最大利益"原则，而非本人的意愿和选择。

老龄监护作为成年监护的组成部分，当然具备替代决定之本质特征。详言之，老龄监护的启动以老年人行为能力欠缺宣告为前提，一旦老年人被认定为无民事行为能力人或限制民事行为能力人，监护人便正式"登场"。老年人的人身和财产事务（个人日常生活、财产管理和医疗护理等）的决定权在被剥夺的范围内全部交予监护人行使，监护人在所获权限范围内替代本人决定所有事务。在老年人被剥夺行为能力后，对其个人事务做决定的权利都被监护人取代。② 尽管法律要求尊重被监护人的真实意愿，但因事务的决定权由监护人代理，监护人往往以其所认为的符合老年被监护人的最大利益行事，而没有尊重老年被监护人本人的意愿或选择。

老龄监护的分类，完全可以适用类推成年监护。成年监护的类型划分，目前学界尚未形成通说，主要有以下两种见解。

第一种观点认为：根据监护关系的发生原因，可将成年监护分为法定监护和意定监护。所谓法定监护是指监护的设立、变更、终止，监护人的职责等都由法律直接规定。而意定监护，是指监护的设立和监护的内容，例如监护人的权限、义务、监护责任由本人依据意思表示而决定。

第二种观点认为：根据监护的设立方式不同，可将成年监护分为法定监护、指定监护、协议监护、遗嘱监护、委托监护和意定监护。法定监护是指直接根据法律的规定而设立的监护。《民法典》第 28 条是典型的关于成年人的法定监护。指定监护是指对监护人的确定有争议时，由有关单位或人民法院指定的监护。《民法典》第 31 条第 1 款规定："对监护人的确定有争议的，由被监护人住所地的居民委员会、村民委员会或者民政部门指定监护人，有关当事人对指定不服的，可以向人民法院申请指定监护人；有关当事人也可以直接向人民法院申请指定监护人。"协议监护是指由具有法定监护资格的人协商产生监护执行人

---

① 杰拉德·奎因，李敬.《残疾人权利公约》研究：海外视角（2014）[M]. 陈博，傅志军等，译. 北京：人民出版社，2015：157.
② 杜生一. 成年监护决定范式的现代转型：从替代到协助 [J]. 北方法学，2018（6）：137.

的监护。此类监护体现于《民法典》第30条,即"依法具有监护资格的人之间可以协议确定监护人"。遗嘱监护是指法定监护人以遗嘱形式为被监护人选定监护人的监护。《民法典》第29条规定"被监护人的父母担任监护人的,可以通过遗嘱指定监护人"。委托监护是指监护人通过订立委托监护合同,委托他人在一定期限内代为履行监护职责。① 依据《最高人民法院关于贯彻执行〈中华人民共和国民法通则〉若干问题的意见(试行)》(以下简称《民通意见》)第22条的规定,监护人可以将部分或者全部监护职责委托给他人。意定监护类型是民法总则的亮点之一,体现在《民法典》第33条。②

上述两种分类,第一种更合理。理由在于,指定监护、遗嘱监护、协议监护、委托监护都是法定监护,它们都无视和尊重被监护人本人的意愿或者说是以与其意愿无关、都是法律直接的规定为前提。故老龄监护的分类类推成年监护分为:法定监护和意定监护。所谓的意定监护,是成年人自己决定自己的监护事务,即意思自治,自己为自己设定监护人,而不是给他人设定监护人。这是民法意思自治的合乎事理的含义。而为他人设定监护人或者替他人的监护事务做出决定便是替代他人做决定,国际上称之为替代决定制度,即法定监护。而法定监护的设立必须依照法律(包括法律许可的要件)和经法定程序,才有权替他人做决定。意定监护与法定监护之区别在于对本人(被监护人)自我决定权的态度。因此,意定监护是对被监护人完全基于自己意愿选择监护人的尊重,本人意愿起决定性的作用。在赞同这一观点的《民法典》官方文本里也可发现,意定监护仅指《民法典》第33条涉及的;法定监护是基于法律规定的条件和程序确定监护人,具体体现于《民法典》第27条至第32条之规定。③

因此,根据监护对象的不同,监护分为未成年人监护和成年人监护,未成年人监护都是法定监护,而成年人监护又可根据监护设立的原因不同分为成年法定监护和成年意定监护。根据成年监护的分类标准,老龄监护依监护设立的原因可分为老龄法定监护和老龄意定监护。老龄法定监护,是指老龄监护的设立依据和内容都是由法律规定的制度,如老龄监护的设立、变更、终止,老龄监护的利用者,老龄监护的权限、义务、职责等。老龄意定监护,是指老年人意思能力健全时,根据自己的意愿预先将本人的人身、医疗救治和财产管理等

---

① 李霞. 成年监护制度研究:以人权的视角[M]. 北京:中国政法大学出版社,2012:7-10.
② 江必新,何东宁,肖芳. 最高人民法院指导性案例裁判规则理解与适用——婚姻家庭卷(第2版)[M]. 北京:中国法制出版社,2018:27-28.
③ 李适时. 中华人民共和国民法总则释义[M]. 北京:法律出版社,2017:99.

事务委托信任的人并授予其代理权的协议，在本人丧失全部或部分能力时代理开始。老龄意定监护在监护人的选择、监护权限、职责等方面皆可由当事人约定，给予本人提前自主规划自身事务的权利。

人口老龄化引发的一系列社会问题为老龄意定监护制度的诞生提供契机。伴随人口老龄化而来的是老年失能失智者、空巢老人以及独居老人不容乐观的生活状态。老年人的生理功能、身体机能、判断能力处于逐渐衰退过程，引发如老年痴呆、关节炎等慢性疾病，处理日常生活事务的能力遭受不同程度的影响，僵硬与刻板的法定监护已无法为其提供保护。相反，极具柔性与弹性的老龄意定监护，尊重本人的自主决定权，活用本人余存的能力，满足本人的多元化需求，通过鼓励老年人提前规划晚年生活，从而更好地维护其合法权益。老龄意定监护充分贯彻民法之"私法自治"基本理念，坚持意思自治原则，优先法定监护而适用，为老年人提供了更人性化、合理化的保护手段。

必须注意，在本书中，除了赞同上述第一种分类，还坚持另外两种新的分类。第一种是人身照顾事务、医疗救治（健康护理）以及财产财务事务的监护，第二种是完全监护和限制（部分）监护。分述如下：

1. 人身照顾事务、医疗救治（健康护理）以及财产财务事务的监护

根据监护关系的客体，老年监护可分为人身照顾事务、医疗救治（健康护理）以及财产财务事务的监护。人身方面的监护是指与被监护人的人身相关的监护，具体可表现为对被监护人的人身保护、生活照顾和医疗护理。财产财务方面的监护是指与被监护人的财产财务事务相关的监护，主要内容包括管理被监护人的财产和财务，在法律范围内代理被监护人为法律行为等。[①] 如《美国统一监护和保护程序法》规定，法院指定"监护人"负责个人护理事项，指定"保护人"（conservator）负责管理财产。爱荷华州亦规定，保护（conservatorship）处理的是个人的财务决定，监护处理的是非财务的决定，例如被监护人住在哪里，接受什么样的医疗服务。[②]

这一新的分类具有重大意义，正是这种新划分才产生了针对人身照顾事务的持久代理权授予、针对财产财务管理事务的监护信托或者特殊需要信托、针对医疗与健康护理的医疗预嘱等。

---

① 倪娜. 老年人监护制度研究［M］. 厦门：厦门大学出版社，2012：31.
② "监护人"（guardian）和"保护人"（conservator）在不同的州所表达的意思也许不同：在爱荷华州被称为"监护人"（guardian）的人，在其他州可能被称为"保护人"（conservator）；在爱荷华州被称为"保护人"（conservator）的人，在其他州可能被称为"财产监护人"（guardian of the estate）。

2. 完全监护和限制（部分）监护

根据监护人的权限不同，成年监护可分为完全监护和部分监护。完全监护是指本人的人身照顾、财产管理、医疗护理等所有的事务都交给监护人替代本人做决定；部分监护是本人将财产部分交给监护人管理，或者将部分医疗事务交由监护人决定，余下决定权自己保留，或者将如不动产处理、离岸信托、海外财产等交由专人管理。①

这种新类型的重要意义表现在，正是基于这种新的分类，才可以对成年监护无视本人余存的能力并将所有权限赋予了监护人的替代决定特征有所反思，并检讨该制度的后果，即对本人作为被监护人时的民事权利乃至基本自由的剥夺。也正是凭借这种新的分类，我们才得以反思传统民法成年监护制度的诸措施，如代理权、同意权、撤销权、追认权、财产管理权等，在全部交由监护人行使后，对本人尊严进行的粗暴践踏。成年监护的行使后果对被监护人的权利与自由的克减甚于服刑的犯人。

二、老龄监护措施

老龄监护制度作为成年监护制度的组成部分，其措施类型体现于立法对成年监护的具体规定。出于尊重身心残障者余存意思能力的个体差异性，现代各国设立了多层次、灵活多样的成年监护措施并为老龄群体所适用。

（一）域外监护措施的一元化

德国是典型的成年监护措施一元化国家。德国在1990年9月12日以成年辅助法取代禁治产监护制度，通过修正，德国法将未成年人监护制度与成年人监护制度区隔开来，对成年人不再实施监护制度，而改为辅助制度。② 在1992年，德国开始实施有关改革监护法和成年人保佐法的法律，之后又分别于1998年、2005年、2009年、2015年以及2016年陆续修订其成年辅助法。③ 德国由原来的"监护、辅佐"二元保护方式构造成一元化的"辅助"，由辅助法院根据成年人的身心障碍程度依申请或依职权为其选任辅助人，并指定辅助事项之范围。虽然德国未采用类型化监护立法，但一元化的辅助制度是立法者和司法者严格按

---

① 李霞. 漫谈中国成年监护制度与公证［J］. 中国公证，2017（6）：22.
② 德国民法典［M］. 台湾大学法律学院，台大法学基金会编译. 北京：北京大学出版社，2017：1329.
③ 戴瑀如. 初探德国成年辅助法［J］. 月旦法学杂志，2009（174）：167.

照比例原则，以权利侵害最小化的方式最大程度地满足身心障碍者的保护需求。① 是否为身心障碍者设置辅助、选何人担任辅助人、辅助人的数量、辅助的事务范围（人身照管、医疗救治还是财产管理）、辅助的期间（终身还是定期审查）、辅助的场所、辅助的措施（辅助人有同意权还是代理权）等，都应以损害被辅助人最少的基本权利和自由为标准。② 法院在每个案件中视本人之具体状况决定是否设置辅助，且仅在必要范围内设置辅助人，同时，按照每个人不同的需求予以选任辅助人协助本人执行辅助事务，为本人定制不同的辅助措施，充分尊重成年人的余存意志。辅助措施既是对被辅助人的财产进行照管和代理，还是对被辅助人的人身进行照护，辅助人在职责范围内应利用各种可能性使被辅助人的疾病或残疾得以消除、改善、防止恶化或减轻。但辅助人在为被辅助人采取医疗、绝育、限制人身自由措施时，要受辅助法院的严格限制和审查。③

（二）域外监护措施的类型化

采用类型化成年监护措施的国家或地区主要有瑞典、法国、日本、奥地利、美国、英国、加拿大以及我国台湾地区等，这些国家或地区通过判断身心障碍者余存的不同程度的意思能力，划定本人意思自治的类型范围，与本人意思能力欠缺部分对应的不同类的监护人。采用类型化监护措施立法的国家或地区相关法律规定的监护措施类型又分为二元、三元、四元类。采用二元化类型的国家或地区，其法律如瑞典法规定了特别监护、管理监护，其中特别监护并不剥夺本人的行为能力，特别代理人的选任及其职责范围须经本人同意，而管理监护适用于精神障碍者、高龄痴呆者等限制行为能力人，对于日常生活行为，被管理人仍可单独进行，但其他如房屋出售、租赁等行为，管理人享有代理权、同意权；《智利共和国民法典》规定了监护、保佐，处于监护、保佐之下的个人称为被庇护人，行使监护、保佐职责的人称为庇护人，监护和普通保佐适用于被庇护人的财产和人身事项，特别保佐适用于被庇护人的特定事务④；我国台湾地区"民法"规定了监护、辅助，还列举了受辅助宣告之人为哪些行为前，应经辅助人同意。采用三元化类型的国家或地区，其法律如法国法规定了司法保护、财产管理和监护，只有确定司法保护无法给予本人充分保护时才能宣告实

---

① 李霞. 成年监护制度的现代转向 [J]. 中国法学，2015（2）：208.
② 王竹青. 德国从成年人监护制度到照管制度的改革与发展 [J]. 北京科技大学学报（社会科学版），2005（2）：55-59.
③ 刘金霞. 德国、日本成年监护改革的借鉴意义 [J]. 中国青年政治学院学报，2012（5）：120.
④ 智利共和国民法典 [M]. 徐涤宇，译. 北京：北京大学出版社，2014：105-106.

行财产管理，只有确定司法保护和财产管理均无法给予本人充分保护时才能宣告实行监护；① 瑞士的成年监护措施包括监护、辅佐和司法保护，其中监护又分为辅助型监护、代理型监护、同意型监护和全面型监护；奥地利的成年监护也称"成年事务管理"，《奥地利民法典》规定了个别事务管理、一定事务管理和全部事务管理，根据残疾的程度、待处理事务的类型和范围，管理人被赋予处理个别事物，如实现一项请求权、订立一个合同等，或处理特定事务，如管理部分或全部财产，或处理全部事务的委托；澳大利亚与奥地利相似，规定了特定事务监护、一定事务监护、全部事务监护；② 日本法规定了监护、保佐和辅助，监护人在料理被监护人的生活、疗养、看护及财产管理等事务时，须尊重被监护人的意思并照顾被监护人的身心状况和生活状况，保佐人或辅助人根据家庭法院的裁定享有代理被保佐人或被辅助人为特定法律行为的权利③；韩国法规规定了完全监护、有限监护和特定监护，在完全监护下，被监护人的行为能力原则上是受限制的，监护人对被监护人的事务享有法定代理权，对被监护人所为的法律行为享有撤销权，但家庭法院可通过列举不可撤销行为的种类限制监护人的代理权④，而在有限监护下，被监护人原则上维持原有的行为能力，为有效的法律行为，家庭法院可赋予有限监护人一定的代理权，也可确定被监护人所为的一定行为，必须征得监护人的同意，对于被监护人所为的未经监护人同意之一定行为是可以撤销的，但是为日常生活所需且对价合理的行为除外，不同于完全监护或有限监护，特定监护是临时的监护制度，是对被监护人行使权利的辅助，适用于暂时或特定的事务；《魁北克民法典》规定了监护、保佐、顾问，监护人可分为人身监护人和财产监护人，或者兼顾人身和财产事项，保佐人对于受保护成年人的财产享有全面的管理权，顾问对受保护成年人的财产不享有管理权，但应给予受保护成年人协助的行为。⑤ 采用四元化类型的国家或地区，其法律如美国老年法中规定了财产监护、人身监护、全权监护、有限监护，英国相关法律规定了管理、监护、保护、财产管理，加拿大的《统一代理权法》及其安大略省《替代决定法》中规定了共同监护、信托、辅佐、代理。采用类型化立法的国家，针对身心障碍者残留的不同程度的意思能力，划定本人意思自治的类型范围，并根据每一个被监护人对他人不同的保护需求，对本

---

① 法国民法典 [M]. 罗结珍, 译. 北京：北京大学出版社, 2010: 144.
② 李霞. 成年监护制度的现代转向 [J]. 中国法学, 2015 (2): 208.
③ 最新日本民法 [M]. 渠涛, 编译. 北京：法律出版社, 2006: 182 – 189.
④ 李霞. 成年监护制度研究：人权的视角 [M]. 北京：中国政法大学出版社, 2012: 50.
⑤ 魁北克民法典 [M]. 孙建江, 等译. 北京：中国人民大学出版社, 2005: 36 – 37.

人不能自我决定的部分设定不同类的监护人。类型化立法体现了法律的灵活柔韧性，深层次地达到保护的目的，灵活地调和了"他治"和"自治"的平衡。①

（三）我国监护措施的单一化

我国以《民法典》为核心构建的成年监护制度基本上沿袭了《民法通则》的制度设计，未对监护措施做类型化区分，是一种概括式的他治措施，既有别于德国的一元化，也不同于日、法等国的类型化立法。依据《民法典》第21条、第22条的规定，无民事行为能力的成年人，由其法定代理人代理实施民事法律行为，限制民事行为能力的成年人，实施民事法律行为由其法定代理人代理或者经其法定代理人同意、追认。《民法典》第34条规定："监护人的职责是代理被监护人实施民事法律行为，保护被监护人的人身权利、财产权利以及其他合法权益等。"因此可以看出，我国民法对无民事行为能力人的监护措施是赋予监护人代理权和财产管理权，而对于限制民事行为能力人的监护措施也是代理权和财产管理权，但同时监护人也对限制民事行为能力人实施的法律行为享有同意权、追认权和撤销权。除了在代理权限上有所区别，监护人的其他监护职责是完全相同的。在监护事务上，本人的财产管理、医疗救治以及人身照顾事务，一概由监护人替代决定。监护人对本人的上述全部民事事务拥有代理权、同意权、追认权、撤销权、财产管理权。② 由此可知，我国在成年监护措施的立法设计上采用不加区分的概括式立法，作为其主要组成部分之一的老龄监护措施亦是如此。一旦老年人欠缺行为能力，监护制度便理所当然地"正式登场"，监护人依法对老龄被监护人的事务享有代理权、同意权、追认权、撤销权和财

---

① 李霞. 民法典成年保护制度［M］. 济南：山东大学出版社，2007：182.
② 李霞. 协助决定取代成年监护替代决定——兼论民法典婚姻家庭编监护与协助的增设［J］. 法学研究，2019（1）：103.

产管理权,其中代理权为概括代理,包括人身照护事务代理权①、医疗事务代理权②、财产处分代理权③、诉讼或仲裁代理权④、人格权使用许可代理权⑤等与老龄被监护人自身事务密切相关的代理权。

  老年人的智力是随着年龄渐次消退的,难以准确地划定意思能力不健全的程度,其对保护的需求是弹性的。这种要么"无"要么"限制",简单划一的立法,缺乏对中间状态的考量,既未充分考虑到老龄被监护人剩存的意思能力的个体差异性,也未充分重视其融入社会正常生活的要求,未对其基本人权给予应有的尊重。现代各国强调全面考虑每个被监护人身心状况的不同状态,并依此决定本人自治(自我决定权)的范围,以最大程度尊重本人余存的意思能力。不论是采用一元主义的德国还是采用类型主义的日、法等国,都赋予法官在具体案例中根据当事人的身心状况、交易的复杂程度等情况具体判断其有无为特定或某类法律行为的行为能力的权力。因此,我国应反思当前"一刀切"式的单一化保护措施,借鉴域外立法例,细化监护措施类型,充分考虑被监护人的个体差异性,满足其不同的保护需求。⑥

---

① 如《养老机构管理办法》第 15 条规定,养老机构确定或者变更老年人照料护理等级,应当经老年人或者其代理人同意。
② 如依据《中华人民共和国母婴保健法》(以下简称《母婴保健法》)第 19 条,无行为能力人不具有实施终止妊娠或结扎手术等人身医疗事务的能力,需要施行终止妊娠或者结扎手术的,应当经其监护人同意,并签署意见书;依据《中华人民共和国精神卫生法》(以下简称《精神卫生法》)第 31 条,精神障碍患者有本法第 30 条第 2 款第 1 项情形的,经其监护人同意,医疗机构应当对患者实施住院治疗;监护人不同意的,医疗机构不得对患者实施住院治疗。第 44 条规定,对有本法第 30 条第 2 款第 1 项情形的精神障碍患者实施住院治疗的,监护人可以随时提出患者出院的要求,医疗机构应当同意。《民法典》第 1008 条规定,为研制新药、医疗器械或者发展新的预防和治疗方法,需要进行临床试验的,应当向受试者或者受试者的监护人告知试验目的、用途和可能产生的风险等详细情况,并经其书面同意。
③ 依据《民法典》第 35 条,监护人基于维护被监护人利益之考量,可处分被监护人的财产。
④ 如依据《中华人民共和国民事诉讼法》(以下简称《民事诉讼法》)第 57 条,欠缺行为能力人不具有参与诉讼的能力,由其监护人作为法定代理人代为诉讼;《中华人民共和国行政诉讼法》(以下简称《行政诉讼法》)第 30 条,欠缺诉讼行为能力的人,由其法定代理人代为诉讼;《中华人民共和国劳动争议仲裁调解法》(以下简称《劳动争议仲裁调解法》)第 25 条,丧失或者部分丧失民事行为能力的劳动者,由其法定代理人代为参加仲裁活动。
⑤ 如《中华人民共和国广告法》(以下简称《广告法》)第 33 条规定,广告主或者广告经营者在广告中使用无民事行为能力人、限制民事行为能力人的名义或者形象的,应当事先取得其监护人的书面同意。
⑥ 李霞. 民法典成年保护制度 [M]. 济南:山东大学出版社,2007:183 - 188.

三、老龄监护措施的替代机制

"机制"主要包括两层含义：其一，有机体的构造，即组成部分；其二，有机体各组成部分的相互关系和作用。在老龄监护措施的替代机制研究背景下，此处的"替代机制"包括两部分：一是，该机制的构造，即作为替代适用老龄监护措施的三种实体措施；二是，该机制各组成部分的相互关系和作用，即三种实体措施之间的关系和作用，也就是它们如同菜单一样，可以单独适用或合并适用，以达到替代老龄监护的目的。因此，在这个意义上的老龄监护措施替代机制是指将老龄监护的替代措施有机地结合并相互作用，以更好地发挥替代适用老龄监护之效果，从而真正满足老年人不同的保护需求。

长期以来，老年人中的失能者作为身心残障者，一直遵循于监护制度的法律程序。监护制度建立在家长式的理念之上，法律应当保护和保障那些无法进行自我保护、缺乏自我决定能力的人。一个人一旦被认定欠缺意思决定能力，若去处理个人事务，法律便会为其设置监护人并授权监护人替代本人，就本人的相关事务做出决定，正因如此，本人的法定权利、财产及决定权便都转移给了监护人。随着人口老龄化的加剧和人权运动的发展，直到20世纪60年代北美的学者才开始提出监护制度是否真正保障了老龄群体权益或监护制度是否在事实上侵犯了老年人的基本权利的质疑，美国也因此开始尝试建立一种能够替代监护制度，以更好地保障老龄群体权益的法律机制。从20世纪70年代后期开始，有关老龄监护的制度缺陷或适用弊端的改革在美国以外的诸多国家也逐渐被提上了法律议事日程，如加拿大、奥地利、德国、瑞典、西班牙、荷兰、日本、澳大利亚等，此种法律改革趋势使监护法的不完善作为老年法发展领域中的主要问题之一，处在了被研究的前沿。[1]

老年人对制度的需求具体体现在人身照顾事务、医疗和健康护理事务、财产管理事务方面。其中，人身照顾事务是最为普遍的制度需求，医疗和健康护理事务是后老龄时代的新挑战，财产管理事务是持久的制度需求。老龄监护替代机制的模式是授权老年人提前委托自己的代理人，以在其能力失去时，代理其处理自己的人身照顾、医疗和健康护理、财产管理三大事务。为应对日益老龄化的社会以及真正保障老龄群体的合法权益，各国积极提倡失能前的民事规划，即提前决定和规划自己丧失能力之后的事务，包括持久代理权、医疗预嘱、

---

[1] DORON I. Elder guardianship kaleidoscope – a comparative perspective [J]. International journal of law, policy and the family, 2002, 16 (3): 369.

监护信托在内的多样性替代监护措施。

"持久代理权"概念首先在英语系国家被引入，是指有能力的成年人（授权人）对他人授予代理权，在授权人失能的情况下，该代理权继续有效或生效，以协助授权人处理其事务。持久代理权最初在不同的国家或地区有不同的表述，在美国经历了从"durable power of attorney"① 到"power of attorney"② 的修正，被英国立法表述为"lasting power of attorney"③，在加拿大安大略省称之为"continuing power of attorney"④、不列颠哥伦比亚省被称为"enduring power of attorney"⑤，在德国和奥地利立法被称为"Vorsorgevollmacht"（预防性代理）⑥，被瑞士民法称作"Der Vorsorgeauftrag und Die Patientenverfügung"（委任照护及患者处分）⑦、在日本被称作"任意后见"⑧，在我国有"意定监护"的称谓⑨。对于普通法系国家或地区的用语，国内学者通常译为"持续性代理权"⑩，对于大陆法系国家的立法用语，学者通常进行直译，也有学者使用"持续性代理"之译称。⑪ 本书采用"持久代理权"译称，理由在于该制度的创设打破了传统代理权在授权人能力丧失时即自动终止之规定，其能够赋予授权人在意思能力健全时依自己意愿选定代理人并授予其效力持久性之代理权，即使授权人日后丧失意思能力，该代理权的有效性始终保持不变。在大陆法系的意定监护中，监护人享有代理权，即监护人实为意定代理人，与英美法系中的"持久代理权"制度中的代理人的法律地位相同，故学理上统称意定监护。

医疗预嘱，即有意思能力的成年人对自己将来丧失意思能力时的医疗救治、护理等事务做出的安排或规划。当本人无能力表达意见的时候（如手术麻醉中、

---

① Uniform Durable Power of Attorney Act 1979.
② Uniform Power of Attorney Act 2006.
③ Mental Capacity Act 2005.
④ Subsitute Decisions Act 1992.
⑤ Power of Attorney Act 1996.
⑥ 德国《民法典》（Bürgerliches Gesetzbuch）第 1901c 条。《奥地利普通民法典》（Allgemeines Bürgerliches Gesetzbuch）第 284f 条至第 284h 条。
⑦ 瑞士《民法典》（Schweizerisches Zivilgesetzbuch）第 360 条至第 373 条。
⑧ 日本《任意监护合同法》。
⑨ 我国学界通常使用的"意定监护"为舶来的法学术语。
⑩ 王竹青. 美国持续性代理权和成年人监护制度立法及法律适用[M]. 北京：知识产权出版社，2016：12；朱雪林. 加拿大成年监护制度研究[M]. 哈尔滨：黑龙江大学出版社，2015：81.
⑪ 沃尔克·利普，英厄堡·施文策尔，富江·凯勒，等. 欧洲 21 世纪对无能力成年人的公共监护体系[J]. 李霞，罗宇驰，译. 上海师范大学学报（哲学社会科学版），2019（1）：99 – 103.

失能、失智时），其预先表达的意见和选择就生效（如是否选择或放弃维生系统的使用等）。医疗预嘱为英美法系上的舶来概念，起源于美国，英美法系主要使用"advance directive"或"advance medical directive"来表述，而对于这一术语，国内多数学者译为"预先医疗指示"①，也有学者译为"预立医疗决定"②、"预先医疗决定"③，还有学者将其等同于"生前预嘱"。④ 英美法系使用的术语包含两层意思：第一，个人预先在自己仍具备医疗决定能力时就其未来失去医疗决定能力时的医疗事项表达个人的期望与意愿；第二，个人将自己未来丧失医疗决定能力时的医疗决定权委托给信任之人以代理自己做决定。根据术语含义及本国情况，选用"医疗预嘱"译称较为妥当，主要理由在于：第一，"指示"一词在我国汉语中主要指上级对下级或长辈对晚辈指出处理某事的原则和方法，或者上级或长辈做出的指示。⑤ 而使用"advance directive"或"advance medical directive"的当事人与代理人具有平等关系的民事主体第二，"决定"多指对如何行动，拿出确定的主意，给出明确的答复，对事项的态度比较绝对，如接受或拒绝、同意或反对。而"advance directive"或"advance medical directive"可能是本人预先给出确定的个人医疗意愿，也可能是本人委任代理人，由代理人对本人的医疗事项如何处理进行决断，而本人有可能就未来的医疗救治并未明确表明是否同意，第三，对于生前预嘱的"生前"大多数人都容易将其与去世一词联想在一起，导致他们不愿意提起"生前"这一词，人们的接受度不高会带来使用率的低下。而医疗预嘱是指本人嘱咐代理人其未来失去医疗决定能力时有关其自身的医疗事务应如何处理，既不会如"生前预嘱"那样遭受排斥使用，又不违背英美法系原文的本意。

监护信托（Guardian Trust）乃监护制度与信托制度的融合，国内也有人称这种信托方式为"监护支援信托"。⑥ 美国、新加坡以及中国香港地区都使用"特殊需要信托"（Special Needs Trust），我国台湾地区称为"安养信托"。不同于国内外学者或社会实践常使用的名称，"监护信托"称谓更具合理性，一是因

---

① 李霞. 精神卫生法律制度研究［M］. 上海：上海三联书店，2016：90；孙也龙. 预先医疗指示法律问题研究［M］. 北京：中国法制出版社，2019：10.
② 陈琼霞. 在"生命权"和"医疗自主权"之间——中国台湾地区安宁缓和、患者自主权利、安乐死推进历程［J］. 中国医学伦理学，2019（3）：303-307.
③ 睢素利. 从伦理和法律视角探讨患者自主权在预先医疗决定中的实现［J］. 中国医学伦理学，2017（10）：1213-1218.
④ 韦宝平，杨东升. 生前预嘱的法理阐释［J］. 金陵法律评论，2013（2）：48-62.
⑤ 字词语辞书编研组编. 新编现代汉语词典［M］. 长沙：湖南教育出版社，2016：1650.
⑥ 李欣. 意定监护的中国实践与制度完善［J］. 现代法学，2021（2）：42.

19

为,"监护支援信托"直观体现了监护对信托种类的扩充,但"支援"一词略显多余。以遗嘱信托为例,我国立法明确提出了"遗嘱信托"一词,无须赘述遗嘱支援信托,丰富了信托的种类。二是因为,特殊需要信托、安养信托其实是监护信托的一部分,以美国为例,尽管美国常用特殊需要信托,但实践中也存在扶养信托这一形式。因此,监护信托属于上位概念,立法或实践中存在的具体监护信托类型则是下位概念。监护信托是一种综合了信托与监护职能的综合性制度创新,除了具有普通信托制度的财产管理功能外,还具有监护功能,能够实现对能力不完全者的人身照顾,且其重点在于人而不是财,体现了民法规范"以人为本"的精神。①

老龄监护与成年监护一样,其特征都是替代被监护人本人做决定,通常也是采取代理权、同意权、撤销权、追认权、财产管理权等措施替代本人做决定。由于老龄监护侵害了被监护人的民事权利和基本自由,因而被其他新的措施所取代,成为最后被采用的措施。这些用来替代老龄监护的新措施,如持久代理权授予、医疗预嘱以及监护信托,三者形成了一个有机的体系,通常就构成了老龄监护措施的替代机制,简称老龄监护替代机制。下文将对这三个措施分别论述,故后面的第三章、第四章、第五章分别称为"替代措施之一:持久代理权授予""替代措施之二:医疗预嘱""替代措施之三:监护信托"。

在我国,无论是老龄法定监护还是老龄意定监护,都与行为能力制度挂钩,即本人被监护后剥夺或限制法律行为的选择,由监护人替代本人做决定。实践证明,在该制度下监护人常常滥用代理权,或者本人逃避利用,该制度成为虚设。尊严和健康是人在老龄时期失去能力前的期待,希望提前规划和决定自己的事务,以便根据自身的意愿和计划度过晚年。因此,通过对老龄监护替代机制的各项措施进行深入认识和研究,丰富老龄监护多元化措施,可为老龄群体提供菜单式的多项支援措施,满足每个老年人不同的保护需求。

老龄监护制度用以简单的"无行为能力"与"限制行为能力"两类构成的单一化监护措施过渡,限制了老年人的自主决定权与基本自由,忽视了不同的行为能力欠缺主体所剩存的意思能力的不同,违反了必要性原则。老年痴呆症患者的判断能力是随着年龄升高渐次消退的,即使是行为能力完全的老年人,也无法避免意思能力的日渐衰退。② 老龄监护替代机制的出现弥补了监护制度在

---

① 朱垭梁.《民法总则(草案)》第17—22条评析——监护与信托的功能耦合与制度融合[J]. 安徽大学学报(哲学社会科学版),2016(6):117-123.
② 李霞. 成年监护制度的现代转向[J]. 中国法学,2015(2):199-219.

老龄化时代的局限性，其各项替代措施设定后，本人的行为能力并不必然受到剥夺，仍然可独立实施法律行为，因此受到全球老龄化国家立法政策的青睐。其鼓励和促进成年人提前做出失去能力时的事物规划，以自愿自治型的老龄监护替代措施代替传统老龄监护制度的适用。需要说明的是，老龄监护替代措施的存在并不意味着老龄监护制度的废除。在适用上，老龄监护的替代措施优先，监护仅作为最后的手段，也就是遵循最后监护原则，即在适用监护时，须优先适用本人先前的意愿和安排。

第二节 行为能力不完全与老龄监护

因成年人包括老年人，成年监护自然包含老龄监护。立法并未对老龄监护制度进行独立规范，而是将其纳入成年监护制度体系，因此对老龄监护的研究离不开对成年监护具体规定的探讨。所以，凡提及成年监护，则必然包含老龄监护。

一、监护的设置以剥夺行为能力为前提

《民法典》第 21 条第 1 款规定："不能辨认自己行为的成年人为无民事行为能力人，由其法定代理人代理实施民事法律行为。"第 22 条规定："不能完全辨认自己行为的成年人为限制民事行为能力人，实施民事法律行为由其法定代理人代理或者经其法定代理人同意、追认；但是，可以独立实施纯获利益的民事法律行为或者与其智力、精神健康状况相适应的民事法律行为。"从我国民法确立的监护体系可以看出，我国成年监护制度基本上承袭的是被大陆法系陆续废弃的禁治产（无行为能力）监护制度，采用的是先剥夺本人全部或部分行为能力后设立监护的模式。其法理依据主要是理性人的假设。所谓理性人，是指能够根据自身利益的衡量做出合理判断和决定的人，其判断标准往往属于心理学或生理学方面。作为"理性人"的自然人在民法中的重大意义不容忽视，若缺乏足够的理性能力，法律便为之设置相应的制度，以保护其法律交往中的利益。[1] 在民法规范体系中，完全民事行为能力人属于标准的理性人，无或者限制民事行为能力人则属于非标准的理性人（抑或说非理性人）。由于非理性人被认

---

[1] 朱庆育. 民法总论（第 2 版）[M]. 北京：北京大学出版社，2016：398.

为是无法自我决定的，因此，在逻辑上产生了这样一种需求：为非理性人提供一个标准的理性人以代替他们做出意思表示，即为他们设置监护人。

法律无法在每个人所为的每一个法律行为之前都对其做"理性能力测试"，出于促进交易便捷与保护本人利益之考量，需要预先设计一套将成年人意思能力定型化的行为能力制度，将非理性人区分为无民事行为能力人与限制民事行为能力人。无民事行为能力人只能由其法定代理人代理实施民事法律行为；而限制民事行为能力人实施民事法律行为需要由其法定代理人代理或者经其法定代理人同意、追认，但是，可以独立实施纯获利益的民事法律行为或者与其智力、精神健康状况相适应的民事法律行为。对自然人行为能力的剥夺使本人无法单独从事全部或部分法律行为，但这并不意味着本人丧失了权利主体的资格，法律为了缓解非理性人只有权利主体之名而无权利主体之实的窘境，由他人替代本人处理事务的监护制度应运而生，即剥夺行为能力与监护的启动关联，监护制度是行为能力不完全的效力所及。①

民法依自由理性确定能力界限，将自然人分为无民事行为能力人、限制民事行为能力人和完全民事行为能力人，设置监护制度对行为能力不完全者进行"限制性保护"，表面上是为了保护行为能力不完全者，其实首先体现的是限制，而非保护。如果一个人被认定为无民事行为能力或限制民事行为能力，其所为的法律行为即使出于个人真实意愿，倘若没有监护人的同意或追认，那么该法律行为就是无效的。这不仅是对个人基本权利的剥夺、余存能力的否定，更是违背了民法始终遵循的平等原则和意思自治原则。因此，很难说"限制性保护"中"保护"的目的可以被实现。法律一元化的监护措施完全忽视了意思能力低弱者不同的保护需求，忽略了个人存留的意思能力在量或者质上都存在或多或少的不同的现实。以剥夺个人行为能力为前提的监护制度本质上无法为行为能力不完全者提供充足的保护。

二、以残疾状态认定的行为能力本质

法律行为的成立，须有当事人。法律行为的生效，须当事人有行为能力。民法以自治为基本理念，贯彻个人自主和自我负责，因此行为能力须以行为人具有对事物有正常识别及能预见其行为可能发生何种效果的能力（意思能力）

---

① 张继承. 成年人监护与行为能力欠缺宣告制度关系谈［J］. 政法论丛，2007（6）：38.

为前提。① 法律为避免具体列举导致不周延，通过行为能力制度将自然人之意思能力定型化，故究其根本，行为能力的实质构成意思能力，它是一种事实能力，非法律能力；是以个人意志表示行为的主观要件，是产生意志的心理基础；与人的智能和年龄、身体状况（体力与生理健康、精神状态）、不良生活态度与习惯相关。② 行为能力被视为平衡意思自治与保护权利免受损害的关键性因素。

　　法律行为能力，是主体能够凭借其行为取得权利和承担义务的一种能力，其反映主体内在意思能力。③ 意思能力，也称"识别能力"，指民事主体认识、判断自己行为与结果的心理能力，具体包括认识能力和判断能力。认识能力指民事主体理解、分辨自己行为的能力，判断能力指民事主体判断自己行为结果和利害关系的能力。意思能力与行为能力并不完全等同，意思能力体现自然人的心理能力，而行为能力则是法律赋予自然人的主体资格，自然人有意思能力是其有行为能力的前提。自然人有无意思能力关乎个人的精神状态，是事实问题，而自然人有无行为能力关乎其法律上的状态，是法律问题。④

　　因民事主体意思能力的不同，立法对主体行为能力的规定也不同。传统观念认为，在行为能力的考察中通过对意思能力做定型化处理，使其与行为能力做同一性司法创制，便能实现法律交往中信赖利益之保护。我国立法以认定自然人民事行为能力的方式吸收了对意思能力的考察，意思能力在我国民法体系中没有独立价值。具体而言，《民法典》第21、22条并未强调意思能力对行为能力判断的影响，而是继续保留了《民法通则》第13条以"辨认自己行为"作为欠缺行为能力判断的核心依据，延续了《民法通则》第13条对精神病人行为能力的考察范式。关于无民事行为能力和限制民事行为能力之精神病人的辨认识别能力，《民通意见》第5条规定："精神病人（包括痴呆症患者）如果没有判断能力和自我保护能力，不知其行为后果的，可以认定为不能辨认自己行为的人；对于比较复杂的事务或者比较重大的行为缺乏判断能力和自我保护能力，

---

① 王泽鉴．"民法总则"（增订新版）[M]．台北：新学林出版股份有限公司，2014：350．
② 在监护的历史上，性别、身份、自由、财产等曾经亦是行为能力欠缺的原因，不过，近代民法在人人生而平等的基础上，承认所有人都可以在不违背公序良俗的范围内以自己的行为自由创设权利和承担义务后，基于人的身份上的不平等（如性别、身份、自由、财产等）来认定行为能力欠缺的标准被抛弃。参见杜生一．成年人保护制度私法变迁论[J]．私法，2019（1）：70．
③ 李欣．老年人意定监护之医疗与健康代理制度研究[M]．北京：法律出版社，2017：141．
④ 郭明瑞．民法总则通义[M]．北京：商务印书馆，2018：49．

并且不能预见其行为后果的,可以认定为不能完全辨认自己行为的人。"显然,上述辨认能力、判断能力、自我保护能力或对行为后果的预知能力,倾向于是对精神能力的描述,缺少针对具体行为时关于意思要素的评价标准。① 依据《民法典》第 24 条的规定,法院认定恢复一个人的行为能力时,可以参考其智力和精神健康恢复的状况。在我国的司法实践中,对"不能辨认"或"不能完全辨认"的认定主要依赖个人智力和精神状况即心智能力的司法鉴定。心智能力是指"一个人的决策技能,因天生禀赋而因人而异,同时由于许多不同因素,包括环境和社会因素也因人而异",且"心智能力的概念本身有很大争议。通常认为心智能力不是一个客观、科学和自然发生的现象,依社会和政治环境而定"②。实证表明,意思能力定型化的行为能力判断规则无法对意思能力做全息式考察,难以对意思能力的状态与程度做准确评价,极易沦为申请人恶意攫取被申请人利益的手段。此判断规则,貌似否定的仅仅是本人的民事行为能力,其实也侵犯了本人的权利能力。民事权利能力和民事行为能力是不可分割的两个部分,否定或限制其中的任何一部分,都势必会克减另一部分。③

三、意思能力变动与行为能力不完全认定

老龄化已然成为我国当下人口发展的新常态,老年人口数量的日渐递增已不可避免。伴随老龄化而来的是老年人失能问题。老年人的"失能"指因年老机能衰退所带来的身体上的疾病、精神上的孤独以及经济上的管理不便。他们无法独立处理自己的人身、医疗护理以及财产照顾等方面的事务,需要他人的辅助甚至替代才可以完成,因此成了社会上的"失能人",即民法上认为的"行为能力不完全者"。行为能力不完全的老年人经法院宣告被认定为无行为能力或限制行为能力后,由法定监护人对其事务进行监护。④

值得注意的是,老年人的各项能力是渐退式的,人在年老时会渐行失去体能、智能、精神能力和判断能力等,因此,采用行为能力标准难以确定老年人何时属于无民事行为能力人或限制民事行为能力人。心智与体力逐渐下降的老年人所表现出来的只是判断能力与行动能力下降,很多时候尚未达到完全丧失

---

① 孙犀铭. 意思能力的体系定位与规范适用(上)[J]. 交大法学,2019(2):122.
② 《残疾人权利公约》第 12 条的《第 1 号一般性意见(2014 年)》,第 13、14 自然段.
③ 李霞. 协助决定取代成年监护替代决定——兼论民法典婚姻家庭编监护与协助的增设[J]. 法学研究,2019(1):106.
④ 孙遥. 成年监护改革的女性主义解释[J]. 安徽大学学报(哲学社会科学版),2017(1):131-132.

行为能力的程度，过早做出欠缺行为能力的宣告会不必要地限制老年人的自由，过迟做出会导致老年人的权益得不到保护。①

老年人行为能力不完全的一个重要成因是痴呆症。目前，中国老年痴呆症患者占世界总病例的1/4，平均每年有30万新发病例。痴呆是一个总括性术语，用来描述大脑退行性变化所引起的症状，其特点为影响思考、谈话、理智、记忆及行动能力的认知及社会功能以及行为变化能力的丧失。患有痴呆并不意味着他绝对丧失意思决定以及管理自己事务的能力。但随着疾病的发展与恶化，患者的记忆、理解及判断能力将会受到影响，并因此在某些领域的意思决定能力受损。随着病痛的折磨，痴呆症患者的行为能力将逐步减弱。②

随着年龄的增长，老年人的身体体能和精神能力渐次丧失，判断能力逐渐钝化，其剩余的意思能力残缺不一，故在行为能力的认定上不应"一刀切"式地简化为"无"和"限制"两类。当前，我国对老年人的失能评估限于医学鉴定，与其他身心残障者的失能评估并无区别。对于老年人特别是老年痴呆症患者这一特殊群体，应当将他们与"精神障碍"进行区分。根据痴呆症在医学上的表现，即"智能明显减退，日常生活需要他人照顾或智力发育迟缓"③，老年痴呆症患者属于智力障碍。某些老年智力障碍者能够自己或在他人协助下独立或半独立地对一些重要事项做出决策，但有些则必须完全依赖他人。当老年痴呆症患者难以理解法律行为意义或判断行为后果时，法律应当提供支援措施，协助老年人完成个人事务而非由他人替代完成，以尊重老年人的余存意思。对于每个身体不便的老年人，应评价他们独特的认识能力、判断能力，充分尊重其人格尊严，并运用其剩余的意思能力，承认不同程度的意思能力欠缺是存在的，以此认定其行为能力，并在保障个人自主意志的最大限度范围基础上，为其部分或全部事务设定限制性监护。④

---

① 朱圆，王晨曦. 论我国成年监护设立标准的重塑：从行为能力到功能能力 [J]. 安徽大学学报（哲学社会科学版），2019（2）：102.
② The Law Reform Commission. Consultation paper on vulnerable adults and the law: capacity (LRC CP 37 –2005) [R]. Ireland: The Law Reform Commission, 2005: 22.
③ 吴崇其. 卫生法学 [M]. 北京：法律出版社，2005：380.
④ 李欣. 老年人意定监护之医疗与健康代理制度研究 [M]. 北京：法律出版社，2017：144.

第二章

当代老龄监护被替代适用的国际趋势

老龄监护被替代适用，是指在适用上，老龄监护措施位于最后、最末层级，最优先层级由其他措施占据。20世纪后半叶，发达国家无一例外地进入高龄化社会。我国当前人口老龄化形势亦异常严峻，高龄人口数量骤增并不断攀升。此外，少子化的现实改变了传统家庭结构，独居老人也越来越多，判断能力或日常生活能力逐渐下降的老年人已无法单纯依靠老龄监护制度得到有效保护。尽管成年监护制度已经运行得非常成熟，但其因以替代决定作为指导思想对本人民事权利和基本自由进行侵害，受到的质疑和批评越来越多。这种完全监护模式在世界各国的运行实践中备受诟病，被称为一种"恶"法。自20世纪90年代起，不少国家的国内立法陆续废除完全监护。协助决定制度作为21世纪民法创设的一项新制度，各国纷纷以它的建立作为成年监护替代决定制度改革的动向。加、美、澳、德、瑞、奥等国的法律实践充分证明了替代监护制度适用的多元化协助决定措施在各国得到了肯定与支持。在中国，与民事立法的滞后相比，协助决定新范式得到了中国残疾人组织的拥护和支持，并自创自倡了一系列具有协助决定特征的实践项目。老龄监护制度被替代适用的国际改革趋势和民间实践为我国老龄监护替代措施的立法指明了方向。

第一节　老龄监护被替代适用的背景

在人权保障和人口老龄化的背景下，许多国家或地区从20世纪中期开始对老龄监护制度进行了改革，旨在提升老年人的自治权和独立性。半个世纪以来，关于老龄监护制度改革的修法运动此起彼伏，在全球已形成一股潮流。此次改革的背后蕴藏着深刻的理论基础和背景。

一、老龄少子社会结构是老龄监护被替代的现实需求

（一）老龄化的客观必然性

根据联合国的相关规定，一国65岁以上的人口在该国总人口中所占的比例超过7%，或者60岁以上的人口在总人口中所占的比例超过10%，则该国可被称作"老年型"国家。截至目前，全球约有190个国家和地区已达到了"老年型"国家的标准。① 由此可以看出，全球人口正在快速老龄化。世界卫生组织预测，2000年至2050年期间，全世界60岁及以上老年人口的绝对数量将从6.05亿增长到20亿。这意味着届时将有更多的高龄老人因行动能力有限、身体虚弱或其他生理或精神卫生问题而丧失独立生活的能力。人口老龄化在欠发达国家的发展最为迅速，以中国为例，自20世纪90年代以来，老龄化进程越发加快。据统计，中国65岁及以上老年人口从1990年的6299万增长至2000年的8811万，占总人口的比例由5.57%上升至6.96%，预计到2040年，65岁及以上老年人口占总人口的比例将超过20%。此外，80岁及以上老年人正以每年5%的速度增加，预计到2040年将增加至7400多万人，老年人口高龄化趋势明显。② 中国60岁及以上老年人将从2010年的12.4%（1.68亿）增长到2040年的28%（4.02亿）。相比之下，法国、美国60岁以上人口的比例从7%翻番至14%分别用了115年和69年。③

在严峻的老龄化社会中，人的平均寿命普遍延长，老年人口的规模随之变大且数量增长迅速，罹患老年痴呆症的人群基数也有所上升，老年人认知能力、判断能力渐次衰退的特点使监护制度的弊端日益显露，如何根据老年人的自身特征有效保护其人身、财产权利成为老龄监护制度改革的重点。正如学者所言，在近代制定民法典之时，起草者无法考虑或预测到当下高龄化社会的严峻状况，其制定的成年监护制度也就不可能涵盖对年龄增大而导致认知能力、判断能力逐渐衰退的老年人的保护，所以，当时制定的成年监护制度无法调整这些问题。④ 由于罹患老年痴呆症的人数逐渐增多，越来越多的老年人不可避免地要面临老年生活安排的问题，但因为监护制度本身的设计问题，老龄监护制度的运行并不尽如人意，无法有效保护老年人的人身、财产权益。

（二）尊重自我决定是老龄监护制度改革的正当诉求

1982年，联合国在维也纳召开第一次老龄问题世界大会并通过的《维也纳老龄问题国际行动计划》，以及1991年联合国大会通过的《联合国老年人原

---

① 杨立新. 我国老年监护制度的立法突破及相关问题［J］. 法学研究，2013（2）：121.
② 背景资料：中国人口老龄化现状与趋势［EB/OL］. 央视网，2021-04-03.
③ 联合国教科文组织：中国老龄化与健康国家评估报告（2016）［EB/OL］. 老年文化与艺术研究所，2020-01-16.
④ 李霞. 成年监护制度研究：以人权的视角［M］. 北京：中国政法大学出版社，2012：32.

则》，二者均指出老年人应当活得有尊严，应当享有基本的人权与自由，应当对自己的各项人身、财产事务具有决定权，《联合国老年人原则》还确立了关于老年人地位的5个普遍性标准，即自立、参与、照料、自我实现和尊严。2002年在马德里召开的第二次老龄问题世界大会通过了《政治宣言》和《2002年马德里老龄问题国际行动计划》（以下简称《国际行动计划》）。《政治宣言》指出，随着老年人各种需要的增加，必须拟定新的政策，特别是给予照顾和治疗，促进老年人独立自主，向其提供机会，使其有能力充分参与社会的各方面活动。《国际行动计划》旨在确保所有人都能够有保障、有尊严地步入老年时期，并作为享有充分权利的公民参与社会活动，致力于在所有层面在以下三个优先方向采取行动：老年人与发展；促进老年人的健康和福祉；确保有利的和支助性的环境。从以上联合国的会议和决议可以看出，近年来国际社会在制定老龄政策时，越来越主张老年人应积极主动参与到自主决定的过程中来。促进和保护包括发展权在内的所有人权和基本自由，对于建立一个能包容所有年龄段的人并使老年人能充分、不受歧视而平等地参与的社会来说，是必不可少的。适用于老年人的法律制度不仅要满足老年人的现实需求，还应不违背人权理念，实现老年人的"自立、参与、照料、自我实现、尊严"，促进老年人的能力提升和社会发展。

  现代社会随着人权观念的进一步深化，尊重并保障身心障碍者人权的思想得到较大发展，国际人权组织提出了"维持本人生活正常化""尊重自我决定权"等全新的人权理念。"正常化"（normalization）是"维持本人生活正常化"的简称，指一个人的生活状态与社会中的正常人相同。"正常化"针对的是传统社会观念对身心障碍者的歧视和限制，以往人们通常将身心障碍者称作残疾人、精神病人，将他们的生活场所限制在住宅、医院、精神病院等地，并将他们隔离于正常的社会生活，使其人身自由被限制。"正常化"理念旨在将身心障碍者从被封闭的场所解放出来，使他们得以正常地融入社会生活。

  "尊重自我决定"，也称"尊重自我决定权""尊重自主决定权""尊重自我决定能力"，是国际社会在20世纪60年代后期形成的一个新理念。自我决定权是自然人享有的意志，是其对于生命、身体、健康、姓名等具体外在人格要素的控制与塑造有权自行决定的抽象人格权，以保护权利人的意志人格为目的。[1]尊重自我决定体现在老龄监护中便是尊重老人的自我决定，即监护人应尊重被监护人的意愿，在本人意愿不明晰时，应尽可能地探知、解释本人先前的意愿，

---

[1] 杨立新. 人格权法 [M]. 北京：法律出版社，2011：312–316.

从而最大程度地遵从本人的决定。然而，传统老龄监护以替代决定为指导思想，完全漠视被监护人余存的意志，剥夺本人的自我决定权，否定本人的决定能力，透露出的是一种有限维护交易秩序、监护人的意思优先于被监护人的"交易优先"和"他治"式理念①。

鉴于此，在老年人权益"人权模式"保护的前提下，老龄监护制度应当摆脱对老年人系统粗暴的监管模式，注重对老年人自主决定权的尊重，承认和尊重他们的固有尊严，促使老年人以自主决定权切实并充分地参与和融入社会生活。正是基于这样的认识，各国才纷纷改革本国的老龄监护制度，确立正常化、尊重自我决定的成年监护制度，以适应本国的新国情。②

(三) 行为能力与监护挂钩不符合老年人的保护需求

中国目前的社会结构不仅呈现老龄化状态，受计划生育政策之影响，还存在少子化现象。随着老龄少子化、家庭规模缩小，老年人独居的情况格外常见。一旦老年人失能，根据民法的规定，亲属、民政部门等组织或其他个人可以担任监护人。老龄监护制度为失能老年人之人身照顾、财产管理等事务提供了保障。但该制度遵循先剥夺本人全部或部分行为能力，后设立监护人之程序，更侧重对交易安全的维护，首先体现的是限制，而非保护。老年人身体机能的衰退并非一朝一夕，对于罹患老年痴呆症的老人，其认知能力、判断能力是逐步削弱、下降的，并非完全丧失意思能力，监护制度无法适用。若不启动监护制度，那些独居老人在其丧失能力范围内就难以管理财产和人身事务，且个人权益易遭受侵害。尽管可以寻找代理人，但根据立法，代理人仅可代理实施民事法律行为，不同于监护人还可代理事实行为。但若启动监护程序，老年人的行为能力将受限制，本人意愿极易被鉴定为"法定无效"，即使是真实的意愿，如果没有监护人的同意或追认，法律行为就是无效的。监护人享有的概括代理权名义上是一种保护，实则是将其隔离在正常的社会生活之外。这不仅仅是对老人权利的剥夺、残留能力的否定，也违背了民法的意思自治原则，是对老人的极大不尊重。因此，人口老龄化和少子化的现实，导致判断能力或日常生活能力逐渐下降的老年人无法单纯依靠老龄监护制度得到有效保护。

二、能力评价的国际新标准

国际上在认定老年人的行为能力的过程中，主要经历了对意思能力评价的

---

① 李霞. 意定监护制度论纲 [J]. 法学, 2011 (4): 120.
② 渠涛. 最新日本民法 [M]. 北京: 法律出版社, 2006: 428.

三个阶段。具体有三种评价标准：状态性评价标准、结果性评价标准和功能性评价标准。

（一）状态性评价标准

状态性评价标准，是一种以偏概全的方法，关注个体长期内欠缺什么样的意思能力，而不是特定的情形下剩余什么样的意思能力。这种评价标准有可能使意思能力状态不稳定的老龄障碍者遭受不公平待遇。它通常以个人的残疾状态来评估个人全部能力，而非个人在特定时间做出特定决定的能力。例如，一个长期待在精神病院的人可能会被自动剥夺立遗嘱或投票的能力，这忽视他们实际余留的能力。有些患有精神疾病的老年人在长时间内是具有意思能力的，仅仅会在病情发作时出现明显缺失认知能力的情况。

状态性评价标准在20世纪90年代末期遭到了理论和实务界的批判。加拿大克拉克（Clark）案首先否定了状态法对意思能力的判断。[1]患有脑瘫及智力残疾的20岁男子克拉克通过"布利斯符号"（bliss symbols）系统学会了与人交流，并签署了搬离照护中心的同意书。但其父认为儿子无法处理相关事务，便申请宣告其为精神障碍者（mentally incompetent person）。本案法官马森（Mathson J.）认为，克拉克的身体残疾并不影响其精神能力，通过接触，克拉克能够有效地与他人交流，对周围环境有充分认识，清楚自己所需，因此其有权决定身居何处。此案否定了只看重严重身体残疾的状态方法，而开始注重在面对实际问题时做出特定决定的能力。无独有偶，爱尔兰法律改革委员会（Ireland Law Reform Commission）也认为状态鉴定法不宜作为意思能力判断的主要方法，因为其对意思能力全有或全无之定义会降低实践中对无意思能力（残疾）认定的标准。

（二）结果性评价标准

结果性评价标准，是根据行为人做出的意思推断可能产生的结果，来评价其意思能力的方法。如果一个人做出的决定不具有大众或者世俗认定的理性或者智慧，那么他可能会被认定为意思能力欠缺。这种评价标准是片面的，因为法律尊重自然人在不损害他人利益的情况下，做出不理智的决定。在英格兰，这种结果模式被许多医生使用着：如果病人在深思熟虑后同意了医生的建议，该病人就被认为有能力；如果病人在考虑后拒绝了医生的建议，其就被认为缺乏能力。英格兰法律委员会认为结果方式损害了人们的自主权，是不公平的。

尽管一个人的决策结果可为其是否具有相应的理解能力提供参考，但仍不能仅凭决策结果评定其意思能力的有无。在 Msterman – Lister v. Brutton & Co 案

---

[1] [1982] 40 O. R. (2d) 383.

中，主审法官查德威克（Chadwick L. J.）指出："尽管决策结果可能反映意思能力的状态，但重要的仍是意思能力本身而不是结果。'非理性地做出决策'本身并不证明意思能力的不足，它只可能引起对这个问题的重新审视。"①因此，未能谨慎或明智地做出一个决定，不应成为欠缺意思能力的认定标准，因为此种鉴定方式"惩罚个性，谋求一致性而牺牲个人自主权"②。没有理由认为，所有的生活都应该在某一个特定范围内构建，若某人认为他的生活方式是最好的，只是因为那是他自己的生活方式，而不是因为那种生活方式本身是最好的。③

（三）功能性评价标准

功能性评价标准，是指人们在做出每个选择或者决定的时候意思能力都有体现，只是有些人在所有情况下都不具备意思能力，有些人在某些情形下不具备意思能力。这种评价标准表明，个体在某方面意思能力不足，并不直接导致其另一方面的意思能力欠缺，且意思能力不是一成不变的，需要在特定的情形下才能反映出来。功能性评价标准是以特定问题为基础对能力进行评估，并且其认识到，法律问题是在具体实际情况中产生的，如立遗嘱需要意思能力，结婚需要意思能力，医疗健康护理的同意或拒绝需要意思能力。因此，对意思能力的测评需要具体到做出具体决定的事项上。

无论是法律上还是概念上，对待意思能力的态度不能总是固定不变。意思能力应被认为是针对具体时间的具体问题而言的。正如英格兰和威尔士法律委员会在《精神能力报告》中提及的，"大部分人，除非处于昏迷状态，否则至少可以为自己做出部分决策，在不同周或不同小时所具有的意思能力程度也不尽相同"。

虽然人们可能具有做出某个决定的意思能力，但现行法律却可能不允许他们做出这样的决定，理由是他们处于监护之下，被认定不具有一般性的法律能力。在这些情况下，一般性的能力评定体系会考虑评定对象是否"精神不健全，无法管理自己的人身或财产"，或是否"可以控制自己的行为，因为他或她有精

---

① [0203] 3All ER 162. 该案原告于17岁时因车祸造成了严重脑部创伤，7年后才向肇事司机主张个人损害赔偿。但6年后，原告又因当时诉讼代理人以其欠缺行为能力为由代为处理其财产和相关事务提起诉讼，并诉称代理人的处理方式应征得法庭同意。
② Law Commission of England and Wales Mental Incapacity（No. 2311995）.
③ 孙犀铭. 意思能力定型化之考察与检讨——以欠缺行为能力宣告制度的审判实务为中心 [J]. 西部法学评论，2018（2）：67-79.

神疾病",以及是否"因长期心智紊乱而无法实施法律行为"。① 如果一个人基于这种一般性的能力评估而处于完全监护之下,那么即使他继承了财产也会被认为不具有法律上的处分、管理财产的能力,被剥夺从事其他法律行为的能力,包括请律师、结婚、立遗嘱等,而不论他在这些具体领域方面是否还余留做出决定的能力。从人权法的标准来看,这种方法不符合比例原则,是对个人不恰当、过度的干预。② 俄罗斯和保加利亚就是例证,在这两个国家,被监护人无权参加诉讼或对监护权提出挑战,哪怕他们有这项意思能力。③ 决定是能够产生法律上的结果的,因此必须对意思能力进行独立评定。④ 这与《公约》第12条的要求一致,也是不能采取单一的方法对不同的人进行能力评定的原因。

功能性评价标准改变了状态性评价标准的"全有或全无"的模式,重视个体还留存什么样的意思能力,而不是欠缺什么样的意思能力,更能保护个人的自主决定权和参与权,使个体能够了解与决定相关的信息,能够权衡、鉴别此决定与彼决定的不同后果,实施选择和沟通。这种方法尊重个人自治,为个体需要量身定做,并充分考虑意思能力的变动性。欧洲人权法院对此做出进一步确认,它认为精神障碍无论多么严重,都不足以成为认定评定对象完全无能力的唯一理由,必须为评定对象量身定做评定方法。⑤ 这种评价标准有助于实现剩余意思能力的最大化,被认为是当前最科学的评价标准。以限制民事行为能力人为例,其因意思能力(如意思形成能力、意思表达能力)有欠缺,法律行为能力受限,认定标准就应与其实施的具体行为所需的能力相适应,如缔约能力、遗嘱能力、婚姻能力等,因为他们各自所需的意思能力并不相同。

意思能力是人的自然能力,行为能力是民法拟制的能力,我国立法以认定自然人民事行为能力的方式吸收了对意思能力的考察,意思能力在我国民法体系中没有独立地位。但近来已有学者认为应独立考察意思能力且我国实证法上存在独立考察的空间。还有学者认为,行为能力的"类型化"概念只是大多数社会现象的最大公约数与典型化抽取,这导致概念之核心(典型现象)与边缘部分(非典型现象)的疏离,僵化的行为能力已经造成意思能力与行为能力的

---

① Lunacy Regulation (Ireland) Act, 1871, s. 15; the Civil Code of Russian Federation, Article 29; the Czech Republic Civil Code, Article 10.
② European Convention on Human Rights, Article 8.
③ Shtukaturov v. Russia, App. No. 44009/05, 27 March 2008.
④ X v. Croatia, App. no. 11223/04, 17 July 2008.
⑤ Shtukaturov v. Russia, App. No. 44009/05, 27 March 2008.

偏离①；审判实务中意思能力的考察往往居于独立且核心的地位，在对成年人（老年人）行为能力欠缺的判断中，即使成年人意思能力不完全，在身份行为以及医疗事务等场合下，其意思能力均独立于行为能力单独发生作用。②

比较法上，德国、日本及瑞士的立法体例较为典型。《德国民法典》第 105 条第 1 款规定，无行为能力人的意思表示无效，法律行为因之无效；完全行为能力人的意思表示有效。但该条第 2 款创设了例外："丧失知觉或暂时精神错乱状态下做出的意思表示亦无效"③，故在特殊情况下存在独立考察意思能力之空间。④ 日本民法视意思能力为一种资格要件，其与行为能力的区别体现在"行为能力制度定型化地规定了这种资格要件——虽说较之旧法有所软化；而无意思能力法理则是根据称为争议对象的法律行为的种类——在这个意义上个别地——确定资格要件"。⑤ 瑞士民法第 19 条、第 19c 条规定：有判断能力之无行为能力人在"无偿取得利益""处理日常生活中非重要的事务""独立行使与其人格有关的权利"等情形时其法律行为有效。第 407 条再次明确被保佐人具有高度人身性之权利，并在第 409 条规定保佐人应向被保佐人提供相当金额以供其自由处分。基于意思能力评价标准的现代转向以及比较法的考察，独立考察意思能力非常有必要。个人能力的丧失并不应导致其任一基本权利的减损，包括生命权、健康权（身体完整权）、隐私权、自我决定以及拒绝或接受医疗护理的权利。对上述权利，监护应当予以尊重、保护、维持以及避免其受到不法侵害。绝不能因为个人某一项意思能力的丧失而认定其无行为能力致使其上述权利受到减损或限制。分析以上三个阶段可知，中国目前是对精神和智力状态的评价标准，而国际上则转向了最主流的功能性评价标准。

第二节　成年监护对民事权利和基本自由的侵害

衰老令老年人的能力渐次衰退，限制了老年人处理日常生活事务的能力，

---

① 李昊. 大陆法系国家（地区）成年人监护制度改革简论［J］. 环球法律评论，2013（1）：72－91.
② 孙犀铭. 意思能力的体系定位与规范适用（上）［J］. 交大法学，2019（1）：143.
③ 德国民法典（第四版）［M］. 陈卫佐，译注. 北京：法律出版社，2015：37.
④ 朱庆育. 民法总论（第 2 版）［M］. 北京：北京大学出版社，2016：238－240.
⑤ 山本敬三. 民法讲义Ⅰ·总则（第三版）［M］. 解亘，译. 北京：北京大学出版社，2012：39.

并冲击着民法的行为能力、监护、代理、医疗行为、身体护理、住所、财产管理等制度。自20世纪中叶以来，基于人权新理念的倡导和人口老龄化的现实，成年监护制度过度限制本人自由，对本人意志不够尊重，制度缺陷暴露无遗。

一、行为能力与成年监护替代决定

监护制度最早体现于公元前449年古罗马的《十二铜表法》，规定了为浪费人（prodigus）和精神病人设立监护旨在保护家族利益，防止被监护人因缺乏自制力、判断能力而导致个人财产浪费和倾家荡产。之后，在罗马共和国时期，监护制度之目的已从保护家族利益转变为保护被监护人。民事行为能力这一法律概念，相较监护制度晚出现，最早在1900年施行的《德国民法典》中被提出。理论状态下，自然人是否可以进行某一行为，应当以其是否对该特定行为具有识别能力进行个别性判断。但是，此种个别性判断费时费力，且不利于保护交易安全，而在民法中由行为能力制度取而代之。至1907年《瑞士民法典》第13条规定"成年且有判断能力的人有行为能力"，从而使兼具年龄条件和心智条件要求的行为能力制度臻于完善。① 此种以年龄和心智作为概括性判断本人行为效力的制度，固然有其易于辨识、便于操作等优点，但也存在对无行为能力者限制过度的问题。类型化、形式化的民事行为能力制度，重在规范民事主体在何种情形下无行为能力或行为能力受限，以保护意思能力不完全者兼及交易安全。许多国家在处理无完全能力成年人的决策问题上，通常的做法是剥夺他们的法律能力，导致其不能自主进行决策，被排除出社会生活，实质上处于社会意义或私法上的死亡状态（civil death）。这种"一刀切"的极端做法将所有心智障碍者混为一谈，不对仍保有部分决策能力的人进行区分，将对其人生影响甚远。一些法律制度除了监护外没有其他替代性制度，剥夺被监护人自主参加任何法律活动的权利，包括聘请律师、参加诉讼程序以及挑战监护权等。一旦一个人被剥夺法律能力，其被指定监护人会代其做所有决定，哪怕其中许多决定被监护人有能力做出。这种"一刀切"模式没有意识到，能力也是有不同程度的，而且是依时变化、依事而定的，不能抽象地说某个人有无能力，而必须视做出决定的事项对能力要求的高低而定。显然，这种状况与人权法秉承

---

① 徐国栋. 从身份到理性——现代民法中行为能力制度严格考［J］. 法律科学（西北政法学院学报），2006（4）：64-73.

的比例原则相悖。①

长期以来，行为能力与成年监护互为因果，名义上是为了保护被监护人并兼顾交易安全，但在实践中常常侧重财产保护，而忽视人身保护，对被监护人之真实需求视而不见，限制被监护人的基本权利与自由。当我们将法规拟制的行为能力投回现实生活，可以观察到这一制度运行的弊端：首先，行为能力类型化在欧陆民法典制定时是符合当时社会背景的，②但在当今社会，随着医疗水平的提高，人口老龄化日趋严重，老年人意思能力的丧失并非一下子完成，而是一个渐进的过程③，已经不可能再以一个特定的时点判定老年人意思能力的有无，那么将行为能力简单地拟制为无或限制，正当性和合理性都值得商榷。其次，行为能力欠缺宣告制度侵犯了个人隐私空间，导致了适格者的排斥。④以特别程序与特定方式将行为能力欠缺的情形向外界加以宣告公示，必然会引起本人的强烈反感，特别是本人及近亲属不愿意本人心智或精神健康不正常状况为外界所知晓，这就导致了行为能力欠缺宣告制度（特别是无民事行为能力制度）基本不会被利用。⑤

自 20 世纪末以来，全球诸国陆陆续续对成年监护制度进行重大改革，废除了传统民法中以民事主体的行为能力和禁治产宣告为核心的旧制度。在大陆法系国家，如法国舍弃无行为能力的私法抽象拟制，转为完全依个案审查具体有无实际行为能力。德国民法典不但废除了禁治产制度，而且以"法律上的辅助"代替原来的成年人监护和残疾人保佐。和禁治产人不同的是，被辅助人的行为能力并不因法律上的辅助而自动地丧失或受到限制。受德国立法例影响，瑞士、奥地利相继废除无行为能力制度。丹麦在 1995 年推翻了之前监护制度下的被监护人自动丧失行为能力的立法。在西班牙民法典中，残疾的事实并不造成本人被视作欠缺行为能力者，对残疾效果的重视要远远超越残疾本身。日本、韩国

---

① 玛玛莉·凯斯. 欧洲法律能力制度改革：一个紧迫的挑战 [J]. 李霞，陈迪，译. 天津滨海法学，2019（7）：230 - 263.
② 欧陆民法典制定时，一般人平均寿命多半低于其意思能力之界限，通常在判断能力丧失或减损前，即其阳寿已尽。成年人有行为能力，绝大多数亦有意思能力，从而立法者建立类型化之行为能力制度，已足以兼顾交易安全及个人意思之保障。
③ 朱广新. 民事行为能力制度的立法完善——以《中华人民共和国民法总则（草案）》为分析对象 [J]. 当代法学，2016（6）：3 - 14.
④ 李国强. 论行为能力制度和新型成年监护制度的协调——兼评《中华人民共和国总则》的制度安排 [J]. 法律科学（西北政法大学学报），2017（3）：132.
⑤ 受宣告人常常因为行为能力欠缺宣告而遭受歧视，如限制行为能力人即使实施与其心智或精神健康相适应的法律行为，交易相对人也会担心与其发生的法律行为被监护人撤销归于无效而拒绝与本人交易，这无形中将本人隔绝于社会交往之外。

也废除了完全否定残疾人行为能力的无行为能力制度。在普通法系国家也有同样立法举措，例如，《美国统一老年法》第 2 条规定："在监护被宣布前，关于无能力的历史概念被歧视色彩稍淡的概念'能力不完全'取代。"此种废止旧成年监护替代决定制度的改革，一方面，顺应了现代社会人口老龄化严峻的趋势，更为妥善、合理地为保护老年人的合法权益提供了替代措施；另一方面，人权理念的兴起和快速发展，使人们认识到对精神病人、老年人的监护不应再单纯地以维护交易安全为目的，而是应更加尊重其作为社会成员之一的自由意志、自主决定权，并满足本人对人身事务、财产管理事务的实际需求。①

欧洲委员会（Council of Europe）从 1995 年开始注重加强对无能力成年人（包括老年人）的保护，尽可能地维护他们的权利和独立性等。最核心的规范性文件就是第 R（99）4 号建议案，其极大地促进了自决权和自治权，而自决权和自治权是尊重人权与人格的基本要素。② 该建议案关注对不完全能力成年人的保护，他们因后天损伤或先天残障而不能自主做出、理解、表达、执行部分或全部有关自己人身或财产事务决定。该建议案的解释性备忘录对决定的理解更为广阔："决定是否真实，需要依据决定者的性格、价值观和阅历而定，因此自治的内涵非常丰富。一项真正的自主决定必须是完全自由的，既没有外部强迫也没有内部强制，例如精神分裂症、妄想症或严重的抑郁发作等。同时，决定者应对决定的重要性和后果有充分的认识。"欧洲残疾人行动计划（2006—2015）和第 R（2006）5 号建议案对此给予进一步的支持，后者明确提出绝不能仅因有残疾的事实而出现能力的自动剥夺，并且应有适合的辅助和保护措施。

2006 年 12 月 13 日联合国大会通过的《公约》第 12 条，要求缔约国确保残疾人③在法律面前的人格获得平等承认，并采取适当措施，必要的时候提供协助，以确保残疾人拥有与他人一样平等的法律能力。与否认或限制心智残疾人的法律能力、将被监护人排除在自治以外的替代决定旧范式不同，《公约》确立的新范式理念旨在承认心智残疾人始终有法律能力，通过协助措施支持其行使

---

① 满红杰.《民法总则（草案）》成年监护制度的问题与不足［J］．北京航空航天大学学报（社会科学版），2017（1）：63.

② Council of Europe. Recommendation（99）4 of the committee of ministers to member states on principles concerning the legal protection of incapable adults［R］. Strasbourg：Council of Europe，1999.

③ 成年监护制度的潜在使用者是罹患精神疾病、心（理）智力迟滞和痴呆的成年人，有时候含肢体和感官盲聋哑等残疾人，在《公约》中，其被统称为残疾人。

法律能力以达到自治。①《联合国〈残疾人权利公约〉第 1 号一般意见》明确说明，法律能力是拥有权利和义务（法律地位）以及行使这些权利和义务（法律权利的行使）的能力。我国现行法律体系中并没有与"法律能力"完全对应的概念，但存在"权利能力"和"行为能力"两个概念，故将"残疾人始终拥有法律能力"转化成民法的表述即为"残疾人始终拥有权利能力和行为能力"。因自然人在民法上皆有权利能力，故"残疾人始终拥有法律能力"的要义即为"残疾人始终拥有行为能力"。《公约》第 12 条第 3 款并不是采用传统民法的成年监护制度，而是"缔约国应当采取适当措施，便利心智残疾人获得他们在行使其法律能力时可能需要的协助"。这里的"协助"（support）标志着从监护替代决定到协助决定的"范式转变"。新范式要求建立成年监护的替代机制以取代成年监护替代决定制度的适用，废止成年监护（至少是完全监护）等法律和实践。摆脱过往家父主义（paternalistic）的做法，像《公约》要求的那样为残障人士提供与普通人相平等的权利基础，将是一个进步。而进步的关键在于观念的转变。有观点认为，"将残障者视为'主体'而非'客体'是一场革命，《公约》第 12 条是这场革命的核心"。②

《公约》于 2008 年在我国生效。我国缔结并批准的国际条约是中国法律渊源之一，以我国缔结的国际条约作为立法依据，符合法理和立法法的规定。令人遗憾的是，《民法典》仍然进行了无行为能力人与限制行为能力人的划分③，将行为能力宣告作为监护开始的前提条件，已不符合《公约》主张废除无行为能力制度的要求，严重违背了人权保护标准和国际立法趋势。《民法典》虽已设专节规定监护，但并未就监护启动程序做专门规定。在司法实践中，法院在宣告剥夺本人行为能力的同时，也会在判决书中一同确定本人的监护人，故剥夺行为能力与监护启动往往同时发生。究其根本，是本人在被剥夺行为能力后，就丧失了单独实施确定有效之法律行为的能力④，而监护的启动就是为弥补本人被剥夺行为能力后的能力欠缺，通过确定本人的监护人，从而由监护人作为本

---

① 李霞. 协助决定取代成年监护替代决定——兼论民法典婚姻家庭编监护与协助的增设[J]. 法学研究，2019（1）：104 - 105.
② QUINN G. Resisting the "temptation of elegance"：Can the Convention on the Rights of Persons with Disabilities socialise states to right behaviour[M]// ARNARDOTTIR O. The UN Convention on the Rights of Persons with Disabilities. Leiden：Brill，2009：215 - 256.
③ 李霞，陈迪. 从《残疾人权利公约》看我国新成年监护制度[J]. 法治研究，2019（6）：46 - 55.
④ 山本敬三. 民法讲义Ⅰ·总则（第三版）[M]. 解亘，译. 北京：北京大学出版社，2012：33.

人的法定代理人替代本人为民事法律行为，进而使该行为的法律效果归属本人。可见，我国监护程序的启动流程为：根据本人精神障碍与智力残疾的程度，由法院宣告本人为无民事行为能力人或限制民事行为能力人，同时随即为本人确定相应的监护人以完全或部分代理本人的事务。故而，宣告剥夺本人的民事行为能力与监护启动两者关系密不可分。①

仅仅因为精神障碍、智力残疾等自然事实的发生本人的行为能力就必然会被剥夺，即本人就必然会被认定为"无"民事行为能力或"限制"民事行为能力吗？行为能力是法律拟制的概念，而非事实情况的客观反映。精神障碍、智力残疾等自然事实的发生只会导致本人欠缺部分或全部意思能力。意思能力作为一种"天然能力"，是法律能力的主观条件。② 意思能力的不完全与法律上行为能力的剥夺，二者并不是完全对等的关系。但我国当前立法和实践中，直接将意思能力与行为能力做同一性衡量，以行为能力代替意思能力，完全否认了意思能力的独立性。③ 如果仅仅因为本人出现精神障碍或智力残疾这类自然事实就将其认定为需要被宣告剥夺本人行为能力的法律事实，这不具备合法性与合理性。在人人平等享有民事权利能力的前提下，民事行为能力制度毫无疑问成为直接决定人的私法地位甚至是人的自由发展之权的法律制度④。

二、完全监护对基本人权的侵犯

随着行为能力被剥夺，以"监护"为名的"保护方式"是一种全面概括的监护模式，这种完全监护明显违反了最小限制原则，对被监护人私权构成过度侵犯。

第一，意思能力与行为能力的等同化处理，剥夺本人残余意志与意思自治空间。在对权利的限制上，成年监护制度对被监护人权利的克减甚于禁治产制度。禁治产制度剥夺的仅仅是财产行为能力，并不涉及人身。而成年监护除剥夺（限制）本人的财产行为能力外，还剥夺了人身行为能力。例如，婚姻的订立和解除行为、侵害性的人身医疗行为（如堕胎和器官移植等）、人身保险契约

---

① 李霞，刘彦琦. 精智残疾者在成年监护程序启动中的权利保障 [J]. 中华女子学院学报，2017（5）：26 - 27.
② 李锡鹤. 民法原理论稿 [M]. 北京：法律出版社，2009：93.
③ 参见叶欣. 现代成年人保护制度设立之原因 [J]. 学习与实践，2011（9）：80 - 84.
④ 朱广新. 民事行为能力制度的立法完善——以《中华人民共和国民法总则（草案）》为分析对象 [J]. 当代法学，2016（6）：3 - 14.

行为等,都得由监护人作为其法定代理人替代本人决定。① 这种完全监护立法忽略了每个人的"意思能力,在不同的时间和生活中的不同领域、不同环境中往往是有区别的"②,以及"每个人在实施每个法律行为时所需要的意思能力也是不同的"③。作为独立的个体,每个人的意思能力薄弱的程度千差万别,在欠缺的量上有多有少,在质上或高或低,余留的意思能力并不相同。例如,有的人对一些行为有判断能力而对个别行为无判断能力;有的人则对某一类特定行为有判断能力而对一部分或者大部分行为则不具备。美国的司法判例也承认:一个无合同能力的精神病人却具备遗嘱能力,因其对意思能力的标准低于合同能力。同理,婚姻能力对意思能力的要求又低于遗嘱能力。对同一个能力不完全者而言,即使在同一天内,也可能存在不具备遗嘱能力却具备婚姻能力的情况。④ 每个意思能力不完全者所余留的能力千差万别,民法所规定之行为能力制度却无视这种事实,致使当事人参与自治的能力被否认。行为能力的认定与实施民事法律行为的效力密切相关,一旦在法律上剥夺或限制当事人的行为能力,等同于基本上剥夺或限制了本人自主决定民事法律生活的空间。《公约》第12条明确要求缔约国应承认身心障碍者始终有法律能力,并通过协助支持其行使法律能力以达到自治。法律能力是一个人参与社会生活的闸门,但长久以来却对身心障碍者关闭着。《民法典》通常采取"否定或排除"的范式,设置标准定义精神、心智残疾人应当被否定或限制的那些行为能力,并进一步通过监护的启动剥夺他们自主决定的机会。民法对身心障碍者法律能力(行为能力)的否定,是针对其设置的法律制度上的障碍及对民法的不尊重与歧视。

第二,全面概括监护模式导致监护的过度介入和过度保护,使被监护人无法真正正常生活。⑤ 无行为能力人即"权利被剥夺之人",因为行为能力是民法赋予民事主体(含残疾人)实现民事权利和履行民事义务的法律资格,是民事

---

① 李霞. 成年监护制度的现代转向 [J]. 中国法学, 2015 (2): 199–219.
② CARNEY T. Clarifying, operationalising, and evaluating supported decision-making models [J]. Research and practice in intellectual and developmental disabilities, 2014 (1): 46–50.
③ BACH M, KERZNER L. A new paradigm for protecting autonomy and the right to legal capacity: advancing substantive equality for persons with disabilities through law, policy and practice [R]. Toronto: Law Commission of Ontario, 2010: 49.
④ 李霞. 论我国成年人民事行为能力欠缺法律制度重构 [J]. 政治与法律, 2008 (9): 71.
⑤ 李霞. 协助决定取代成年监护替代决定——兼论民法典婚姻家庭编监护与协助的增设 [J]. 法学研究, 2019 (1): 107.

主体实现意思自治的工具，一旦被剥夺（或否定），本人的所有私权将形同虚设。以我国现行法律制度为例，一个被剥夺行为能力的成年人，除了被剥夺财产方面的能力，如不能缔约外，其他行为能力，也被法律全面褫夺，如选举能力、诉讼能力、受教育能力和劳动能力等。[①] 监护人对被监护人的所有权利概括式的垄断，使被监护人逐渐沦为监护人的"附庸"。完全监护模式不仅没有协助被监护人补足能力以融入社会，反而导致被监护人渐渐远离社会生活，被隔离在正常社会生活圈之外，丧失提升个人能力的机会。[②] 许多国家将处于完全监护下的个人选举权、工作权、诉讼权、社交权、财产管理权及包括缔结婚姻在内之合同缔结权剥夺。例如俄罗斯，完全被监护人的上述权利被自动剥夺。尽管《欧洲人权公约》第12条对婚姻缔结及组建家庭权加以保护，但该权利未用于进行相应行为能力评估时便因监护程序或其他特殊规定而被自动禁止。在匈牙利，人们在某些生活领域行使社交权的机会会因监护程序而被剥夺。例如，作为某组织成员或行业会员的机会。在美国，要求特定能力水平的法律会直接并立即排除智力和发育障碍者或认知障碍者，防止其实施某些行为，如投票，或参与司法系统，此即"直接立即剥夺"；或者通过阻止他人与智力和发育障碍者或认知障碍者接触、进行特定活动，包括双方自愿的性行为，进而可能具有否定法律能力的即时效力，此即"潜在的立即剥夺"；或者法律要求个人具备某一特定的"能力"才允许其进行特定的法律交易，如此可能导致智力和发育障碍者被立即剥夺法律能力，因为一旦发现当事人在交易时缺乏相关能力，交易就可能被认定无效，此即"潜在的立即/迟延剥夺"；又或者其他法律可能不会阻

[①] 依据《民事诉讼法》第57条，欠缺行为能力人不能参与诉讼；依据《母婴保健法》第19条，无行为能力人不能实施终止妊娠或结扎手术等人身医疗事务；依据《广告法》第33条，欠缺行为能力人不能行使相应人格权利。此外，依据《中华人民共和国慈善法》（以下简称《慈善法》）第16条第1款，欠缺行为能力人不能称为慈善机构负责人；依据《中华人民共和国民办教育促进法》第10条，欠缺行为能力人不能设立民办学校。此外，若将考察范围再行扩大，《行政诉讼法》第30条及《劳动争议仲裁调解法》第25条同样限制了欠缺行为能力人的诉讼能力、参与仲裁的能力；依据《中华人民共和国公证法》（以下简称《公证法》）第20条、《中华人民共和国注册会计师法》第13条第1款、《中华人民共和国律师法》第7条第1款、《中华人民共和国执业医师法》第15条第1款以及《中华人民共和国农民专业合作社法》第14条，欠缺行为能力人不具备取得公证行业、会计师行业、律师行业、医师及农民专业合作社成员资格的能力；依据《中华人民共和国村民委员会组织法》第18条、《全国人民代表大会和地方各级人民代表大会法》第49条第7款，无行为能力人不能行使相应政治权利。

[②] KOHN N A, BLUMENTHAL J A, CAMPBELL A T. Supported decision—making：a viable alternative to guardianship [J]. Penn St. law review, 2013 (117)：111.

止智力和发育障碍者进行特定法律行为，如做出死后财产处分，但该行为在本人死后可能会受到直接且通常被经济影响的人的质疑，此即"潜在迟延剥夺"；再或者，实践中也有赋权私人，通常是受监管实体，剥夺智力和发育障碍者法律能力的做法，如社区和疗养院拒绝允许性活动和亲密关系，此即"授权私人剥夺"。①

监护制度对个人的基本自由和财产利益均有影响。美国最高法院在许多年前就意识到，被宪法保护的自由是：不仅身体不受限制，还可以个人签订契约、参与日常生活、习得有用的知识、结婚、组成家庭及抚养孩童……以及享有在普通法上普遍被认为是自由人追求幸福生活所必需的权利。这些自由和财产权在监护制度中岌岌可危。监护制度可能侵害个人私人行为的基本隐私权利，拒绝不想接受的医学治疗的基本权利，做出有关结婚、生育、节育、家庭关系、子女养育及教育决定的基本权利及选举的基本权利。纽约州法院曾将监护制度描述为"不仅为剥夺市民持有的财产，还为剥夺其人身自由而设计"。纽约州两个地方法院（纽约郡法院和国王郡法院）已同时关注到个人的自由和财产利益。纽约郡地方法院认为：依据第17-A条指定的"监护人实质上对被监护人生活享有完全替代决定权……包括决定所有的医疗事项、被监护人的居所、与谁交往、是否工作或参加康复项目"等。这一实质上对被监护人施加完全控制权的事实清楚且强烈地侵害了被监护人的自由权。国王郡地方法院的一个裁定，就是监护可能损害残疾人自由利益的例证。在一起案件中，上诉人诉请依第17-A条的规定指定监护人以阻止当事人结婚。法庭确认结婚权是公民最根本的权利之一，也是自由人合理追求幸福的关键人权之一。因此，法庭认为当州政府否定当事人决策权之时，也剥夺了当事人宪法所赋予的影响其生活、自由和财产决策的控制权。

意思能力与人权不可分割。划分行为能力的初衷是保护意思能力完全者兼及交易安全。但过度保护会造成过分干预，在本人还有剩余意思能力的情况下，这就是对其自主决定权和参与能力的掠夺，背离了人权的价值追求。

第三，成年监护重保护财产权益轻人身权益。禁治产乃禁止其自己管理财产之意，主要是防止禁治产人的财产浪费，其侧重点在于财产保护而非人文关怀。成年监护制度的设计主旨是保护本人并兼顾交易安全，但在实践中，成年监护制度仅仅是作为弥补行为人行为能力的手段，禁治产是目的，换言之，财

---

① GLEN K B. Not just guardianship: uncovering the Invisible taxonomy of laws, regulations and decisions that limit or deny the right of legal capacity for persons with intellectual and developmental disabilities [J]. Albany government law review, 2019 (13): 41-43.

产保护和交易安全才是目的，这颠倒了目的和手段的主次位置。① 由监护人代理被监护人进行民事活动，虽为保护本人权益，但却出于维护交易安全之目的，注重对本人财产利益的保护。人身依附于财产而存在，被监护人仅仅作为监护人的附庸而被动地行使自己的权利，其法律上的主体资格、人身权益被忽视。对人身的监护本应不同于对财产的监护，但成年监护将人身权益与财产利益的监护混为一谈。某人一旦处于监护之下，往往长期受到监护人对其个人维持人际关系、求职、结婚或选举的干涉。而实际上，个人自由权和个人财产权之间存在一种根本的相互依存关系，享有、使用、处分财产的权利是基本权利，人身自由也为宪法所保护。所有个人可自由追求的行为，在缺乏适当的行政目的时都不能被限制。对于被监护人人身性事务的替代决定，其后果一般都是不可逆的，如代理被监护人与医院签订切除子宫手术的协议。一旦本人的人身权利交由他人行使造成严重后果，虽然由监护人承担侵权责任，但给本人造成的损害不可恢复。

三、监护措施僵化刻板

根据本人余留意思能力的多少和对保护需求的不同程度，划定本人意思自治的类型范围，为本人提供多元化的协助决定措施，这是《公约》所倡导的标准。② 传统民法将行为能力不完全者划分为两类，采用单一的监护模式补足被监护人的行为能力，完全忽略意思能力低弱者不同的保护需求。

首先，成年监护适用范围忽视了心智精神轻微障碍、身体障碍和高龄者等群体的制度需求。从生活、生理规律上讲，人的精神健康状况的恶化或意思能力的减退，不可能从有至无发生骤然转变，通常为慢慢发展。特别是老年人，其意识的衰弱，更是一个渐进乃至反复的过程。由年老造成的能力衰退，由心智精神轻微障碍、肢体残障造成的意思实现困难等都不是障碍者被剥夺行为能力的理由，但此类障碍者现实地存在解除外力补足其行为能力的需求。③ 立法一刀切地以剥夺行为能力监护的设立前提，忽视了此类障碍者的需求。

其次，成年监护强调本人最大利益原则，忽视本人意愿。成年监护与未成

---

① 阿马蒂亚·森. 正义的理念［M］. 王磊, 等译. 北京：中国人民大学出版社, 2012：219.
② 李霞, 陈迪. 从《残疾人权利公约》看我国新成年监护制度［J］. 法治研究, 2019（1）：49.
③ 李霞, 左君超.《民法典》成年监护制度的进步及瞻望［J］. 中华女子学院学报, 2020（4）：7.

年监护虽同属监护制度,却绝不可混为一谈,因为它们遵循的首要原则是不一样的:前者以尊重被监护人意愿为要义,后者以最有利原则为指导。成年监护中,最有利于被监护人的利益也应当由本人选择。换言之,监护人更多的是承担辅助义务,辅助本人完成其意志。在拥有全部及部分监护制度的国度,监护人被授予代替被监护人决定的权利。被监护人的上诉权被限制或者其压根无权挑战监护行为或要求重新评估监护关系。在某些例子中,监护人与被监护人之间的交流微乎其微甚至无沟通,且该监护人还有可能同时负责多名被监护人。若监护双方全无交流,则监护人便无法判断被监护人是否还存有意思决定之能力,也不存在一方为说服另一方接纳其意见而提供的在意思决定上的信息共享。然而,一位为他人执事的监护人,又如何能够了解他人内心的具体活动?如何了解被监护人的健康状况?又是如何设身处地考虑被监护人在关涉其生活上重要事务的意愿,并确保其生活在一个最少限制的环境之中?[①] 以我国法律为例,《民法典》在第30条、第35条出现了"应当尊重被监护人的真实意愿""应当最大程度地尊重被监护人的真实意愿"的表述,但这两个规范的前提都是同一个:否定被监护人的行为能力。从《民法典》第18条至第22条规定无行为能力和限制行为能力两种类型、第24条承袭《民法通则》第19条之行为能力宣告制度、第28条将行为能力欠缺作为法定监护的开始要件来看,本人在被否定或限制行为能力后被授予监护。这与协助决定始终承认残疾人有行为能力存在根本区别。在这种情况下,所谓尊重被监护人本人的真实意愿,也成了无源之水、无本之木。替代决定制下尊重本人最大利益原则并不能真正保护本人,一旦本人被剥夺行为能力,其事务只能由监护人代理,监护人主观认为其行为尊重本人最大利益,实则有可能并不是根据本人意愿选择的。除此之外,许多侵害残障者权益的决定都是由以"最大利益"为名义,否定本人意愿而形成的。原则上的善意并未在实践中真正照顾到残障者的利益。即使设立监护监督制度,也不能避免监护权的滥用。

最后,成年监护替代决定在本质上限制了本人自主决定空间,阻碍了个人能力的提升。尽管成年监护已经运行得非常成熟,但其受到的质疑和批评却越来越多。监护领域一直以替代决定为指导思想,并认为被监护人意思能力不完全(心智残障)便不具备行为能力或者其行为能力应受到限制,其对相关事务无决定能力,决定权应由其监护人替代行使。监护人的替代决定能够保护被监

---

① 玛莉·凯斯. 欧洲法律能力制度改革:一个紧迫的挑战[J]. 李霞,陈迪,译. 天津滨海法学,2019(7):230-263.

护人，并实现被监护人的最大利益。但是监护实践表明，尽管监护制度旨在为心智残障者提供保护，但是同时也可能对心智残障者的自主决定权造成侵害。日常实际生活显示，大部分非残疾人（正常人）也不都是完全理性的，但民法和司法实践却并不因此就否定他们的行为能力。相反，当他们无能力做决定时，民法和司法实践都会给予他们所需的协助，如银行会为缺乏金融决定能力的客户提供理财顾问的协助；商店允许顾客在一定期限内无条件退货（撤销法律行为）等。为什么同样不理性的心智障碍者反而得不到协助而是被替代决定？因为旧监护法在很大程度上忽略了人的社会依赖性和脆弱性这一事实：每个人都不是完全理性的人。① 社会现实与立法的背离，是成年监护立法所无法解答的。② 在旧成年监护模式中，监护之替代决定本质导致心智障碍者没有机会参与决定过程，从而极易使心智障碍者产生其权利被剥夺、其生活被控制等负面心理。而心智障碍者如果能够在协助者的支持帮助下参与决策过程，则可以弥补这种缺陷。不同于替代决定，协助至少使心智障碍者在某种程度上参与决策过程，对与其相关的事项做出决定，减轻或消除心智障碍者的羞耻感及对他人的负面态度。温迪·哈里森（Wendy Harrison）的研究发现，心智障碍者每周与协助者的谈话涉及决定的内容越多，心智障碍者的认知活跃程度越高，对其健康的影响就越好。③ 由此可知，僵化刻板的成年监护措施，限制了本人参与正常社会生活的空间，不仅不利于本人能力的提升，反而加快了本人能力的欠缺进程，替代决定剥夺了心智障碍者与他人交往的机会，这对其本人的心理健康是非常不利的。

第三节　老龄监护制度改革的国际实践探索

一、从医疗监护模式转向人权监护模式

老龄监护制度的前身，也就是成年监护制度的前身，即两大法系传统的禁

---

① 玛莎·法曼.自治的神话：依赖性理论[M].李霞,译.北京：中国政法大学出版社，2014：12.
② 李霞.协助决定取代成年监护替代决定——兼论民法典婚姻家庭编监护与协助的增设[J].法学研究，2019（1）：102-107.
③ HARRISON W. Representation agreements in British Columbia: who is using them and why? [D]. Vancouver: Simon Fraser University, 2008: 77.

治产制度，其理念、制度、特征和目的都奉行着医疗监护模式，注重对身心障碍者的治疗和修复，精神障碍者和其他残疾者通常被封闭在精神病院或者疯人院中，作为医疗、康复和慈善的客体，被隔离于正常人的社会之外。依托于"法律家父主义"的医疗监护理论认为，监护人是缺乏行为能力的成年人意志的替代决定者。受监护者（本人）无人身照顾、财产管理和医疗健康护理方面的决定权。医疗模式采取的是"他治式"保护措施，阻止了身心障碍者融入正常人的社会（社会参与）。他们被限制甚至剥夺了决定自身事务的权利和机会，监护人成为被监护人实质上的行为约束者和管理者。[1] 残疾的医疗模式从医疗的角度更加关注损害，与之相对的社会或人权模式则关注人类的尊严以及综合性的事务。社会模式认识到身心障碍者被社会生活排斥，不是因为他们的自身情况，而是社会制度的创设没有为其提供相应的便利，如交通、通信、公共服务等。最前沿的"人权模式"关注的是身心障碍者的尊严及完整性，不论人与人之间有多大差距，他们都应该被平等对待，他们同样应获得尊重，同样有参与社会生活、政治经济生活的权利，如就业、就学、选举与被选举等，社会应接纳身心障碍者。人权模式旨在建立一个包容性的社会，其尊重人格尊严、平等等全人类重视的价值。相较于对"无能力"的重视，由残疾的医疗模式向人权模式的转变需要更加重视人的"能力"，要求剩余的意思能力最大化并得到尊重。这种以权利为基础的立法框架，确保了成年障碍者剩余意思能力得到承认与最大化的实现。

残疾的医疗监护模式向人权模式的转变是远离善良的"家父主义"的一个渐进的、不那么明显的变化过程。善良的"家父主义"在面对被认为是欠缺法律能力的成年人（包括老年人）时，类似于家长对待自己的孩子，即由家长来决定什么是对孩子最好的。[2] 在英国，医疗监护从20世纪下半叶开始就受到猛烈抨击，批评者认为此种监护模式违反了人权保障，过度剥夺了一个人的自主权，已沦为一种不必要且无保证的侵犯个人自由的工具。在美国，医疗监护亦备受批评，有学者指出，当利用"监护"的幌子来控制老年人的财产时，无异于剥夺了老年人的尊严和选择。[3]

20世纪中期，一种日益增长的认识打破了善良的"家父主义"的权力，即

---

[1] 朱涛. 自然人行为能力制度研究 [M]. 北京：法律出版社，2011：216.
[2] The Law Reform Commission. Consultation paper on vulnerable adults and the law: capacity (LRC CP 37 - 2005) [R]. Ireland: The Law Reform Commission, 2005: 26 - 27.
[3] 李霞. 成年监护制度的现代转向 [J]. 中国法学，2015 (2)：200.

所有成年人，包括身患残疾者、年老体衰者等，都有自主和意思自治的权利。因此，如何对待身心障碍者的人权开始转向了"权利模式"。1971年《联合国精神障碍者宣言》强调，智力障碍者和精神病人的剩余意思能力需得到最大限度的保有和运用。1991年《联合国保护精神病患者和改善精神保健的原则决议》强调必须为成年障碍者指定辅助人。对于老年人，应充分保障他们的自主决定权、参与权、人格尊严等权利。2006年《公约》也秉承以上理念，确立了残疾人人权保护的国际化标准以保护这一特殊群体，其中第12条明确要求，各缔约国应承认残疾人在法律面前的平等地位，应采取一切措施保障残疾人享有平等权利，并应当确保残疾人的财产不被任意剥夺，第19条确认残疾人独立生活和融入社区的权利。欧洲委员会亦出台了一系列国际法文件，确立权利的享有并不因意思能力的差异而改变，如《欧洲人权公约》第14条规定每个人在任何情况下享有平等的权利且不受歧视。《对成年障碍者的立法保护建议》指出，对成年障碍者的立法保护要有灵活性，充分尊重其人格尊严，不能以偏概全，应承认不同程度的意思能力欠缺是存在的，对意思能力不完全者的保护不能直接导致对他们剩余意思能力的掠夺。

当下，"正常化、自主决定权"已成为身心障碍者国际人权保障的准则。"正常化"强调身心障碍者的生存（活）境遇应与正常人的相同，不可因残疾被隔离于社会（社区）以外。"自主决定权"是人格权题中之义，是意思自治的体现，但并不意味着任由意思能力不完全者处理自己的事务，而是应当协助、辅助意思能力不完全者实现意思自治。英国、美国、加拿大、澳大利亚、新西兰、日本、奥地利、德国、韩国以及我国台湾地区，相继接受了人权模式，改革旧制度，并普遍遵循以下三个基本原则：（一）能力推定原则。能力推定指所有成年人（包括老年人）均被推定有能力就其人身照顾、财产管理和医疗健康护理事项做出决定。①（二）最小限制原则。该原则意指所有成年人（包括老年人）在不能照顾自己或处理自己的财务时，都应得到最有效但限制性和侵扰性最小的支持、协助或保护，但要在已尝试或仔细考虑其他办法皆无力救济本人权益时，方可指定监护，且应在最低限制之范围内代理本人事务或替代本人决定，以期给予本人生活最大程度的自主权利。（三）尊重本人意愿原则。该原则是指，监护人在决定（代理）被监护人的事务时，必须咨询本人的意见并询问本人的意愿和爱好，尽力了解本人之价值观，唯有在无从获知本人喜好和意愿

---

① See Adult Guardianship Act, RSBC 1996 c. 6, §3（1）.

时，才可以适用最佳利益原则。①

我国确立的成年监护体系下的老龄监护制度，既非残疾的医疗监护模式也非社会或人权监护模式，而是一种独特的隔离式概括监管模式。如何矫正保护过度，建立涵盖"自我决定权"和"正常化"等理念的新型监护制度，是我国成年监护法（包括老龄监护法）改革的方向所在，也是满足老龄群体不同保护需求的目的所在。令人欣慰的是，在2013年起实施的《老年人权益保障法》及《精神卫生法》中，人权监护的晨曦已依稀可辨，如前者第26条设置了"老龄意定监护"，后者第30条提出对"精神障碍的住院治疗实行自愿原则"。这意味着中国老龄监护制度已开始承认和接受人权监护模式，我国独特的隔离式概括监管正在慢慢撩开窗幔，迎接人权监护的曙光。这两条规范堪称世界主流立法模式的里程碑，也是我国作为《公约》缔约国履行缔约义务的必然结果。《民法典》在采纳《老年人权益保障法》第26条之基础上，将意定监护主体扩大至所有成年人，另外还增加了尊重被监护人真实意愿的规定，这也体现了我国成年监护法向人权监护模式靠拢的新发展。

二、从完全监护转向有限监护

完全监护，是针对监护措施而言，与有限（限制）监护相对应，指本人的全部人身和财产事务的决定权交付于监护人，监护人有权替代本人决定其所有事务。完全监护意味着本人实施的所有行为无效，即便是日常生活交易，如购买生活必需品等，都受到限制。这种将本人所为的一切法律行为都归于无效的制度，实际上是借保护本人之表象以达保护交易安全之目的，不仅剥夺了本人行动的自由，而且还存在严重危及本人生存权的可能。完全监护非但漠视本人人身权益，反而成为限制或剥夺本人自由的帮凶。它过度干预本人的人身事务，导致了对本人的民事权利和基本自由的限制、克减甚至剥夺。因此，在美国，完全监护被公认是"剥夺公民权利最彻底的民事惩罚制度，被监护人的法律地位与死人相差无几"。②

20世纪中叶以来，在确立了禁治产制度的国家（地区），完全监护相继被废除。例如，1968年法国第68-5号法律，德国1992年《成年辅助法》，日本2000年《成年后见法》，奥地利1984年《成年障碍者事务管理法》，瑞典1989

---

① 李霞. 成年监护制度的现代转向［J］. 中国法学，2015（2）：200-201.
② GOSTIN L O, GARSIA A. Governing for health as the world grows older: healthy lifespans in aging societies［J］. The elder law journal，2014（22）：115.

年《成年监护法》，我国台湾地区2008年修正的民法等，均废止完全监护。

有限监护，也称限制监护（limited guardianship），是指仅在本人实际需要的限度内设立的保护或援助措施。换言之，监护人仅在对本人造成最小限制的范围内执行监护职务。有限监护的特点是，监护作为一种法律干预措施，应在必要时使用。它意味着对个人自治权的干预应在最低限度，法律家长的"强制爱"被限制到最小，监护人的权限不再是无限的。在立法上，有限监护要求限制权利的手段和目的之间要有适当之比例，不应过分。表现在监护措施上，应先尝试以最少干预之各种方式辅助能力不足者自我决定，唯有在用尽前述方式而仍无效果时，方可使用监护。应用"最少限制"原则的先例是英国1966年的莱克诉卡梅伦（Lake v. Cameron）案。① 该案的法官在判决中认为，对病人自由的不应超过对其的保护需要。法院通过限制监护的范围，确保本人享有相当的决定权，从而最大程度地控制自己的生活。该意见在2005年被英国《意思能力法》采用，作为第6条正式规定。在美国，成年监护制度的主要趋势是采用"最少限制（least restrictive）原则"和"有限监护原则"。最少限制原则始于1960年联邦最高法院于谢尔顿诉塔克（Shelton v. Tucker）一案中提出的"最低程度干涉自由原则"（the Least Restrictive Alternative Doctrine）。在过去的几十年中，美国重点改革"监护的隔离性"，推出了限制性较小的替代方案，并建立了有限监护。② 美国《统一成年监护与保护程序法》依据最少限制原则确立了有限监护的中心地位。有限监护于1976年被加拿大艾伯塔省《非独立成年人法》开始确立后逐步被各省和地区采纳。众多国外立法充分尊重了身心障碍者现有的判断能力，有利于最大限度地使其参与正常的社会生活。依最少限制原则确立的有限监护在大陆法系国家亦有相关立法，如《德国民法典》第1908d条规定，辅助限于必要期间、必要范围内进行。辅助要件消灭时，监护法院须废止辅助，若辅助的部分要件消减，辅助者的职务范围也应随之缩小。此外，《德国民法典》第1897条规定，辅助人应在法院规定任务范围内依法处理被辅助人事务，并且应在必要范围内任命适合的个人作为照顾人。辅助的存续时间不能超过必要的程度。上述规定确保了本人的个性与独立性。《日本民法典》第9条但书规定，对于日常生活食品、衣料等日用品的购置，以及对于有关日常生活之

---

① 莱克夫人患有"慢性脑病综合征"，在穷尽所有可能的诸如在社区对其进行照料和治疗的替代措施之前，不可将她交付不定期民事关禁（Indeterminate commitment）。
② BURKE S. Person-centered guardianship: how the rise of supported decision-making and person-centered services can help olmstead's promise get here faster [J]. Mitchell hamline l. rev., 2016（42）: 878.

行为，则为尊重本人尚存的能力，以及维持本人正常生活起见，不得设立监护人的"代理权"或"同意权"，而全部都委由本人自行判断。《韩国民法典》第947条规定成年被监护人可以对自己的人身在符合其精神状态的范围内单独做出决定。由此可知，即使在有些保留了完全监护的大陆法系国家，立法例中也都保留了本人的日常生活自主权，并强调该权利不得被撤销，以确保本人可以融入正常人的社会生活。最少限制原则指导下的有限监护，平衡了保护与自治，避免了对本人自由的过度限制，保全了本人的尊严和部分基本自由。[①]

在中国，适用于老龄群体的成年监护制度继受了传统禁治产监护制度。因此，完全监护也同样是我国监护制度设计的重心。有观点认为，《中华人民共和国民法总则》（以下简称《民法总则》）采用无行为能力与限制行为能力的划分，在限制行为能力层级中，个人可以依据其智力和精神状况处理相应的事务，实为有限监护。[②] 然而，我国的所谓有限监护，只是"可以独立实施纯获利益的民事法律行为或者与其智力、精神健康状况相适应的民事法律行为"，此规定缺乏操作细则，易沦为具文。[③] 限制行为能力人监护和无行为能力人监护唯一的区别在二者的法律行为效力上，一个是效力未定，一个是无效。限制能力人尽管可以实施与本人能力相适应的行动，但由于没有列举规定哪些事务受限制，加之既无程序保障，也无制度监督，因此，对限制能力人的监护实则还是完全监护。完全监护明显地违反最小侵害原则，过多限制民事主体的权利，对被监护人私权构成过度侵犯。在我国现行民法中，一个受完全监护的人，实则是"被剥夺了一切权利之人"[④]。该制度的立法设计，超过了"保护本人兼顾交易安全"之目的所需，背离了最小侵害原则。因此，鉴于完全监护背离人权保障的"最小限制"原则，我国也应当摒弃之，引入最小限度干预原则，以有限监护为中心。

三、成人意定监护利用者之社会化

成年监护的社会化主要体现在社会中的每个成年人，都可以利用成年监护，

[①] 李霞. 成年监护制度的现代转向 [J]. 中国法学，2015 (2)：202.

[②] 杨立新.《民法总则》制定与我国监护制度之完善 [J]. 法学家，2016 (1)：95 - 104.

[③] 李霞. 协助决定取代成年监护替代决定——兼论民法典婚姻家庭编监护与协助的增设 [J]. 法学研究，2019 (1)：104.

[④] 调查发现，在多数精神病人的家庭中，作为法定监护人的亲属都没有真正尽到监护人的责任，精神病人基本上都处于放任失控的状态。有些家属不堪监护重负，甚至对精神病人采取铁链捆绑等远比监禁更为残酷的方式。

尤其是意定监护。"监护制度的利用者",在各国旧制度中称为受保护人、受（被）监护人。法律术语的改变彰显了立法理念的转变。目前,国际社会的成年监护制度改革倾向于重新确认脆弱的身心障碍者主体地位,强调监护人应尊重身心障碍者的基本人权即人的尊严,并负有义务主动支援、协助本人以独立之人格参与、融入社会并帮助本人在社会中得到发展。旧监护制度所称的"受保护人",其所反映的是旧制度将人视作客体而非主体的立法理念,与如今倡导的以人为主体的人权理念完全不符,理应予以摒弃。现代监护制度转向了社会法路径,公立和私立相结合的监护与援助法,已成为老龄化社会的社会法体系中不可或缺的组成部分。障碍者和高龄人等接受监护或者辅助者,相对于国家和社会而言,是权利主体而非法律规制的对象。由于国家和社会在发展中存在或设置的种种障碍,影响了部分脆弱主体无法独立管理自己的事务,故他们有权请求国家和社会提供各种帮助,以保证其同正常人一样平等地参与社会生活并得到发展。该请求权是身心障碍者作为制度的利用者基于基本人权之社会权对国家行使的。在普通法系中,一系列的称谓在悄然发生着改变,如新监护法用"需要监护者"（a person in need of guardianship）"智力或认知功能障碍"（impaired intellectual or cognitive functioning）取代了"被监护人"（ward）"精神病"（mentally ill）或"残疾"（developmentally disabled）等术语。[1] 伴随这些变化,监护制度利用者称谓的主要变化表现在范围更为广泛。

长期以来,旧成年监护制度主要适用于精神病人、酗酒者和吸毒成瘾者的少数人。因此,与其说旧制度以保护他们为目的,毋宁说实质上是对他们进行管制或监督。然而,从20世纪后半叶起,在进入老龄化社会的国家,成年监护的主要适用者多为认知能力正在减退的老年人,乃至当今适用意定监护契约的泛成年人化。而老年人即使已经罹患痴呆症,人们也不愿甚至无法容忍将其视为精神病人、酗酒者或吸毒成瘾者而加以管制或监督。

现代监护制度利用者的范围更为广泛,主要表现在以下两点：

其一,意定监护制度的利用者泛成年人化,即凡是成年人都可利用意定监护。

其二,法定监护利用者的范围扩张。具体表现在：除了精神障碍者外,还增加智障者、高龄者；有些国家还包括身体障碍者,如德国民法包括四类：精神障碍者；智障者；身体障碍（含视觉残疾、言语残疾、严重的听觉残疾和视

---

[1] GREENFIELD P. Public guardianship legislation enacted [J]. Seniors Digest, 2005 (6): 445.

力残疾）者以及几乎不能行为的严重疾病患者（第 1896 条第 1 款）。此外，还包括如因患有严重的心脏病等几乎无行动能力的人。加拿大《魁北克民法典》第 258 条规定的是因疾病、身体缺陷或年老虚弱损害了其表达自己意愿的脑力或体力的人群；日本民法第 7、11、14 条规定的是：精神病患者、智能障碍者、痴呆症、高龄者等。

英美法系国家制度利用者的范围与大陆法系诸国几乎相同，如依《美国社会保障法》第 2 条之规定，是指因心理疾病、心智低下、身体疾病、年老、慢性药物的使用、慢性酒精中毒或其他导致本人缺乏足够认知能力或交流能力而有可能遭受损害的人。

综合以上来看，各国对于精神障碍者、智力障碍者、老年人都可以利用现代法定监护制度的结论，基本上不存在分歧。但对身体障碍者、酗酒者、吸毒成瘾者以及浪费行为者也可以利用现代法宝监护制度的说法，各国的立法例中尚存分歧：首先，绝大多数国家允许身体障碍者作为法定监护制度的利用者。法国民法典第 488、490 条，德国民法典第 1896 条，意大利民法典均有规定。早期的古罗马《十二表法》亦规定对聋哑人同样地予以保佐。美国《身心障碍者法》对身体障碍经历了从排除到承认的立法过程。其次，对于酗酒、毒瘾、浪费行为者可以利用法定监护的说法，各国存在较大的分歧。在普通法国家，针对酗酒者的受领养老金行为，《美国社会保障（安全）法》特别规定"由其监护人代理"。德国和日本对此则持反对意见，日本认为，法律无须对浪费者的权利进行干涉。并且，浪费依据当地的风土人情及富裕程度会有所不同。因此，浪费者在日本新监护制度中被取消。

我国法律并未对酗酒者、吸毒者、有赌癖或浪费者（挥霍者）予以单独规范。我国法定监护的请求权主体缺乏单独列举规定。在《民法通则》施行的期间内，成年监护的利用者仅限精神病人，实践中常将痴呆症患者视为精神障碍者，这是违反医学的常识性分类的，二者应分属于两类不同的民事主体。[1] 在医学上，痴呆属于"智力障碍（认知障碍）"的一种[2]，多发生在老年时期。高龄者的专属病症——老年痴呆症，作为一种智力上的障碍，直接影响判断能力（意思能力），因而，痴呆症患者理应与智障者同类。在法理上，对于存在认知障碍的成年人，实现其自我决定，不是简单地赋予其自我决定权就能解决，还必须为其提供容易认知的信息并加以说明，对其在取得信息、理解信息直至形

---

[1] 关家．法医学［M］．成都：四川大学出版社，2006：222.
[2] 吴崇其．卫生法学［M］．北京：法律出版社，2005：380.

成意思决定的过程中提供援助。正是这种支持自我决定的认识，成为认知障碍者有必要适用成年监护的理由。① 鉴于《民法通则》中成年监护制度利用者规定之局限性与不合理性，《民法典》将成年监护制度主体扩大至所有无民事行为能力或限制民事行为能力的成年人，剔除了"精神病人"。因此，痴呆症患者不再被错误地划入精神障碍者范围得到保护。

对于身体障碍者应赋予请求权。对与"精神障碍者"同属残疾人的聋、哑、盲残疾人，他们是否有请求权，是我国的制度设计中存在的问题。不可否认，这部分人的意志（精神能力）是健全的，但在行为、意思表达（表示沟通）等方面，却存在着障碍，客观上妨碍了其行为能力的实现及权利的行使。然其因未达到限制民事行为能力程度，可资利用的救济手段只有《中华人民共和国民法典合同编》（以下简称《民法典合同编》）中的委任制度，委托他人代为民事行为。但作为体能上有障碍的一方，无疑是难以亲自监督其委托代理人行为的，若代理人滥用权利，则无其他救济制度给予他们帮助。显然，在此种情形下体能的障碍妨碍了本人的意思自治，本人亦属于意思实现能力不足者，在行为能力上同样是有欠缺的，因而，他们成为该制度的请求权人是具备正当性的。事实上，对这部分特殊主体的特殊需求，我国法律其他领域也是予以特殊对待的。《刑事诉讼法》第 34 条、《治安管理处罚法》第 14 条、《刑法》第 19 条，都肯定了盲、聋、哑残疾人的意思表达和意思形成能力的天然不足，并给予诉权上的特殊保护。

四、监护替代措施的多元化和趋同性

各国旧制度对脆弱成年人特别是老龄群体所予以的保护措施，均无视本人作余存的意思能力的差别性，先是法律拟制出了一个概念，即行为能力，然后先行剥夺或限制本人的行为能力，而后予以他治式的监护或者保佐措施。这种监护在各国的运行实践中备受诟病，改良的呼声由来已久。在英国，有人认为其运行结果是宣告了一个人的"民事死亡"。② 在美国，监护被冠以"除死刑外最严酷的民事惩罚措施"之名。在爱尔兰，从"参与社会的角度看，被监护人实质上处于私法上的行尸走肉状态"。③ 在德国，"这种一刀切的极端立法将所

---

① 西川瑞子. 认知障碍者的成年监护的原理 [M]. 东京: 信山社, 2010: 3.
② QUINN G. Civil death: rethinking the foundations of legal personhood for persons with a disability [J]. Irish jurist, 2016 (56): 286 – 325.
③ The Law Reform Commission. Consultation paper on vulnerable adults and the law: capacity (LRC CP 37 – 2005) [R]. Ireland: The Law Reform Commission, 2005.

有精神心智残疾人置于监护下，剥夺了其自主参加任何民事活动的权利"。① 自 20 世纪 90 年代起，不少国家的立法相继废除完全监护，因为人们更愿意使用部分监护。"尊重自我决定""尊重余存意思能力""维持生活正常化"等一系列新理念要求立法不应积极干预意思能力不完全者的具体行为，而应从程序上协助本人行使权利。到了 21 世纪，《公约》第 12 条确立的用协助决定逐步取代成年监护替代决定之新范式，为法律能力立法与实践的改良提供了方案。需要阐明的是，新范式反对包括完全监护和部分监护在内的一切形式的替代决定，但现阶段受到激烈反对的是完全监护而不是部分监护②；反对的是针对成年人的完全监护，而不是对儿童的完全监护；反对的是成年监护混用未成年监护的法律家父范式，如监护人对儿童行使的财产管理权、惩戒权、住所指定权和教育权等。

出于最大程度地实现个人自主权之目的，各国的成年（老龄）监护改革与《公约》的标准相呼应，纷纷制定关于解决行为能力及替代决策的法律，采用多元化替代措施用以满足脆弱成年（老龄）人的制度需求，以尊重并激活其余存的不同程度的能力，替代传统监护的适用。

自 20 世纪 80 年代末始，对监护制度滥用的担忧使美国迎来改革浪潮。在这种制度下，老年人被彻底剥夺了权利，因监护人的行为不受法院的监督，老年人经常遭受监护人的剥削。美联社的报告称监护制度为"国家耻辱"，改革者在 20 世纪 80 年代末到 90 年代后期成功地改革了 18 个州的监护法。改革后的监护法要求法院仅授予监护人满足被监护人所需的监护。被监护人保留对未被指定为监护人控制的其他方面的决定权。其考虑到个人意愿、喜好和欲望，并赋权个人独立、自主决定和参与到影响生活的决定当中去。③ 以马里兰州为例，早在 1977 年该州就修订和改革了其传统习惯法中的监护法，设立成年人保护服务部门并赋予它紧急情况下进行干预的权利。在老年人监护制度问题引起全国关注之后，马里兰州在 1997 年进一步修订和改革了监护法，使该州的监护法发生了程序性和实质性的变革。因此，时至今日，马里兰州的监护法是第二次法律

---

① KEYS M. Legal capacity law reform in Europe: an urgent challenge [J]. European year book of disability law, 2009 (1): 66.
② 目前各缔约国的履约情况及学术讨论都表明，新范式立即被引入国内法，势必会对国内的相关法律造成颠覆性的改变。故建议分时段推进新范式，现阶段的要求是先废止完全监护，可以保留部分监护。但适用法律时部分监护让步于协助决定诸措施。
③ DILLER R. Legal capacity for all: Including older persons in the shift from adult guardianship to supported decision-making [J]. Fordham urban law journal, 2016, 43 (3): 495–520.

改革的成果。① 马里兰州废除了完全监护，有限监护也只能作为最后的方法被使用并且只能在"没有限制效力更低的干涉手段可用"的情况下使用。马里兰州实行严格的正当程序保护措施，监护人的指定并不代表被监护人总体上法律能力的丧失，也不改变被监护人的任何民事权利（除非法院做出特别指令）。② 马里兰州的法律，与联邦法律相结合，为老年人提供了不同类型和形式的监护替代措施，如医疗预嘱、持久代理权授予制度。其他习惯法上的方法，如信托、共同所有及遗产规划，在马里兰法律下也都是被认可的。

在瑞典，适用于老年人的传统监护制度是为其委派监护人，与此同时老人失去所有法定权利。该领域第一次成熟意义上的法制改革始于1974年，目的在于并促使法庭在判决中尽量少裁定当事人已丧失法律能力，只能在不得已情况下将监护制度作为最后选择，允许法庭在全面监护情况下委派信托人。但遗憾的是，1974年的改革并未达到减少全面监护裁定的预期效果，直到1988年，裁定当事人丧失法律能力的做法才被废止，以形式更广泛的代理方案取而代之。第一种方案名为"forvaltarskap"，具体做法是为当事人委派管理人或信托人，且当事人只在有限领域丧失法律能力；第二种方案是为当事人委任一名"god man"（在英文中译为"善人"或"导师"）来维护失能当事人利益，当事人不会丧失任何法律能力。因此，瑞典法律也应被视为老龄监护制度第二轮改革的产物，其独特之处在于创立了"god man"和"forvaltarskap"两种并存的模式，从而避免了剥夺当事人法律能力的做法。瑞典"god man"这一全新制度可被视为一种"意定监护"，与美国的持久代理权制度有相同的意义。③

日本在19世纪末颁布的民法典包括了监护制度，与大陆法系监护法模式十分相似。在这种模式下，长期精神不健全者可能被家事法院宣告无民事行为能力。一旦宣告，他（她）丧失全部的法定资格，并且监护人被授权替代其做决定。监护人有权推翻法律行为（如与无民事行为能力人签订的合同）并代表当事人参与法律行为。日本成年监护制度自民法典确立之后，在一个世纪内未做修订，但在老龄化深入发展及监护理念变革的时代趋势下，日本法律学者曾猛烈批评这种监护制度，改革的呼声不断出现。作为回应，日本于20世纪末相继

---

① DORON I. Elder guardianship kaleidoscope: a comparative perspective [J]. International journal of law, policy and the family, 2002, 16 (3): 368 – 398.
② Md. Stat. Ann. at 13 – 706, 13 – 708.
③ DORON I. Elder guardianship kaleidoscope: a comparative perspective [J]. International journal of law, policy and the family, 2002, 16 (3): 368 – 398.

通过四部法律,对成年监护制度进行了重大调整。① 旧立法中的禁治产、准禁治产宣告制度被彻底废除,成年人的行为能力欠缺仅保留"限制"行为能力一种。其中法定监护增设辅助类型,家事法庭为由于精神障碍、事理辨识能力显著不充分的人设立保佐人,为那些由于精神障碍事理辨识能力变得不充分的人设立辅助人。一旦辅助人被指定,本人便不丧失其法律地位或独立性。但特定的行为(由家事法庭决定)欲生效需由本人和辅助人共同做出。② 同时,尊重当事人余存的意思能力,仅在必要的限度内为本人设立监护人、保佐人和辅助人。建立新的监护登记制度,在监护过程中提供更多的公共参与,且废除由配偶担任监护人的规定,代之以选任监护模式,同时对监护人范围采用否定式的开放性立法予以约束。日本法改革中很重要的一项措施便是"意定(任意)监护"的建立。该制度允许任何具备完全意思能力的成年人指定一个代理人或其他主体(包括营利组织)成为其法律上的"意定监护人",遵循着美国持久代理权的界限。③

　　以美国、瑞典、日本为例的老龄监护制度的变化体现了所有法域都在提升老年人自治权和独立性的道路上努力改革老龄监护法。各国(地区)新监护制度立法如表 2-1 所示:

表 2-1　各国(地区)新监护制度立法

立法类型	国家(地区)	监护措施
一元化	德国	辅助
二元化	瑞典	特别监护、管理监护
	智利	监护、保佐
	我国台湾地区	监护、辅助

---

① 这四部法律分别为:《关于修改民法的一部分的法律》,平成 11(1999)年法律第 149 号;《任意监护合同法》,平成 11(1999)年法律第 150 号;《关于伴随施行〈关于修改民法的一部分的法律〉修改有关法律的法律》,平成 11(1999)年法律第 151 号;《监护登记法》,平成 11(1999)年法律第 152 号。
② ARAI M. Japan's new safety net: reform of statutory guardianships and the creation of voluntary guardianship [J]. NAELA quarterly, 2000(13): 5.
③ DORON I. Elder guardianship kaleidoscope: a comparative perspective [J]. International journal of law, policy and the family, 2002, 16(3): 368-398.

续表

立法类型	国家（地区）	监护措施
三元化	法国	司法保护，监护、财产管理
	澳大利亚	特定事务监护、一定事务监护、全部事务监护
	瑞士	监护、辅佐、司法保护
	俄罗斯联邦	监护、保护、庇护
	奥地利	个别事务管理、一定事务管理、全部事务管理
	日本	监护、保佐、辅助
	韩国	完全监护、有限监护、特定监护
	加拿大魁北克省	监护、保佐、顾问
四元化	美国	财产监护、人身监护、全权监护、有限监护
	英国	管理、监护、保护、财产管理
	加拿大安大略省	共同监护、信托、辅佐、代理

虽然德国民法只规定了一种辅助模式，但其实则是最广泛的类型。它以权利侵害最小化的方式最大化地满足障碍者的保护需求，显示了公权力的立法和司法在行使时确保自治与他治的平衡，反映在法定监护制度上，就是将尊重自我决定权与正常化理念进行了妥适的协调。采用多元类型主义的国家（地区），同样按照必要性原则，对本人自治的范围，既做了一般性的规定，又允许他治，从而平衡了他治和自治。[①]

在进行监护法改革时，为应对日益老龄化的社会，各国均提倡成年（老年）人在能力完全时提前决定和规划自己失能后的事务，意定监护成为各国改革的共同选择和方向。到了21世纪，替代监护制度的协助决定制度的出现为法律能力立法与实践的改良提供了方案。加拿大作为协助决定制度的倡导者和先行者，其创造的概念、理念被很多国家所借鉴。协助决定在加拿大各省以不同的形式存在，是法庭任命监护人的重要替代措施。[②] 1996年，不列颠哥伦比亚省通过了《代表协议法》（Representation Agreement Act，简称RAA），进而成为第一个

---

① 李霞. 成年监护制度的现代转向 [J]. 中国法学, 2015（2）：208-209.
② GORDON R M. The 2015 annotated British Columbia incapacity planning legislation, adult guardianship act and related statutes [M]. Toronto：Carswell, 2015：20-22.

将协助决定纳入立法的省。① RAA 允许残疾人任命一名"代表人"帮助本人管理其个人事务。代表协议类似于代理权协议（power of attorney agreement）。加拿大协助决定追求的目标是尽可能地少用监护措施，以期减少监护措施对被监护人民事权利的限制和基本自由的干预。加拿大的协助决定作为替代成年监护的措施，解决了众多能力不完全的成年人（包括老年退行性病变以及脑损伤患者）。它也成为法庭监护判决的有效替代方式而且被许多人所信赖。② 美国对协助决定的合法化给予了积极的推进。2012 年，纽约州高级法院通过达梅里斯（Dameris）案③确立了协助决定的法律地位。2013 年，位于弗吉尼亚州里士满的联邦上诉法院第四巡回审判庭的法官裁判的哈奇（Hatch）案④，成为协助决定的另一起案例。该案也为助推协助决定进入美国法律体系起到了尤为重要的作用。2015 年，德州成为美国第一个承认协助决定作为监护替代措施的州。⑤ 在澳大利亚，协助决定的运行始于 2009 年由维多利亚公共倡导办公室发起的为期四年的实践项目，用以检验残疾人在协助关系下有无可能决定自己的事务。⑥ 德国成年监护法的变革带来了对传统民法具有颠覆性的四项挑战：一是废除了自普鲁士民法实行以来运行两百余年的无行为能力（禁治产）制度。这意味着所有年满 18 周岁的心智残疾人，与其他人一样，被平等地推定为"有行为能力人"。二是将行为能力缺乏与辅助这两个制度相切割，即使心智残疾人处于辅助

---

① DINERSTEIN R. Implementing legal capacity under article 12 of the UN convention on the rights of persons with disabilities: the difficult road from guardianship to supported decision-making [J]. Human rights brief, 2012, 19 (2): 9-12.
② JOHNS A F. Person-centered guardianship and supported decision making: an assessment of progress made in three countries [J]. Journal of international aging law & policy, 2016 (9): 1-32.
③ In re Dameris L., 956 N. Y. S. 2d 848, 855 (N. Y. Sup. Ct. 2012). 纽约州高级法院承认达梅里斯在他人协助下有决定能力，且承认其决定的法律效力，并终止对她的监护。
④ VARGAS T. Virginia woman with down syndrome becomes hero to the disabled [EB/OL]. 2013-08-17. 华盛顿邮报，哈奇是一名唐氏病患者，她因意外事故受伤，其母亲和继父申请了永久、完全监护。法庭最初判决临时监护并把她安置在一个机构。在这个机构中，她被禁止使用手机和电脑，禁止从事之前的工作，禁止与朋友会面。哈奇在支持者的帮助下提出上诉。在终审听证中，专家证人阐述哈奇通过其朋友和社区的帮助能够像正常人一样生活，可以管理自己的事务，不需要被监护。法庭最终任命一名有限监护人管理她的"医疗和安全事务"，有效期为一年。此判决的目的是实现协助决定。
⑤ Tex. Est. Code Ann. § 1002.031 (2015). 协助决定由残疾人和协助者以协议的方式设立。得克萨斯州法承认协助决定协议的适用性和有效性，在医疗健康、财产管理、生活安排等方面作为监护的替代措施，可以通过正式或非正式的方式向需求者提供。
⑥ BRAYLEY J. Supported decision making: A case for change [C]. Supported decision making forum, 2013.

之下，依然是"有行为能力人"。三是选择可能加重法院审判负担（实际上证实是可以用制度解决）的制度方案，在个案中由法院为被申请人量身定制"辅助"内容，协助人的协助范围和权限由法院在个案中为被协助者具体判定。四是协助决定的首次出现。协助决定的出现透过辅助的必要性和补充性原则折射出来。德国的立法例也影响了瑞士2012年的改革与奥地利2016年的改革。三个国家的方向一致，基本路径类似：废除无行为能力制度；无行为能力和辅助（照管）切割；本人即使处在辅助下仍保有行为能力；协助决定措施优先适用；辅助仅作为最后手段；协助决定措施如预先授权（持久代理权）和医疗预嘱等逐步完善，并强调无论在协助还是辅助中都以尊重本人的意愿优先。①

在各国家（地区）纷纷以协助决定替代监护的改革进程中，包括持久代理权、医疗预嘱、监护信托在内的多样性替代监护措施备受青睐。

（一）持久代理权

美国于1969年制定的《统一遗嘱认证法典》（Uniform Probate Code）首次引入了我们今天所看到的持久代理权概念，打破了传统普通法关于代理的原则。20世纪80年代中期，该法在全美的统一成文法地位被确立。此后，该法于1986年被英国仿效并得到进一步发展。美、英两国为加拿大奠定了理论和制度根基。20世纪90年代初，加拿大各省相继引入持久代理权制度，如1992年安大略省实施的《替代决定法》。在德国，《德国民法典》第1896条第2项规定的"任意性措施"，旨在补充法定成年监护，是以相当于持久代理权的"预防性代理权"为中心的，其目的是加强无法保护自身利益的人的自决权。在奥地利，1984年的《监护法案》在2006被修订并于2007年7月1日生效，新法引入了持久代理权。在法国，关于成年人保护法律改革的法案和《民法典》第477～494条，为成年人（老年人）引入了新的法律保护形式，包括持久代理授权。在瑞典，法律改革委员会发表了一份《关于成年人的监护人和替代人问题》的报告，其中载有关于持久代理权的提案。日本在美、英、加、德诸国制度的基础上，于1999年颁布了《任意监护（后见）法》，2011年该法被韩国引入。② 持久代理权在各国的立法表明，其被所有年龄段的成年人越来越多地使用。

---

① KERZNER L. Paving the way to full realization of the CRPD's rights to legal capacity and supported decision – making: a Canadian perspective: in From the Margins: New Foundations for Personhood and Legal Capacity in the 21st Century, legal capacity symposium [C]. Vancouver: University of British Columbia, 2011: 31 – 33.

② 林秀雄. 论我国新修正之成年监护制度 [J]. 月旦法学杂志, 2009 (164): 140 – 141.

（二）医疗预嘱

医疗预嘱使有能力的老年人能够就其失能时可能出现的状况表达意愿。自20世纪七八十年代开始，以美国为首的普通法系国家或地区开始陆续推动医疗预嘱立法，并取得了一系列成果，如美国《统一医疗决定法》、美国加利福尼亚州《遗嘱检验法典》，英国《意思能力法》，加拿大不列颠哥伦比亚省的《医疗（同意）及护理机构（入院）法》等都有相关规定。由于医疗事务具有特殊性和重要性，不可与财产事务或人身日常照顾等同而论，故《德国民法典》《瑞士民法典》《奥地利普通民法典》均在成年监护部分为医疗预嘱设立特别规则。德国于2009年通过的《预先指示法》在《德国民法典》第4编第3章第2节"法律上的辅助"中增加了两条规定，即第1901a条"预先指示"和第1901b条"为查明病人意思而进行的谈话"。《瑞士民法典》将"成年人自己安排照护"一节划分为关于一般事务的"照护委任"和关于医疗事务的"医疗预嘱"两条。奥地利关于医疗预嘱的规定，一部分见于《生前预嘱法》，一部分见于《奥地利普通民法典》第284f条、第284g条、第284h条。在丹麦，《卫生法》规定了"在世预嘱"，即患者可以就其无法做出决定时的治疗表达意愿。芬兰也是如此，1992年第785号《患者身份和权利法案》规定，医疗保健专业人员和患者的代表人有义务尊重患者先前表达的意愿。在比利时、法国和荷兰，老年人可以表达对治疗的意愿，并在失能时拒绝接受治疗。[①] 如果没有得到改善、恢复或治愈的希望，本人可能不希望追求治疗，可能希望拒绝任何仅仅用于延长死亡过程的残酷和痛苦的治疗。医疗预嘱尊重老年人的个人选择，保护失能老年人的人格完整性和权利，已被应用多年，并越来越被视为每个人都应该考虑的事务。

（三）监护信托

信托制度起源于中世纪的英国，于19世纪初被引入美国。在财产管理方面，信托制度极具专业性，比监护制度更具优越性，如隔离风险。因此在英美法系国家中，对于被监护人财产管理方面通常适用信托制度。将监护与信托结合使用的情形在今天已并不罕见，将人身照顾事务留给监护人，财产管理事务交给信托受托人，发挥监护制度与信托制度协同应用的优势，从而更好地实现被监护人本人的福祉。[②] 监护信托在各国形式不一，有扶养信托、特殊需要信

---

① Council of Europe, Principles concerning continuing powers of attorney and advance directives for incapacity: Recommendation CM/Rec (2009) 11 and explanatory memorandum [R]. Strasburg: Council of Europe, 2011: 20-21.

② 朱晓喆. 意定监护与信托协同应用的法理基础——以受托人的管理权限和义务为重点 [J]. 环球法律评论, 2020 (5): 67-83.

托、遗嘱信托等。以特殊需要信托为例，该信托目前已在美国、英国、澳大利亚等国家和中国台湾、中国香港地区，成为解决残障人士、老年人等特殊需要群体问题的重要手段，已经形成了相对完善、系统的特殊需要信托产品和服务，并在连接特殊人群所需服务和医疗、社保等公共福利体系方面形成了可资借鉴的良好实践经验。针对心智障碍者家庭庞大的需求，仅仅依靠社会福利支持可能既不能满足多样化的家庭需求，又不利于催化社会服务体系的发展，而监护信托能够提供多种方法共同推动社会问题的解决。

第四节　我国《民法典》老龄监护现状

一、保留落后的无行为能力监护制度

无行为能力制度目前已不符合国际立法趋势，也不符合《公约》废除无行为能力制度的要求。但《民法典》之行为能力规定直接承继了20世纪的《民法通则》，表面上是为了保护本人，实际上依然是为了保护交易安全，无视本人的自我决定及余存的意思能力，其结果是不合理地剥夺个人的自由和地位，以及本人的自治机会，与《公约》完全背离。《公约》第12条重申所有残疾人均有充分的法律能力。法律能力是行使政治、经济、社会和文化权利所必不可少的前提。残疾人在健康、教育和工作方面做出重大决定时尤其需要行使这种能力。在许多情况下，剥夺残疾人的法律能力导致许多基本权利被剥夺，包括投票权、结婚和建立家庭权、生殖权、父母抚养权、同意建立亲密关系权、医疗权以及自由权。[①] 联合国残疾人权利委员会根据中国的制度报告给出的结论性意见表明，我国现行制度不符合《公约》第12条的规定，缺乏一套承认残疾人有权自行做出决定且其自主性、意愿和喜好有权得到尊重的协助决定措施。委员会敦促缔约国采取措施，废止那些允许对成年人进行监护和托管的法律、政策和做法，并采取立法行动，用协助决定制度取代替代决定制度。此外，委员会建议缔约国与残疾人组织协商、编制、通过并实施一种协助决定制度，其中包括：①承认人人享有法律权利能力，并有权加以行使；②必要时提供照顾和协助，以使个人行使法律权利能力；③制定规章，确保提供的协助尊重个人的自主性、

---

① 《残疾人权利公约》第12条第8自然段。

意愿和喜好,并建立反馈机制,确保提供的协助满足个人需要;④促进和建立协助决定。① 但考虑到具体的社会背景,要达至《公约》的最终目标需要采取渐进的步骤,废除成年监护和建立协助决定机制无法一蹴而就,委员会建议采取一些临时性的过渡性安排及措施。

与我国不同,世界各国纷纷废弃无行为能力制度,仅划分完全行为能力与限制行为能力,废除了无行为能力人的规定,与此相适应,限制行为能力所从事的法律行为也仅分为有效与可撤销,而非"无效"。如日本民法第15条到18条规定,成年被监护人的法律行为可以撤销,但购买日用品等其他有关日常生活的行为不在此限。韩国也采取了相似立场,规定成年被监护人的法律行为是可撤销而非无效的,并且还进一步规定,法院可以规定成年被监护人在哪些范围内的法律行为有效,即限缩可撤销的适用。

值得注意的是,是否采取无行为能力制度关键在于法律行为的效力,凡规定法律行为无效的即无行为能力制度,凡规定可撤销的,虽然名为无行为能力,但实际上已抛弃传统禁治产的立场。如意大利民法虽然规定了禁治产人与准禁治产人,但由于这两类人的法律行为效力是可撤销而非无效的,并且还规定了保佐等替代监护措施,因此意大利实际上也抛弃了无行为能力制度。② 反观我国《民法典》,其规定无行为能力人的法律行为一律无效,限制行为能力人的法律行为效力待定,即须经监护人追认才有效,是对本人法律行为效力的一般性否定。尤其是《民法典》采取了一般法定代理、例外独立实施的表述,不仅与《公约》相违背,也与国际潮流相反。这种理念下的法律施行,必然导致本人被隔离在社会生活之外,参与社会生活的机会基本上被剥夺。在《民法典》颁布之前,就有学者主张废除无民事行为能力制度,并指出无民事行为能力存在限制过度的制度缺陷,会妨碍成年精神障碍者社会生活的正常化,而限制民事行为能力的规定,在保护相对人群的合理信赖上,存在立法过于简单、概括之弊。③ 鉴于此,我国立法首先应尽快取消无行为能力人,将自然人仅划分为完全行为能力人与限制行为能力人;其次,应废弃无行为能力人法律行为无效、限制行为能力人法律行为效力待定的规定,确认凡是限制行为能力人的法律效力有效,仅在经司法认定的范围内可撤销。

---

① 联合国残疾人权利委员会:《委员会第八届会议(2012年)就中国初次报告通过的结论性意见》,第21、22条。
② 《意大利民法典》第427条第1、2款。
③ 朱广新.民事行为能力制度的立法完善——以《中华人民共和国民法总则(草案)》为分析对象[J].当代法学,2016(6):3-14.

二、尊重本人意愿与尊重本人最大利益原则冲突

成年监护和未成年监护，两者遵循不同的规则。① 后者遵循本人最大利益，前者强调尊重本人意愿，即使是"愚蠢行为"也应尊重。②《民法典》将尊重意愿与最大利益原则等同适用于成年监护和未成年监护，无疑将引发两者冲突，该冲突在老龄监护中也将有所体现。

关于监护人确定纠纷。《民法典》第31条第2款规定，居民委员会、村民委员会、民政部门或者人民法院应当尊重本人的真实意愿，按照最有利于本人的原则在依法具有监护资格的人中指定监护人。但问题在于，如果本人的意愿与法定的最有利的选择发生冲突时，该如何抉择？两种原则的冲突还表现在监护职责上。《民法典》一方面规定最有利原则是履职的一般性原则；另一方面在第35条规定未成年人监护人须尊重本人真实意愿，成年人监护人须最大程度地尊重本人真实意愿。首先，最大利益与尊重意愿不可能并列，既然最大利益原则为一般原则，那么尊重意愿只能是次要原则，不应在条文中将两者不分主次罗列；其次，法律规范应注意操作性与可实现性，尊重被监护人真实意愿地，如何才能称为最大程度，是否能够优先于一般性的最大利益原则？此外，《民法典》在监护撤销上规定的是最大利益原则，在监护恢复上规定的是尊重意愿原则，监护的撤销与恢复遵循的是两种可能矛盾的逻辑，制度割裂更加严重。

《民法典》增加了尊重被监护人真实意愿的规定，若被监护人不能正确表达自己真实意愿，应最大程度地根据其利益推定真实意愿，处理监护事宜。这在相当程度上颠覆了传统的监护职责的履行方法，使监护人与被监护人之间形成了一种全新的交往模式。③ 但这仅仅是一个表象，如果对成年人的保护仍然建立在剥夺行为能力后的替代决定模式下，并且行为效力的强制规定又使得这些原则不可能被积极尊重，那么尊重本人真实意愿就只是为了应付被监护人强烈要求尊重自主权的一种权宜之计。

此外，尽管我国民法在尊重本人自我决定基础上增设了意定监护制度，但意定监护与法定监护的适用关系缺乏具体规则。《民法典》并未明确意定监护与法定监护的适用顺序，在处理设定法定监护时对已经存在的意定监护如何衔接，以及当意定监护与法定监护存在冲突时应如何处理等问题上，存在典型疏漏。究竟是

---

① 李霞. 监护制度比较研究[J]. 济南：山东大学出版社，2004：16–17.
② Mental Health Act 2005, 1 (4).
③ 杨立新. 民法总则——条文背后的故事与难题[M]. 北京：法律出版社，2017：116.

尊重本人意愿适用意定监护还是从本人最大利益的角度出发为其设定法定监护，在意定监护中本人享有多大的自主决定空间，立法均未有所解释。另外，意定监护的内容和程序仅以一个法律条文予以表述，并不严谨。意定监护协议何时成立与生效、设立的类型、形式与实质要件、变更与终止要件等，均应当予以充实。

三、措施单一，难以满足自我决定

国际上普遍采用多元化措施来协助老年人实现自我决定，尽管因为法律传统和翻译，各国诸措施的名称各不相同，如日本民法规定了监护、保佐和辅助，韩国规定了监护、限定监护、特定监护。虽然名称不同，但这些制度的共同特点是尽量缩减过去陈旧的替代本人做决定的完全监护，尽量扩大本人自我决定的范围，不同的监护替代措施，其实质是对本人自我决定干预程度的强弱变化。根据本人余存意思能力的多少和对保护需求的不同程度，划定本人意思自治的类型范围，通过辅助、保佐等为本人提供多元化的协助，这也是《公约》所倡导的标准。

而我国对现有的监护措施未做区分。依据我国现有立法，监护分为两种：一是对无能力人的监护，监护措施是赋予监护人以代理权和财产管理权；二是对限制能力人的监护，监护措施也是赋予代理权和财产管理权，但有别于无行为能力人的监护措施之处在于，与其精神健康状况相适应的民事活动可以单独实施，其他民事活动则由监护人代理或征得监护人的同意进行。除了在代理权限上有区别之外，监护人的其他监护职责是完全相同的，由此可知，我国采用的是一种概括式的保护措施——监护，既有别于一元化，也不同于类型化，对监护措施不加区分的概括式立法，隐藏着对人权实现的若干阻碍。

首先，违反必要性原则。必要性原则要求在所有能够达成立法目的的诸方式中，必须选择对主体权利侵害最小的方式。也就是说，在以不违反或减弱该法律所追求之目的的前提下，立法者应选择对主体权利侵犯最小之方法。成年监护的目的是保护本人并兼顾交易安全。而我国的这种保护措施，优先保护的是交易安全，用一种监护措施来应对那些脆弱成年人的不同保护需求，用简单的两类"无和限制"行为能力人，来涵盖所有的余存不同的意思能力的成年人，显然是对每个个体自我决定权的无视，过度限制了本人的基本自由。其次，从立法的科学性上考虑，单一的监护措施也存在着僵化有余灵活性不足的瑕疵。既然《民法典》将能力不完全的成年人区分为"限制和无"两类，那么，两者对应的监护措施也应有别，不应只有一种。例如，老年痴呆症患者的判断能力是随着年龄升高渐次消退的。即使是行为能力完全的老年人，也无法避免意思能力的日渐衰退，只不过衰退的程度因人而异。再次，不能涵盖所有的意思能力薄弱者。类型化的目的主要是保护意思能力不完全者，但那些意思能力同样有欠缺的其他非残疾人，如高龄者（80岁以上），他们不在范围内。高龄者的特点是随年龄增长，意思能力渐次丧失，这一样态显然不在两类内。老年人这一特殊民事主体意思能力呈渐次衰退，如何划分他们的法律行为能力的问题，同样困扰着人口老龄化的西方国家的学者。大法官波斯纳也倍感困惑：老年痴呆症给法律能力（如遗嘱能力、契约能力、作证能力）和法律责任（犯罪行为）带了一些在分析层面上与实践层面上的问题。老年痴呆症患者的意思能力的丧失是进行性的。如何在这两个极端——无能力和限制能力之间划出分界线——成为一个紧迫的法律问题。以往的欠缺行为能力定型化制度已经完全无法应对了。

虽然我国《民法典》初步建立了意定监护，但其生效要件是"丧失或者部分丧失行为能力"，仍是先否定一个人的法律能力，故与本人始终拥有法律能力之协助决定有着显著不同，其本质还是替代决定，不够尊重本人自我决定程度。另外，多元化监护措施不仅要求在法定监护之外创设意定监护，还要求在法定监护之内建立多元化的措施，如辅助和保佐等。《民法典》在法定监护方面基本沿袭了《民法通则》的一元化措施立场，虽然其在第22条规定限制行为能力成年人可以独立实施与智力、精神状况相适用的法律行为，但仅凭该条无法做出类型化、制度化的正视本人余存意思能力的多元化措施。由此可见，《民法典》仍缺乏对本人自我决定的保障，违背了《公约》的要求。

监护措施的多元化是为了协助本人实现自主决定。而我国却无视个体的能力具有阶段性和相对性的特点，在监护措施上，采用"一刀切"式的立法，一律适用同样内容的保护措施，这对于限制行为能力人而言，无疑是过度干预了本人的自由。法律规定其可以进行与其智能状况相适应的法律行为，然而"智力状况"这一规定的边界过于模糊，其无能力管理的是哪些范围的人身事务和财产事务，法律无明确规定。而医学鉴定和实验表明：某些限制能力人，是完全有能力处理其人身事务的，他们只是缺乏管理财产的能力，或者情况反之。故民法不应忽视个体的不同需求，不加区分地使用同一种监护措施。只有将保护措施类型化，并赋予每种类型不同的内容——或保护、或援助、或辅助——才能最大程度地尊重本人余存的意思能力，最大程度地保留自治空间，符合比例原则。

四、本人程序权利保障的缺席

监护制度是一把双刃剑,其特点是替代本人做决定,以对本人基本权利的干预为前提,因此先进国家对监护的发生与终止普遍采取司法审查主义,即未经司法程序认定为限制行为能力人的,不得为其设立监护,他人不得仅因本人在事实上可能存在的精神、智力障碍担任监护人。我国民法体系下,老龄监护启动程序始于剥夺本人民事行为能力。实践证明,我国在老龄监护启动程序中欠缺对本人权利的保障,程序意识较为薄弱。现阶段,我国并没有专门的监护程序法,有关监护程序的规定只是零散地分布在《民事诉讼法》《民法典》《精神卫生法》等规范中。《民事诉讼法》在特别程序章节中专门规定了认定公民无或限制民事行为能力程序,其集中反映了我国成年人法定监护程序的现状,具体包括能力认定申请程序、医学鉴定、诉讼代理、法院裁判以及判决撤销程序;《民法典》在自然人章节中涉及了行为能力的宣告和恢复、监护人的产生等规定;《精神卫生法》专门规定了精神障碍的诊断和鉴定程序,以及赋予精神障碍者诉权。我国目前是世界上精神残疾者人数最多的国家,且随着人口老龄化趋势,失智高龄者的数量也逐年攀升,我国宣告剥夺民事行为能力的案件随之增长。但由于宣告剥夺民事行为能力后监护制度对于本人权利的剥夺影响重大,加之监护人拥有对本人的人身事务、财产事务的管理处分权,我国启动的老龄监护,经常演变为对本人财产的提前继承,对被监护人的权利造成极大的侵害。因此法院在判决剥夺本人民事行为能力时,本应慎之又慎。

(一)不经司法宣告程序就径行剥夺民事行为能力

依据《民法典》第24条的规定,利害关系人或有关组织可以向人民法院申请认定不能辨认或者不能完全辨认自己行为的老年人,为无民事行为能力人或者限制民事行为能力人。而实践中向法院申请判决剥夺行为能力大多是出于亲友要处理本人财产的便利需求,需要法院的一纸判决作为证明,以便能以监护人的名义处理被监护人的事务,甚至成为亲属对本人财产进行提前分割。

成年法定监护的利用者中,大多数是精神障碍者,这便涉及医疗看护,而医院的行业规则是只要患者被送到精神病院,其都会被医院当作无民事行为能力人处理,而且送患者去医院的人自动会成为"监护人"。比如,在江苏"朱某某案"中,朱某某并没有经过法院的行为能力宣告,而直接成了被监护人。某某四院的逻辑是只要没有证据证明朱某某是完全民事行为能力人,那么其就是无或者限制民事行为能力人。同样,在"徐某案"中,徐某也没有经过司法宣告程序就直接成了被监护人,从曹杨新村居民委员会同意徐某哥哥为徐某的监护人开始,徐某就被贴上了"被监护"的标签,而这个标签整整贴了10年。这些案件表明,在实践中,即使没有专业的行为能力认定及法院的司法判决,医院、村民(居民)委员会都可以因为本人患精神疾病而剥夺成年人的行为能力,随意地为本人设立监护人。① 这意味着我国成年法定监护的启动程序有很大的漏洞,即法院需要将监护宣告的权力牢牢掌握在自己手中,没有法院的行为能力认定,任何个体、组织或者机关都没有权力判定公民为无或者限制民事行为能力人,更没有为别人设置监护人的职权。

(二)启动程序初始本人就被推定无诉讼能力

依据我国《民事诉讼法》第189条规定,人民法院审理的认定公民无民事行为能力或者限制民事行为能力的案件,应当由该公民的近亲属作为代理人。粗略地看,该条文是为了维护本人的利益,特为本人设置代理人来代本人行使权利。但是,在法院未做出判决前,本人应被推定尚有完全民事行为能力,诉讼能力作为法律行为能力,应当由本人完全自主行使。诉讼能力包含的本人是否需要聘请代理人,赋予代理人的代理权限范围等诉讼权利,均应由本人行使,而非法律为其提前特设代理人。提前特设代理人的规定无疑是默认提前剥夺了本人的行为能力,本人已不能独立参与相应的诉讼程序。即使是"徐某案",法院也是先对徐某进行司法鉴定,证明徐某具有诉讼能力,才受理审理。可见,一旦踏入监护的门槛,甚至在还没有踏入之前,个人权利已经受到极大的剥削。法律默认本人丧失了诉讼能力,这对于本人权益无疑是巨大的侵害。特别是如果存在代理人与申请人恶意串通申请宣告剥夺本人民事行为能力的情况时,本人更是诉求无门,权利毫无保障。且在司法实践中,在判决剥夺行为能力时,往往只有申请人出席,本应维护本人利益的代理人是否出席却并无影响,案件一样可照常审理,代理制度流于形式,很难真正发挥效用。加之法院要求为本人设立代理人,但法院很难依职权选任合适的代理人,往往依赖于申请人的推荐。在这些案件中,代理人大多与申请人为近亲属,并不能切实地保护本人的权益。在这种情况下,本人仍被推定在启动程序中无诉讼能力,无法在诉讼中切实维护自己的利益。

(三)法院认定无或限制民事行为能力依据混乱

民事诉讼法第188条规定:"人民法院受理申请后,必要时应当对被请求认

---

① 李霞,刘彦琦.精智残疾者在成年监护程序启动中的权利保障[J].中华女子学院学报,2017(5):26-34.

定为无民事行为能力或者限制民事行为能力的公民进行鉴定。"但是何种情况为"必要",赋予法官极大的裁量权。在认定本人无或限制民事行为的案件中,法院依据的标准不一,分为下述三类:

其一,依据司法鉴定所出具的法医精神病司法鉴定意见书。大多数的案件中,法官均依据司法鉴定所出具的法医精神病司法鉴定意见书来判定本人完全或部分丧失行为能力。但鉴定意见是否与实际情况符合,仅依赖鉴定意见是否可以直接得出本人已丧失行为能力的结论,目前缺乏重复鉴定与不同鉴定意见不一致率的全国性权威统计数据,但部分地区或者部分鉴定机构的相关统计数据显示,就同一案件不同鉴定意见之间的不一致率已达到30%左右,造成这一问题的重要原因之一在于,不同的鉴定人采用的鉴定标准缺乏统一的规范。[1]

其二,依据残疾证。实践中存在不少法院依据残疾证判决剥夺本人行为能力的案件。[2]残疾人联合会简称残联,其性质是事业团体。其出具的残疾证是依据《中国残疾人实用评定标准》的定级标准确认发放。但残疾证中确认的残疾等级可否直接作为丧失行为能力的评定标准,不免让人生疑。特别是负责残疾证评定的医师可能并非专业的精神医师,对于精神或智力残疾的判断缺乏专业性。

其三,依据医院证明。法院依照医院的诊断证明做出裁判的案例也有不少,其中医院种类包括安定医院和普通医院。[3][4] 安定医院一般为当地专门的精神病医院,治疗精神残疾、智力残疾,而普通医院则为综合性医院,诊疗报告由精神科医师做出。法院依据医院证明判决就必然牵涉到关于医学上的精神残疾、智力残疾与法律上的行为能力认定标准的区别与等同。但我国并没有相应的标准可供参照,法院直接依据医师的诊断证明就可以剥夺本人的行为能力。

综上所述,我国法院判决剥夺本人民事行为能力的认定依据是鉴定意见、残疾证明及医师诊断。司法鉴定意见尚且有对被鉴定人的病情诊断与民事行为能力的情况可供法院参考。但残疾证明与医师诊断只有诊断结果,即医学上对本人意思能力进行客观事实的判断,不涉及对行为能力的判断,特别是对本人是否达到丧失行为能力的标准无任何说明。依据的混乱、标准的不统一将直接导致剥夺本人行为能力的任意性,而在此基础上,监护程序草率开启。

---

[1] 李霞. 精神卫生法律制度研究 [M]. 上海:上海三联书店,2016:238.
[2] 参见:(2016)沪 0110 民特 98 号。
[3] 参见:(2016)京 0106 民特 8 号。
[4] 参见:(2016)沪 0116 民特 4 号。

（四）本人被剥夺行为能力后无程序救济权利

我国认定公民无民事行为能力、限制民事行为能力的案件适用特别程序、一审终审。本人即使认为裁判有失偏颇，也无上诉的权利。这意味着任何人一旦被法院宣告为行为能力有瑕疵，其身份就变为被监护人，等待他的将是漫长时间的自由的剥夺和限制，摆脱这一身份唯一的途径是只能申请监护宣告判决的撤销。《民事诉讼法》第190条规定，人民法院根据被认定为无民事行为能力人、限制民事行为能力人或者其监护人的申请，证实该公民无民事行为能力或限制民事行为能力的原因已经消除的，应该对其做出新判决，撤销原判。但撤销原判的前提——证明"原因已经消除"，代表着如果本人在得知判决结果后，要推翻自己无或限制民事行为能力的身份，只能证明"原因消除"。这可能需要再次鉴定，但是已丧失行为能力的本人能够得到重新鉴定的机会吗？这就需要取决于监护人的意愿。此外，由于本条的规定，除极少数意识清醒的本人可能会主动极力证明"原因已经消除"以摆脱被监护人的身份外，实践中大多数的本人无论其后期精神状态如何，被法院裁判后都开始长期生活在监护人监护之下。

除了救济程序的缺失外，我国还缺乏司法复核程序，从法院监护宣告后到判决撤销的这段时间里，没有定时的审查，没有司法的复检，无论本人的精神状况是否好转，也无论其行为能力是否有所变动，法律就是坚持一审终审定终身，没有任何的司法程序启动经常的、灵活的审检制度，也不会根据被监护人的意思状态重新调整对其法律能力的认定。这就导致任何一个成年个体，只要在一个案子里被认定为行为能力不完全者，只要监护宣告的判决还未被撤销，就永远都是被监护人，法院再也不会主动地介入审查。总之，我国现阶段的监护程序既没有复核审查机制也没有上诉救济程序，而监护宣告的撤销又是难乎其难，因而被监护人的程序利益保障相当匮乏，法律对监护程序的规定欠妥当。

（五）监护人的出任顺序偏离社会现实

对于法定监护人的范围，与《民法通则》相比较，《民法典》不仅延续了对亲属范围的要求，还增加了"按顺序"的规定，即顺位在先的亲属担任监护人。在实践层面，随着老龄化社会的到来，越来越多的老年人需要成年监护的保护。当老年人因年龄逐渐丧失意识能力而需要成年监护时，其配偶、父母往往也已届高龄。甚至随着老龄化问题的突出，年届七旬的老人照顾其90多岁父母的情况也非鲜见。此时，仍然囿于此种次序，强制性要求已无能力担任监护人的本人的配偶、父母或者子女担任监护人，而排除其他更加适合担任监护的个人或组织，其适当性值得推敲。而修订后的《德国民法典》第1897条并未对担任辅助人的自然人的范围做出任何限制，只是规定法院选任这样的自然人作为辅助人，即该自然人适合在法院所规定的职责范围内，在法律上处理被辅助人的事务，并在必要的范围内亲自辅助被辅助人。① 我国台湾地区在2008年对成年监护制度进行修正，在"立法说明"中明确指出："现行条文所定法定监护人之顺序缺乏弹性，未必符合受监护宣告之人的最佳利益，且于受监护人为高龄者之情形，其配偶、父母、祖父母等亦年事已高，而无法胜任监护人职务，故删除监护人顺序。"②

除此之外，监护人关系到被监护人的基本权益保障，监护是剥夺基本权利替代本人做决定的双刃剑，故它的产生应当有完备的程序保障性规定。继精神能力的司法宣告后，成年监护人的产生应当或是依监护合同指定或是依申请，而现行法律并未明确具体的程序性规定。对于担任监护人的人选有争议时，由被监护人所在单位或者居民委员会、村民委员会进行指定的规定不合法理。且在实践中，三个机关往往相互推诿，导致监护人得不到选定，被监护人利益得不到维护，所以应当由法院受理相关案件后直接进行指定，从而避免监护争议。另外，公权机关干预监护人选任是保障本人意愿的正当途径。各国（地区）立法例的规定均由法院选任监护人，有些国家（地区）原将选任权交由亲属会议行使，鉴于监护的公职化趋势，修法时将选任权移到法院，如1999年我国台湾地区"民法"修订亲属编第1094条时，删除作为监护权力机关的亲属会议，改由法院选任监护人，导入公职监护、社团监护的概念。英美法系各国，也是将法院作为监护权力机关行使选任权。

国外所有改革成年监护法的国家，一般采取有利于本人的原则选任监护人，充分考虑身心障碍者本人的意愿、身体状况、精神状况、财产状况，以及监护人选的健康状况、性格、职业、宗教等各方面因素，并且听取有关调查人员的情况汇报，再综合各方因素决定最终的监护人选。如《德国民法典》第1897条第5款规定：在挑选辅助人时，必须考虑与成年人的血统关系或者其他个人的联系，特别是与父母、子女、配偶和同性生活伴侣的联系，并且要避免利害相反的危险。《日本民法典》第843条第4款规定：选任成年监护人，必须考虑成年被监护人的身心状况及生活财产状况，成为成年监护之人的职业、经历、与被监护人有无利害关系，（如果为法人）其企业种类、内容、法人、法定代表人

---

① 德国民法典（第四版）[M]．陈卫佐，译注．北京：法律出版社，2015：552．
② 黄诗淳．台湾的高龄化社会与"身份法"的变动：以成年监护及生存配偶至保障为中心[J]．家族法研究，2015（1）：41．

与被监护人有无利害关系，成年被监护人的意见及其他一些事项。监护人和保佐人须经本人同意方能被指定，同时，还应考虑其道德品质和其他个人品质、履行监护人和保佐人职责的能力、其与需要监护或保佐的人之间存在的关系，在可能的情况下，还应考虑被监护人或被保佐人的意愿。

（六）本人隐私权因判决结果公开而受侵犯

不同于普通的民事判决，剥夺行为能力的判决是由于本人已丧失意思能力，为避免由于本人的不当法律行为造成相应的财产损失，法院做出判剥夺本人的行为能力判决。剥夺行为能力的宣告可以避免交易第三人因本人的行为而陷入交易不利处境，保障交易的稳定及安全，但究其根本，行为能力的剥夺宣告是为了保障本人的利益，避免本人做出无意思能力的行为使自己遭受损害。因此，宣告判决应当以保护本人利益为出发点。中国传统理念认为家丑不可外扬，人们耻于将家中有精神病人的事实公之于众。而且，为了尊重本人的隐私，不应将本人已经丧失行为能力的事实大肆宣扬。但就我国目前而言，人们在中国裁判文书网上检索就可以得到判决书的原文。判决结果公开的意图是促进司法的高效透明，但是对于剥夺行为能力的判决应以尊重当事人隐私为出发点，不应全部实名公开。以上海市长宁区宣告监护的案例进行统计，自2013年至2017年4月的有效统计案例为77例，判决书中实名的有11例，其他案例虽为化名，但有15例在检索列表中仍为实名，实名制判决占检索案例的36.7%。由此可见，我国监护启动程序中对本人隐私权和人格权的尊重仍不到位。

五、系统化监护监督机制的欠缺

《民法典》虽改良和细化了原《民法通则》有关监护监督的法律规定，但仍不够充分。主要体现在以下几点：

1. 尚未形成系统化的成年监护监督机制

《民法典》基本延续了《民法通则》有关监护监督的相关规定，虽在此基础上有所细化，但仍未使用成年监护监督字眼，本质上只是对监护人加害被监护人之后的民事责任进行分配，而非对监护人职务执行行为的监督。有关成年监护监督的制度性规定仍以事后监督为主，未形成系统的成年监护监督体系。基于中国重身份、伦理、道德，轻法律规制调整的法律传统，《民法典》中对监护的规定仍反映了私领性和自治性，成年监护监督处于大范围缺位状态。而事实上，基于被监护人民事行为能力的局限性，侵害被监护人合法权益的现象屡见不鲜，监护权变成监护人侵吞被监护人财产的工具。在《民法典》中，法院的司法监督是事后监督,是司法救济措施,由于监护事务本身的私密性与隐蔽性,事后司法救济远没有事前和事中监督的科学性与时效性。

此外,我国无相应的监护登记制度,对监护的设立、变更、终止都采取放任主义。监护登记属事前监督,旨在稳定监护关系,在尊重被监护人人格尊严的基础上保护被监护人兼及交易安全。监护登记并未将本人的行为能力、意思能力现状及监护人的监护内容公之于众,仅限于查阅登记簿中的利害关系人,便于在必要范围内加深对利害关系人的了解,更便于法院等其他个人与机关监督监护人在登记监护的范围内履行监护权利和义务。

2. 成年监护监督主体不明确

《民法典》将部分监护监督权交与有关单位及村民（居民）委员会,当出现监护人损害被监护人利益情形时,它们可以向法院提请撤销监护人资格,而《民法典》第32条又将部分监护执行权让渡于相同机构,这就可能形成监护执行权和监督权的合二为一,即权利人监督自己,职权混乱,监督权形同虚设。即使在监督主体与监护人分而设之的情形下,监督机构也只有在监护人出现法定情形时,才履行指定监护,而在监护进程中,监督机构根本不了解也不会主动去了解监护执行之情形,或者了解却推诿而不提起对监护人之诉讼。此种情形会使被监护人的权利受到侵害。此外,尽管《民法典》细化了监督主体,但是并未明确哪个人、哪个机构直接、主动地承担监护监督职责,这种"泛社会化"的责任在实践中可能会成为有关单位相互推诿和逃避责任的理由,以致当监护问题真的出现时,却找不到合适的监督者,最终导致监督制度名不副实。

3. 成年监护监督职务内容含糊

《民法典》做出的法院可依申请撤销监护的规定过于笼统,对于监护人如何履行监护职责,是否最大程度地尊重被监护人意思自治,法院不得而知也不加过问。在监护监督过程中,尤其在涉及与被监护人人身财产等密切相关的重大事项时,监护人是否拥有替代决定权,如何界定监护人的越界行为,这需要法律贯彻"尊重自主决定权"原则,做出示例性规定,法院或监督机关才能依据法律规定,根据被监护人现状仔细甄别,权衡利弊。同时,《民法典》亦无关于监护人设立和撤销登记制度、被监护人财产公布及登记制度和监护人定期述职制度的相关监督制度,这就大大增加了监护监督制度的实施难度。《民法典》目前的笼统规定可能将监护置于一种无人监督的放任状态,仍无法避免"系统性侵害"。

4. 公权监督主体监督力度薄弱

在监护制度设立、变更、终止过程中,公权机关起着举足轻重的作用。将公权力介入、引入监护监督机制中,允许法院撤销监护资格,这弥补了家庭自治对监护监督之不足,实属必要,但《民法典》于根本上,依然缺乏公权力的充分参与。不能完全依赖于社会主体之间相互信任的成年监护事务,在尊重被监护人自主决定权的前提下,为实现个人有尊严有自决的生存,应采取成年意定监护以公权监督为轴心,法定成年监护公权力适度监督的模式,监督检查监护事务的执行情况。①

第五节 中国老龄监护替代措施的方向

社会长期存在这样一种认定,即拥有一定智力、社交心理功能和感官能力的人有能力参与生活的方方面面,包括决定在哪里居住、和谁结婚、如何花钱、投票给谁;同时在自治原则的基础上,他们可以任意寻求他人的协助,并自行在决策时予以考虑。然而对于老龄身心障碍者来说就完全是另外一幅景象了:国家假定拥有智力或社交心理障碍的老年人没有能力完全且自主地参与社会生活,换言之,老龄身心障碍者缺乏行使权利的法律能力。在这种思维模式下,老龄身心障碍者需要的是保护,而不是权利。老龄监护制度是国家为老龄身心障碍者提供这种保护的首要机制,然而这也恰恰是《公约》及其第12条所极力反对的。②

一、作为优先适用的老龄监护替代机制

替代决定以传统的行为能力制度为基础,该措施的启动以本人欠缺行为能力为要件,这意味着本人完全理性能力具有缺陷,需要他人的替代进行补足完善。传统行为能力制度将家父视为"理性"主体进行参考的方法影响着法定监护制度对本人自主权的态度。既然家父将补足家庭内部行为能力不完全者之能力,代替他们做出理性决定,那么这种大包大揽的干预做法必须名正言顺——这促使了法定监护制度的产生,并实现了家父转变成法定监护人,需家父代为做出决定的子女转变成被监护人的法律角色转换。与传统行为能力制度一脉相

---

① 李欣.《民法总则(草案)》第34条和第29条评析——以成年监护监督制度为中心[J].安徽大学学报(哲学社会科学版),2016(6):124-125.
② 参见 DINERSTEIN R. Implementing legal capacity under article 12 of the UN convention on the rights of persons with disabilities: the difficult road from guardianship to supported decision-making [J]. Human rights brief,2012,19(2):8-12.

承的是，传统老龄监护制度似乎也并不在意，甚至不承认本人的自我意愿。一旦本人被断定为限制或无行为能力人，他们的理性能力就会大打折扣，甚至不具备理性能力。既然无法做出符合理性的决定结果，那么其自我意愿就被认为是"差的""愚蠢的""不理智的"①，即使是真实的，也没有任何参考的价值与必要，更无所谓得到尊重。

与替代决定中替代决定者不顾本人的意愿，单方面做出影响本人人身、财产事务的决定不同的是，监护替代机制更注重本人的参与，鼓励本人积极主动参与到各项事务的决定中来。②

老龄监护替代机制的目的是发挥老年人余存的能力，维护其尊严风险，促进自我决定权的发展。随着社会老龄化和残障化的日益加剧，每个人都不可能一直处于全知全能的状态，每个人在做出某项自己不了解的决定时都不可避免需要专业人士的辅助，但最终的决定仍是由本人做出，任何人都不得干涉，这就是老龄监护替代机制的法律基础。《公约》通过保障残疾人可以同正常人一样享受到同等的权利，确立了最大化尊重个人自决的原则。③根据该原则，许多国家的成年监护立法更加侧重协助残障者积极参与社会活动，使其同正常人般生活，维护他们的人格尊严。④该公约第12条也表明了老龄监护替代机制的核心在于帮助本人自主做出决定。⑤自进入21世纪以来，老龄化问题日趋严重，老年人与残障人一样都因为逐渐变得失能失智而在社会上处于不平等地位。随着《政治宣言》《国际行动计划》等国际文件的出台，国际上越来越主张老年人应积极主动参与到自主决定的过程中去，老龄监护替代机制越来越得到社会的认可与支持。

二、作为替代老龄监护措施的正当性

（一）《公约》对缔约国义务的要求

《公约》认为即使是那些有显著障碍的人也应拥有法律能力并受到公约保

---

① 呼延小媛，王燕，王志英.老年患者对签署知情同意书的认知度调查[J].护理学杂志，2010（5）：43.
② See Victorian Law Reform Commission, Guardianship: Consultation paper 10 (released March 2011) 117.
③ 徐洁，张瑜.论他人代为医疗决定的法律构造[J].政法论丛，2019（2）：57-67.
④ 李霞.成年监护制度研究：人权的视角[M].北京：中国政法大学出版社，2012：86.
⑤ 李霞.协助决定取代成年监护替代决定——兼论民法典婚姻家庭编监护与协助的增设[J].法学研究，2019（1）：110.

护,这也是《公约》前言中提到的,即确认必须促进和保护所有残疾人的人权,包括需要加强协助的残疾人的人权。《公约》对"协助"的强调体现了社会与互动视角下的"残障"概念,并更多地将"残障"看作个人与环境(包括物理意义上的和态度上的)互动的产物,而不仅仅是残疾人本人所面临的某种问题。[1] 我国作为《公约》的缔约国,有义务履行《公约》规定,并根据联合国残疾人权利委员会提出的意见以及我国现行监护制度法律框架,改革成年监护(老龄监护)替代决定,引入多元化的替代措施,从而为老龄群体提供替代监护的保护机制。

对于缔约国履行《公约》第12条下的义务,联合国残疾人权利委员会的报告建议如下:

(1) 全面审查所有领域的法律,废止及废除限制残障人士法律行为能力的法律和制度,确保残疾人的法律行为能力不遭受与他人不同的不平等限制,使其在与其他人平等的基础上享有充分的法律行为能力。作为缔约国之一的中国,具体措施包括:①废止《民法通则》及其他法律中"无行为能力人"的概念。此建议承认所有个人不管在何种情形下均可保有一定的行为能力,避免出现由监护人全权代理的情况。②废除《民事诉讼法》对于诉权的限制,确认所有人均有权提起诉讼。③废除《中华人民共和国继承法》(以下简称《继承法》)等法律中对于纯获益行为施加的法律能力限制。④废除所有相关法律中监护人对于限制残障人士人身自由的决定权。⑤删除残疾证上监护人信息栏。

(2) 制定法律、建立制度,实现"最小限制"的监护。具体措施包括:①监护人"利益冲突排除"。在指定监护人时应审查候任监护人和被监护人之间是否存在利益冲突。②建立监护监督机制。安排专人如社工、居委会工作人员等定期访问被监护的残障人士,确保其不受到来自监护人对其的权利侵害。③建立残障人士对于监护人滥用权力的申诉机制,申诉请求包括更换监护人。④建立公共监护人制度。在没有可指定的监护人时,可由公共监护人实施监护。⑤共同决定。监护人在做出与被监护人相关的决定时必须咨询被监护人的意见。如果被监护人的意见完全没有被考虑,其可提起诉讼。

(3) 制定法律和政策,建立支持性自主决定制度,确保所有人法律能力的行使,以尊重人的自决、意愿和愿望。具体措施包括:①建立"预先计划"或"预先指示"制度。当个人在无法向别人表达意见的时候,先前所表达的意愿和

---

[1] KANTER A S. The promise and challenge of the United Nations convention on the rights of persons with disabilities [J]. Syrause J Int'l L Com., 2007, 34: 287, 321.

选择应当得到遵从。所有人都有权预先进行计划或指示。预先指令在何时生效（或停止生效）应由本人决定，并写入指令的正文，而不得取决于对此人心智能力的评估。②发展社区服务，为个人行使法律能力提供支持。

（二）《民法典》第 33 条、第 35 条的铺垫

在《民法典》中，不论是法定监护还是意定监护，是完全监护还是部分监护，其前提都是剥夺行为能力，即否认被监护人全部或部分行为能力，与监护替代机制始终承认个人行为能力有根本性不同。因此，意定监护或部分监护在一定程度上反映被监护人自主权，故二者与监护替代机制无异的观点实为错误，其在根本上未真正把握替代机制的核心。细看《民法典》成年监护制度，能为替代机制提供引入依据的应属第 33 条、第 35 条。第 33 条意定监护的增设，赋予成年人（老年人）依本人意愿选定监护人的权利。第 35 条第 3 款规定，成年人的监护人履行监护职责，应当最大程度尊重被监护人的真实意愿，保障并协助被监护人实施与其智力、精神健康状况相适应的民事法律行为。对被监护人有能力独立处理的事务，监护人不得干涉。虽然被监护人之行为能力被全部或部分剥夺，但该款中"尊重被监护人的真实意愿""保障并协助被监护人"及"监护人不得干涉"与替代机制下协助本人决定之部分要求相吻合，对我国引入协助决定即监护替代机制起至关重要的作用。

（三）身心障碍者呼吁人权的现实

基于理性人假设强制剥夺行为能力继而设置监护人的立法设计并未考虑身心障碍者的真正需求。实践证明，大多数身心障碍者并不认同这一假设，他们更希望法律能够从程序上保护和扩大他们的自由，使他们能够活用存留意思能力处理自己的事务，摆脱不合理的限制①，能够独立、自主地从事一定的活动，选择自己的行为而非剥夺自己的行为能力。②"没有我们的参与，不要做有关我们的决定"是身心障碍者权利运动的口号。在精神疾病歧视甚至年龄歧视客观存在的情况下，对制度需求者的真切呼吁视而不见，现行老龄监护制度有侵蚀民事主体本体权利之嫌。有学者称，剥夺或限制民事行为能力对于当事人实现民事权利之碍、之害甚于刑罚措施。纵观国外立法设计，多数国家老龄监护的开始不再以行为能力的剥夺或限制为前提，且充分考虑身心障碍者意思能力的差异性，仅就能力欠缺部分加设监护人或保护人，以尊重本人的意愿。面对身

---

① 如行为能力不完全者向银行申请开户、从事证券交易等都受到限制，本人不仅完全得不到协助还需监护人代为实施。
② 李霞. 精神卫生法律制度研究［M］. 上海：上海三联书店，2016：174-175.

心障碍者对自主权的渴望,我们应直面身心障碍者现实生活状况,了解其内心真实想法,协助其发挥自身潜力,实现生活独立,而不是将其与社会隔离,与大众生活脱轨。因此,老龄监护替代措施的出发点应是积极帮助老龄障碍者顺利地自主实现权利,而不是想方设法剥夺他们的权利,是为了弥补被监护老龄者的意思表达能力之不足,而不是剥夺他们的余存意志。

（四）监护替代措施的民间实践

我国立法并没有建立老龄监护替代机制,但现实生活中对监护替代措施的需求与日俱增,民间已经出现了与监护替代措施相关的小规模试点。这些试点以避免适用剥夺行为能力和被监护的手段,主要协助本人补足意思能力以提高自我决定为目的。这些监护替代措施的试点已经取得了很多范式经验,可以为我国替代机制的立法提供启示。例如,近年来"全国精障者协会""全国心智残障者家长组织联盟""广州残障融合组织""深圳精障者自倡议组织"发起了一系列自创自倡协议,倡导使用者独立安排自己的事务规划,掌控自己的生活。再如,"北京生前预嘱推广协会"所倡议的现已被认可的"生前预嘱理念",如使用"生前五个愿望""缓和医疗"等为本人赋能,协助个人自主选择医疗方式。另外,上海、南京、成都、哈尔滨等地的公证部门近年来也已开始开发和使用有关协助本人自主决定的协议,为有相关需求的老年人提供了帮助,这些协议进一步完善和发展了民法所规定的意定监护制度。其中上海市普陀公证处在《民法总则》生效后出具的全国首例意定监护资格确认公证被司法部作为典型案例在全国推广,以指导各地的公证部门实践。[①] 这些民间实践,皆以围绕本人决定为核心,通过各种协助手段为本人恢复能力,扩大本人自主权以融入社会。

三、作为老龄监护替代措施的立法方向

20世纪90年代起,我国开始重视人权和基本人权的保护,经历1991年《中国的人权状况》,1995年《中国人权事业的进展》,2000年《中国人权发展

[①] 李辰阳. 老年人意定监护的中国公证实践［J］. 中国公证,2017（6）:25. 另外,司法部于2017年底发布了第一批公证指导案例,第一例即意定监护协议公证。2017年4月,中国社会保险学会与中国公证协会签订开展"综合性公证养老"法律服务机制试点工作协议,北京市中信公证处与中国社会保险学会、人力资源和社会保障部社会保险事业管理中心共同创新推出"综合性公证养老"法律服务新模式。2018年7月,"综合性公证养老服务平台"开通,以公证养老服务为纽带,为老年人提供安全、便捷、全方位、全流程的综合性养老服务,妥善解决养老相关问题。

50 年》到 2000 年《中国人权事业的进展》，中国的人权保护与人权发展日益深入。人权首先是社会弱势群体的人权，而老年人作为社会弱势群体的主要组成部分，其权利保障同基本人权保障密切相关。对于老年人权益保障不应局限于其基本生存权、发展权的笼统保护，更应当注重人权保障的核心即尊重老年人的自主决定权。老龄监护制度应当以"正常化"理念看待老年人权利保护，接受他们作为人的多样性的一部分，以人性化视角对他们进行平等保护。未来我国可通过法律解释和引入多元替代措施，弥补老龄监护制度漏洞，保障老年人合法权益。

（一）行为能力与监护的分离

1. 行为能力制度的司法实践转向

完成我国行为能力与监护的分离，可行途径是依赖于司法实践：对无民事行为能力宣告采取严格标准并大量减少适用；对限制民事行为能力采取宽松标准并尽可能减少对行为能力的剥夺，使限制民事行为能力人获得绝大部分的行为能力。此时，无民事行为能力人大量减少，限制民事行为能力人获得近乎全部的行为能力，行为能力制度则趋近于"完全和限制"的二分法。完全和限制行为能力之间差异很小，可大大减轻行为能力与监护制度的关联。

此外，还应对代理权进行缩限解释。从监护原则的解释和适用来看，我国老龄监护制度的问题不在于存在法定代理权这一替代决定模式，而在于法定代理权的适用范围过大，又缺乏协助本人决定的替代措施，使本人陷于替代状态下。对法定代理权宜加以缩限：一是，竭尽所能却依然无法获知本人真实意愿时，得以行使法定代理权。二是，要求监护人代理之意思表示必须以真实意愿为核心要素，唯有得不到其真实意愿时方可遵循客观最大利益，以达到保护被监护人自主决定权之目的。三是，对法定代理权的适用范围进行限定。如法定代理权不得适用于人身事务，对财产的适用也仅限于紧急和特殊情况；如无现实危险，则不得动用法定代理权以否定被监护人的决定等。

2. 扩大制度适用对象

上述解释适用前提是剥夺行为能力，在监护关系已经产生的情况下，尽量减少他治的介入。但无法突破"剥夺行为能力"这一设立前提，并不能回应具备完全行为能力却存在监护现实需求的群体。因此面对高龄化社会和残障者的需求，应立法扩大监护制度的适用对象，不仅包括心智障碍者，也包括因肢体障碍而影响其意思自治的人。①

（二）对《民法典》第 22 条做体系解释

被监护人实施的法律行为普遍规定为在原则上有效，只有在裁判划定范围内才可撤销。这是《公约》的范式之要求，也是 170 多个国家立法改进的目标。我国民事立法也不例外。其中，《民法典》第 22 条的解释是重点。从民法体系出发，该条关于限制行为能力人法律行为须经法定代理人代理、同意、追认的表述，只能解释为效力待定而无法解释为可撤销，但仍有两种解释方法可作为借鉴。第一种方法是对第 22 条与第 145 条的关系做扩大解释和举证责任分配。第 22 条在自然人章，划分不同能力层次的自然人；第 145 条的法律行为章，专为法律行为效力而设，因此，关于法律行为的效力，第 145 条应优先于第 22 条。由于第 145 条的表述是限制行为能力人在心智范围内的法律行为有效在前，须经法定代理人的同意或追认在后，因此应认为限制行为能力人的法律行为效力是一般独立实施、例外法定代理的规则：被监护人法律行为在一般情况下有效，不需经法定代理人追认；对本人或其监护人主张该法律行为无效的，除非该行为涉及重大财产、人身关系，否则需举证证明该行为超出本人当时的心智范围；相对人主张催告权和撤销权的，负证明行为超出本人心智范围的举证责任，无法证明的不享有此权利。

第二种方法则是对《民法典》第 22 条和第 35 条第 3 款的关系做出解释。第 35 条的监护章的第 3 款关于"对（成年）被监护人有能力独立处理的事务，监护人不得干涉"的规定，属于监护章对本人与监护人关系的调整性规范。根据规范主旨和特别法优先于一般法的规定，第二种方法也可以从监护人不得在本人心智范围内行使法定代理权的角度得到与第一种方法相近的效果。

同时，应增加关于监护人财产报告制度以及监护监督制度的立法内容。《民法典》只有关于监护人除为维护本人利益外不得处分本人财产的规定，即将本人财产的安危交由监护人完全替代决定的规定，显然违背《公约》新范式之要求。既然《民法典》为监护设了专节 17 个条文，那又为何花费大量笔墨在监护人职责的抽象性规定（共 2 条 6 款）、监护的撤销与恢复（共 2 条 4 款）上，没有提及更为重要的监护监督制度呢？相比之下，《民法典》对宣告失踪人的财产做出了相当篇幅的规定（共 4 条 10 款），更让人产生被监护人地位甚至不如失踪人的错觉。

---

① 李霞，左君超.《民法典》成年监护制度的进步及瞻望［J］. 中华女子学院学报，2020（4）：11.

(三) 对《民法典》第 24 条做限缩解释

承认本人有行为能力必然就是监护人不得仅因监护而成为本人所有事务的法定代理人。域外一些国家都规定监护人的法定代理范围须经司法审查,未经审查的仍由本人决定。但是《民法典》规定了,本人法律行为由监护人代理,其在事关本人重大切身利益的监护程序中被强制代理,不具有当事人的主体地位;以及在监护人履职、监护撤销、监护人选任等方面的最大利益原则,体现的是一种从立法家父主义出发而形成的对本人的完全监护模式。这看似是保护被监护人,实际上过度剥夺了本人的自由。因此,应及时变革这种完全监护模式,改为采用部分监护模式,即仅在本人实际需要的限度内设立保护或协助措施,其他的则由本人自我决定。

第一,将老龄监护纳入司法审查。将不完全行为能力人法律行为效力规定为"可撤销"取代原来"无效"的设立,确保监护的启动进入司法程序。考虑到《民法典》采取了司法宣告的规定以及长久以来我国司法实践中的"被精神病"问题,应对《民法典》第 24 条第 1 款做限缩性的反向推论解释,即非经法院认定能力受限的人都是完全行为能力人,以尽快消除实践中脱离司法程序而"体外循环"地剥夺本人行为能力的荒唐现象。

第二,承认本人在监护程序中的主体地位。既然向法院申请认定本人为无行为能力或限制行为能力人,那么本人在法院裁判之前就是完全行为能力人,否则就是未审先判。因此,应从解释论立场出发,考虑到《民事诉讼法》关于认定行为能力程序中由近亲属担任本人代理人的规定,因与《民法典》第 24 条的规定存在内在冲突,而将其视为无效,避免在认定行为能力程序中对本人实施强制代理。该类案件在立案后、审判前,法院应先征求本人意愿,本人需要辅助参加诉讼的,或确难表达个人意愿的,为保护本人权益,法院可准用《民法典》第 31 条第 3 款规定为本人指定诉讼中的临时监护人,辅助或者代表本人参加诉讼。

第三,明确监护人应依选任确定,而且本人是选任的主体。从我国实际情况出发,采用本人独占申请主义短时间内难以实现,因此可采用他人兼可申请主义,即除本人外的其他近亲属、利害关系人均可申请为被申请人选任监护人,但须明确本人申请为主,他人代为申请为辅。①

---

① 李霞,陈迪. 从《残疾人权利公约》看我国新成年监护制度[J]. 法治研究,2019 (6): 46-55.

(四) 对最大利益原则与尊重本人意愿进行解释

"最大利益"概念常常出现在正当干预他人生活的争论中。在成年人丧失决定能力的情况下，从儿童法中借鉴这一概念或许不太恰当。将"最大利益"作为干预的依据受到家长式体制潜在的影响。鉴于老年人有自治权和自主决定权，最大利益方式作为老年人做出决定的依据是不恰当的。对"最大利益"原则和尊重本人意愿进行解释时可参考国外立法体例。《1987年新南威尔士监护法》包含了一系列一般原则，并被监护法庭和处理认知能力不完全者事务的每个人所遵守，如优先考虑当事人的福利和利益；尽可能不限制当事人做决定的自由和行动自由；尽可能让当事人在社区里过正常的生活；考虑当事人的意见；认识到保护其家庭关系和语言文化环境的重要性；尽可能鼓励当事人依靠自己处理关于自己的、家庭的财政事务；保护当事人免受忽视、虐待和利用等。《2000年苏格兰成年人无行为能力法案》列举了五项基本原则，用来管理本法中干预成年人事务的情形。具体如下：除对当事人有益的情况外不得对其进行干预，不得通过其他途径取得不正当利益；应符合干预的目的，最小程度地限制人身自由；决定进行任何干预时，应考虑当事人能够予以确定的过去和现在的意愿、信念、价值观和情感；在合理并且有效的情况下，应考虑当事人和其他相关人的意见（其他相关的人包括近亲属和主要的看护人员）；有权代理人或监护人应当鼓励当事人利用现有技能和提高新技能处理他/她的财产、财政事务或个人福利。《2005年英国意思能力法案》亦规定：除被确认为缺乏能力外推定其有意思能力；除用尽所有有效措施还无法帮助当事人做出决定外不能认为当事人无能力做出决定；不能仅仅因一个人做了不明智的决定就认为其无能力做决定；依照该法，以能力不完全者的名义作为或做决定，应该为其最大利益；做决定之前，考虑是否符合该法的目的，是否以最低限度限制当事人的权利和行为自由而取得有效的效果。

1. 对"最有利原则"进行解释

结合《民法典》第35条第1款和第3款，将最有利于被监护人的原则分两层理解：第一层含义为"最大程度地尊重真实意愿"，即最有利于被监护人；第二层含义是穷尽手段后仍无法得知真实意愿时，采取客观最有力的措施。特别要强调的是，客观最有利并非经济利益最大化，而是综合判断被监护人的客观状态所得出的"最大利益"。由此解决《民法典》第30条、第31条第2款、第

36 条和第 38 条含义不明，混淆使用产生的冲突。①

2. 对"最大程度尊重"进行解释

监护人在代理被监护人的事务时，必须咨询本人的意见并询问本人的意愿和爱好，尽力了解本人之价值观，唯在无从获知本人喜好和意愿时，始得适用最有利于被监护人原则。② 最大程度尊重要求必须确保成年被监护人的真实意愿优先且处于核心；也要求监护人尽力探求被监护人的真实意愿。

3. 对"真实意愿"进行解释

对"真实意愿"做扩大解释，主要包括四层含义：①被监护人失能前的预先指示；②被监护人智力、精神健康相适应的可独立实施的意愿；③被监护人失能后，超越其行为能力范围，但通过监护人或辅助人可实施的余存意愿；④未明示的意愿，应依被监护人的观念、习惯等进行推定。以上手段穷尽后仍无法探明真实意愿，则以客观最大利益为准。

通过上述解释，最有利于被监护人原则被最大程度尊重真实意愿所吸收，确保了被监护人真实意愿的最大化，监护人的最少介入。

（五）构建多元监护替代措施

持续的信息交换和人际互动，对心智障碍者的生理功能和社会功能有积极意义。③ 对监护代理权缩限解释后，监护人替代本人做决定的适用范围被缩减。从比较法上来看，在他人介入本人事务时，依据本人的需求设置渐进的介入手段，是较为理想的方式。在建立了多元类型化监护替代措施的国家，其措施的实施具有灵活性，通常立法普遍赋予法院自由裁量权，即便采取了替代决定的监护措施，法官依然可以就本人自我决定和监护人代理的边界进行调整。

多元化监护替代措施的构建，其目标是尽可能减少老龄监护措施的适用，从而使被监护人最低程度地被限制和干预，保障其意思自治。我国以剥夺行为能力为监护前提，仍然属于替代决定，应对替代决定的适用范围缩限并严格限制使用。老龄监护仅在必要时才适用，有两层含义：一是，本人具有相应能力

---

① 李霞，左君超.《民法典》成年监护制度的进步及瞻望 [J]. 中华女子学院学报，2020 (4)：6 - 13.
② FROLIK L A, WHITTON L S. The UPC substituted judgment/best interest standard for guardian decisions: a proposal for reform [J]. University of Michigan journal of law reform, 2012 (4)：739 - 760.
③ AILEY S H, MILLER A M, HELLER T, et al. Evaluating an Interpersonal Model of Depression Among Adults With Down Syndrome [J]. Research and theory for nursing practice, 2006 (3)：229 - 246.

的，如虽然不具买卖房屋等复杂财产处理的能力，但是仍然有购买日常用品等简单民事能力的，监护人不得越位代替本人从事简单民事行为；二是，即使本人行为能力欠缺，但是本人之前已预作安排，如订立了意定监护合同、设定了意定监护人等，而能够妥善处理自己生活的，法院不得启动成年监护。如依据《德国民法典》第 1896 条的规定，本人事务可通过民事代理或其他更轻程度的措施妥善处理，辅助即为不必要。同时，丰富监护替代措施的种类，建立以本人自治为中心的多元化体系。所谓本人自治，即对本人能够理解和处理的事项，应尊重自主决定权和真实意愿，他人不得介入，由被监护人独立完成。此外，一些日常的生活行为，也应当由本人进行自治。协助人和监护人应当尽力保障本人实施意思自治，排除外部障碍。构建多元监护替代措施，旨在依据本人身心、健康、社会关系、居住环境等多因素综合判断自主决定能力的高低，就本人不同事务而适用不同的措施，且最小程度介入本人自主决定权。

  从比较法上来看，各国规定的老龄监护替代机制不尽相同，但其都具备这些特征：一是本人始终具有法律能力；二是替代机制下各项替代措施的适用不影响本人在决定中的核心地位；三是在所适用的各项替代措施下做出的决定完全尊重本人的意愿和选择。在多元化的老龄监护替代措施下，老年人通过与他人订立一系列的民事协议、民事关系、民事实践或者民事安排等，使自己在发生认知障碍（如精神、心智、老年痴呆即心智障碍）时，能够在他人的协助支持下表达自己的意愿，自主做出决定。① 在此类措施下，协助行为只是一种辅助手段，以轻微的介入，起到辅助性的作用，帮助老年人理解、判断、做出和执行决定，因这种介入不对真实意愿产生实质性影响，故替代措施最大化地尊重和保障了本人的自主决定权。如心智残障者通过他人协助，可理解超出其能力范围的事项并做出决定。此外，协助人以行动排除实现真实意愿的外部障碍，如对医疗预嘱的执行，也是常见的替代监护形式。

  由于各国社会背景和立法理念的不同，监护替代措施在不同的国家有着不同的规定。例如，美国法上的持久代理权仅限于财产事务②，关于医疗事务的决定（医疗同意权的行使、医疗预嘱等事项）由各州规定于医疗代理（health-care proxy）或医疗决定（health-care decisions）的法规中，统一委员会在 1993

---

① 李霞. 协助决定取代成年监护替代决定——兼论民法典婚姻家庭编监护与协助的增设 [J]. 法学研究, 2019 (1): 100-118.
② 《统一代理权法》(Uniform Power of Attorney Act) 第 103 条明确规定，本法规定的持久代理权不适用于医疗事务。

年颁布的《统一医疗决定法》对医疗预嘱做了明确规定。英国2005年的《意思能力法》在授权财产管理事项的1985年《持久代理权法》之基础上,创设了新的持久代理权(lasting power of attorney)并授权代理人也可就人身事务做决定。日本参考英国1985年的《持久代理权法》创设了意定监护制度,即任意后见。[1]但不同于英国1985年的持久代理权授予制度仅适用于财产管理事项,日本的任意后见则肯定人身管理事项。值得注意的是,日本的任意后见赋予任意后见人的代理事项仅限于法律行为,而不包含事实行为,也无法赋予任意后见人医疗同意权。关于医疗代理,日本对意定的医疗代理人欠缺明文规范,原则上由亲属行使医疗同意权。[2]在德国,持久代理权不仅可涵盖财产事务也可包括人身事务,医疗预嘱之规范既适用于意定代理人也适用于辅助人。通过比较可知,关于代理权的范围,德国及英国都包含医疗决定,美国及日本则无,但美国以其他法律认可医疗代理人。[3]关于作为替代监护人财产管理权措施之一的监护信托(在美国也被称作特殊需要信托)已运行得非常成熟,《美国法典》明确规定了补偿信托和集合信托两类法定特殊需要信托。德国的信托制度虽不如美国成熟,但在个人信托业务上也包含了财产监护信托。[4]日本创设了"成年监护支援信托",即对符合条件的成年监护,在设立监护人后,再指示监护人为本人大额财产设立信托,监护人仅负责日常生活的小额财产及人身事务管理。[5]

从不同国家对替代措施的具体规定中可以看出,持久代理权、医疗预嘱、监护信托有其各自规范内容,并在一国制度中存在独有的意义和价值,并被制度利用者所使用。各国在持久代理权是否包含人身事务,医疗预嘱事项是否单独立法,监护信托以何种形式存在的问题上有着不一样的看法。因此,在构建具体的替代措施类型中,域外已经成熟应用的持久代理权、医疗预嘱、监护信托是否有必要在我国未来立法中有所体现,以及如何在符合本国国情下引入立法成为需要重点研究的方向。依我国监护人之监护职责的规定,意定监护人的代理权范围包括人身与财产事务,故我国的持久代理权既可包含人身事项也可涵盖财产事项,由授权人自由选择;若授权人委任持久代理人代理人身事项,

---

[1] 新井诚,赤沼康弘,大贯正男编.成年监护制度—法学理论与司法实践[M]//矢头范之.任意监护制度契约的缔结.东京:有斐阁,2006:161-162.
[2] 小贺野晶一.民法与成年监护——寻求人的尊严[M].东京:成文堂,2012:53.
[3] 黄诗淳.从比较法之观点评析台湾之意定监护制度[J].月旦法学杂志,2020,303:8.
[4] 韩良.家族信托法理与案例精析[M].北京:中国法制出版社,2015:35.
[5] 浅香龙太,内田哲也.监护制度支援信托的目的和运用[J].旬刊金融法务,2012,1939:30.

则财产事项可建立监护信托,若授权人委任持久代理人代理财产事项,则包括医疗决定在内的人身事项则可成立医疗预嘱。如何在本国具体构建各个替代措施,将在以下章节展开深入研究。

值得注意的是,替代决定是传统监护的决定措施,替代决定下监护人直接代为做出决定,被监护人的意愿被忽略。虽然替代监护饱受诟病,但仍应保留并严格限制替代决定的适用:仅在穷尽各种手段,仍无法获知被监护人真实意愿时,监护人才可代替被监护人做出决定。即便如此,替代监护也要求监护人依照被监护人的观念、喜好及习惯等,假设自己是被监护人,而替代其做出决定。如果穷尽上述手段仍无法做出决定,可适用客观最佳利益进行替代决定。

以上多元化老龄监护替代措施,如同菜单提供的多个选择项,可以合并使用,也可以单独使用。它们不仅是有效应对我国当下面临的少子老龄以及高龄人的认知能力逐渐丧失的挑战的有效制度,而且适用于所有成年人为预防遭遇意外事故所导致的失能失智(如处于手术麻醉状态的突发医疗事务,地震、海啸和车祸等不测事故导致的脑损伤)而预先做出安排和规划,从而应取代替代决定的完全监护而得到优先适用。

第三章

替代措施之一：持久代理权授予

第一节 持久代理权授予制度与相关制度

持久代理权是指有能力的成年人（包括老年人在内）对他人授予代理权，在授权人（本人）失能的情况下，该代理权继续有效或生效，以协助授权人处理其事务。持久代理权制度充分体现了民法意思自治的理念，在英美法系国家被普遍认可。持久代理权在大陆法系国家通常被称为"成年意定监护制度"。"成年"暗示了主体条件，"意定"体现了意思自治、"授权""代理"与"监护"，实际上都包含了对授权人或被监护人的照顾、保障之责任。

一、持久代理权的产生与发展

（一）持久代理权的产生

1. 老龄化带来的社会问题

20世纪以来，全球各国陆续进入老龄化社会，人口老龄化是全世界面临的共同挑战。成年监护是针对丧失意思能力的成年精神障碍和智力障碍者而设置的监督和保护制度。近代各国设置成年监护制度时较少考虑因年龄过大而导致智力退化、精神衰弱需要被他人保护的老龄群体。但随着现代医疗水平的提高和时代的发展，人们的寿命普遍延长，高龄人群越来越多，而高龄人群的意思能力和身体机能的衰退与年龄的增长方向正好相反，越来越多的高龄者出现因身体机能逐渐衰退而慢慢丧失独立意思能力的情况。正如日本学者所说，"在民法典制定时，起草者不可能考虑到这种高龄化社会的到来，《日本民法典》规定的成年人监护制度不可能包括对因年龄增大而判断能力衰退的无行为能力人的保护，因此，民法典已经不能调整这些问题了"。①

高龄群体的年老体弱与无能紧密联系，老年人被主流社会所排斥。在以效率为首要考量的市场经济环境下，监护制度借效率之名、安全之义为老年人寻觅大包大揽的代理人，限制了老年人的自主决定权。长此以往，老年人无法正常融入社会生活，老年人生理机能的退化更加严重。② 然而，年老是一个逐步发展的过程，年老体衰、行动能力下降的老年人需要的是他人协助做出决定，而不是传统老龄监护制度下的替代决定。1991 年，联合国大会通过的《联合国老龄人原则》确立了关于老年人地位的 5 个普遍性标准，即自立、参与、照料、自我实现和尊严。因此，根据老年人的身心特点建立适合他们的法律支援体系成为立法者的重要课题，持久代理权制度应运而生。这项制度使本人在其具有意思能力之时，对自己将来的人身和财产事务做出符合本人意愿的安排。

2. 国际人权运动的兴起提出的新要求

进入现代社会以来，随着人权运动在国际社会上的蓬勃开展，维护老年人和身心障碍者的基本权利得到社会的广泛关注，尊重并保障残疾人人权的思想得到发展。为引起各国对人口老龄化问题以及保护残疾人权益的重视，20 世纪中期，联合国制定了一系列人权文件，如 1971 年的《智力迟钝者权利宣言》（旨在保护残疾人不受剥削，并为他们提供适当的法律程序上的保护），1975 年的《残疾人权利宣言》（确立残疾人同等待遇和享受服务的标准），1991 年的《保护精神病患者和改善精神保健的原则草案》（确定精神病人的基本自由和基本权利），2006 年的《残疾人权利公约》（承认残疾人享有平等的法律能力）。一系列的人权文件所倡导的保障人权的国际化运动在全球范围兴起，人权组织将关注的目光更多地投向作为弱者的残疾人，并强调不应将残疾人单单看作是社会福利和救济的对象，而应当秉持以权力为本、以人为本的理念，使他们平等参与社会生活。对于需要保护的成年身心障碍者，各国过去普遍的做法是为其选定一个监护人或保护人，对其进行人身照顾、替代本人决定医疗护理措施、代理本人进行各种法律行为。这种忽视本人自主权的做法严重背离了国际人权保障的趋势和标准。③ 为此，联合国呼吁《公约》缔约国积极采取有效措施，改革国内替代决定制度，以"尊重自我决定权"为原则回应包括老年痴呆症患

---

① 李霞. 成年后见制度的日本法考察——兼及我国的制度反思 [J]. 法学论坛，2003 (5)：88 – 95.
② 李欣. 老年人意定监护之医疗与健康代理制度研究 [M]. 北京：法律出版社，2017：17 – 18.
③ 李霞. 民法典成年保护制度 [M]. 济南：山东大学出版社，2007：61 – 62.

者在内的身心障碍者的权利诉求和制度需求。

3. 阿尔茨海默病患者数量逐年上升

阿尔茨海默病一直困扰着人类，也给民事法律关系的调整提出了新问题和要求。据世界卫生组织介绍，阿尔茨海默病是痴呆症最常见的形式，是一种慢性或进行性综合征，使认知功能出现比在正常年老过程更严重的衰退，由此影响记忆、思考、理解、语言和判断能力等，临床上以记忆障碍、失语、失用、失认、视空间技能损害、执行功能障碍以及人格和行为改变等全面性痴呆表现为特征。据世界卫生组织预测，痴呆症患者总数到2030年将达8200万人，2050年将达1.52亿人。2019年《阿尔茨海默病事实和数据》报告显示，美国每10名65岁以上的老年人中就有一人患有阿尔茨海默症。世界卫生组织强调，由于目前尚没有能够治愈痴呆症或改变其病程发展的有效方案，而且无数新的治疗方法正处于不同临床试验阶段，因此在支持痴呆症患者及改善其护理者的家庭生活方面还有很多工作可做。国际阿尔茨海默病协会（Alzheimer's Disease International，简称ADI）首席执行官保拉·巴尔巴里诺（Paola Barbarino）认为："政府需要现在就付诸行动，彻底改变人们对痴呆（失智症）的态度，从恐惧、无为，到积极应对、理解、包容和支持。"痴呆症不仅是一大公共卫生优先事项，也是一个人权问题。痴呆症患者，包括老年痴呆者，在任何情况下都应享有权利和自由，其尊严、信仰、需求和隐私在疾病的所有阶段都应受到尊重，联合国就此呼吁各国和其他利益攸关方在解决痴呆症问题时有效采取基于人权的方针。

4. 传统老龄监护制度本身存在严重瑕疵

传统老龄监护制度一概剥夺被监护人的全部或部分行为能力，由监护人代为或代受意思决定，既不尊重被监护人余留的意思能力，也不符合社会实际状况。"他治"过度的老龄监护制度严重忽视了本人的意思自治，一旦监护制度启动，即便是简单的日常生活事务也得由监护人代理，根本不考虑被监护人余留的意思能力。除此之外，监护宣告制度也存在侵犯隐私权问题，有损被监护人的人格尊严。有学者指出："旧有制度为追求简单，不合理地抽象限缩被宣告人的具体机会，这种做法实际上是剥夺了个人的自由地位，这一宣告制度，以全面牺牲被宣告人的行为能力和法律自治生活为代价。"虽然监护制度旨在保护行为能力欠缺者，但却被公认为是剥夺公民权利最彻底的民事惩罚制度。出于对老龄监护制度局限的考量和认识，英美法系各国开始尝试监护制度和代理制度的融合以回应老龄群体的保护需求，此即持久代理权授予制度的初级形态。

（二）持久代理权的发展

1. 普通法系

在美国，持久代理权授予制度最早出现在弗吉尼亚州，1954年该州率先通过立法形式允许代理人为失去行为能力的委托人处理事务，打破了传统代理制度原则，即代理权随着代理权授予者的意思能力丧失而失效。1969年《统一遗嘱认证法典》（Uniform Probate Code）首次引入了持久代理权制度这个概念。随着该制度在各州的接受和流行，联邦政府于1979年制定了《统一持久代理权法》（Uniform Durable Power of Attorney Act，简称 UDPA），且与《统一遗嘱认证法典》第5–501到5–505条并行、独立，该法于1987年进行最后一次修订，并得到各州广泛接受，但同时各州也对该法尚未规定的部分，增设了特别条款加以规制。截至2002年，美国仅有13个州忠于《统一持久代理权法》。州法之间的差异主要集中于：①多个代理人权利范围的确定；②后指定的受托人及监护人的权利；③婚姻解除或宣告无效对原配偶担任代理人的影响；④代理权的生效时间；⑤赠予权限；⑥代理人的权利义务标准。立法差异导致州法分歧越来越大，委托人的人身越来越具有流动性，其财产也分处不同的州或地区，州法差异导致的法律冲突给委托人带来极大不便。除此之外，持久代理权能够不因委托人欠缺意思能力而终止，增加了本人监督代理人及阻止代理人侵害自己权益的难度，加之原立法并没有提供相应的防范措施，导致了代理人的变本加厉，有批评者指责称，持久代理权为代理人颁发了盗窃委托人财产的许可书。[①]因此，2004年美国对《统一持久代理权法》进行了修订，随后在2006年颁布了《统一代理权法》（Uniform Power of Attorney Act，简称 UPA）。

《统一代理权法》取代了《统一持久代理权法》《统一法定授权书法》及《统一遗嘱认证法典》的第5章第5部分，对旧法的立法空白进行了补充，统一了州法之间的分歧，将持久代理权制度推向了新的高度。《统一代理权法》删除了"持久"这一用语，默认依据本法订立的代理权是持久性的，除非授权委托书中明确提出因被代理人丧失法律能力而终止代理权。《统一代理权法》将代理广泛地适用于财产管理领域，但是，不包括人身照顾相关的代理法案以及投票权。《统一代理权法》共包括4章，第1章"总则和释义条款"列举了用于解释该法的相关法律定义，规定了授权委托书的签署及代理权的效力、意义和作用，明确了代理人和法院指定的与受托人之间的关系，规定了授权委托书生效的默

---

① WHITTON L S. Durable powers as an alternative to guardianship: lessons we have learned [J]. Stetson law review, 2007, 37 (7): 32.

认规则、代理权的终止、共同代理和继受代理、代理人的责任等；第2章"代理权限"大部分内容直接源自《统一法定授权书法》，规定了在授权委托书中赋予代理权的法律解释，即有关各种标准的代理权；第3章"法定格式"既提供了授权委托书的法定格式，也规定了代理人关于授权委托书的事实认定的备选形式；第4章"其他规定"明确了该法与其他法律和之前存在的代理权法之间的关系。

在英国，持久代理权制度（Lasting Powers of Attorney，简称LPA）的前身是1985年的《持久代理权法》（Enduring Power of Attorney Act，简称EPA）。《持久代理权法》参考美国的持久代理权立法，由英国普通法及1971年的《代理权授予条例》修正、补充而成，于1986年3月开始在威尔士地区实施。该法案实行后大获好评，主要优点体现在：①尊重本人自我决定权。该法允许年满18周岁的成年人在具备意思能力时自己指定代理人，以管理自己的财产，且在本人丧失意思能力时，该委托依然有效。②持久代理权授予的方式经济、简便，尊重本人意思自治。采用契约的方式，明确双方的权利义务，不需要通过宣告，保留了本人的隐私，而且减轻了经济负担、缩短了时间，提高了效率。③持久代理权制度是对法定监护制度的完善和补充，增加了本人的选择机会，为制度需要者提供替代措施。

在《持久代理权法》实施的过程中，出现了诸如对于委托人的意思能力判断困难情况，包括如何确认委托人在签订持久授权协议时具有完全的意思能力，以及如何确认委托人已经不具备意思能力等。为了克服《持久代理权法》的缺陷，英国于2005年4月颁布的《意思能力法》（Mental Capacity Act，简称MCA）取代了1983年的《精神卫生法》第七部分与1985年的《持久代理权法》，它最核心的内容就是创设了新的持久代理权制度。《意思能力法》统一规范了意思能力判定标准，解决了持久代理权制度中存在的代理权范围仅限于财产权、缺少对代理人行使代理权的监督制度的问题，具体如下：①建立了判断意思能力的标准，具体流程为：理解信息，保留信息，选择或者权衡运用信息、表达决定的能力；②建立公共监护人制度，使通知受托人和利害关系人成为可能；③扩大了契约的标准，使受托人的代理权不仅限于财产管理，还包括人身照顾；④扩大了制度的适用范围，不仅仅适用于精神病人，还适用于能力欠缺的成年人和年老导致能力降低的老年人；⑤采用保护法院的制度，使公权力适当介入，有效监督受托人实施代理权，防止代理人滥用权利。

加拿大的持久代理权立法与实践同样走在世界前列。1968年，加拿大安大略省的皇家委员会便在民事权利调查报告中提出设立持久代理制度的建议。随后，法律改革委员会在1972年也发布一项报告，建议引入持久代理协议和法定代理协议。加拿大统一法律委员会在1978年颁布了《统一代理权法》（Uniform Power of Attorney Act，简称PAA），该法第2条第1款中明确指出："以书面方式授予代理权时，若授权书中明确约定，即使日后授权人精神衰弱，代理权仍继续存续，则应承认该代理权为持久代理权。"到1990年，该法规定的持久代理权制度几乎变为范本而影响各省的立法。加拿大安大略省在1992年制定了保护成年障碍者的《替代决定法》（Subsitute Decisions Act），该法在1995年得以施行，1996年被大幅修改。《替代决定法》巧妙地将持久意定代理与法定监护制度统一规定。加拿大不列颠哥伦比亚省在1996年颁布的《代理权法》（Power of Attorney Act）规定了一般代理权和持久代理权，经过多次修订，如今为成年人提供了全面的个人规划选择。一般代理权（Power of Attorney，简称POA）允许老年人委任一名可信赖的人士，依据本人的指示或代表本人管理财务。如果本人丧失能力，一般代理权就会终止。持久代理权（Enduring Power of Attorney，简称EPOA）允许老年人委任一名可信赖的人士，在本人需要帮助做决定或没有能力和不再能做决定时，代替本人处理法律和财务事宜。在2011年9月1日之后，《代理权法》对代理人有新的限制，如在做出赠予、借款和捐赠方面的限制，持久代理权协议给予代理人明确的授权的除外。在不列颠哥伦比亚省，除了无能力明白持久代理权的性质和后果的人，任何成年人（在不列颠哥伦比亚省是指19岁以上的人）都可以授权订立该协议。

2. 大陆法系

从欧盟国家一体化角度来看，老龄监护替代措施的最早权利依据包含于《欧洲人权公约》（European Convention on Human Rights）之中。该公约第5条获得自由与安全的权利、第6条获得公正审判的权利、第8条尊重隐私和家庭生活的权利、第13条获得有效救济的权利、第14条禁止歧视等，被欧洲人权法院于审理相关案件时频繁援引。在Winterwerp v. Netherlands案中，欧洲人权法院更是明确了成年监护中的司法干预原则，即无论一国法律对精神障碍者行为能力做出多少限制，精神障碍者作为公民所享有的接受公正审判的权利是不可侵犯的。在Shtukaturov v. Russia案中，欧洲人权法院更是进一步提出了比例原则。[1]《公约》发布后，欧洲人权法院认为判决要与《公约》保持一致，即对个人的权利限制必须是个性化（Tailor - Made）并且得到充分保护的。欧洲委员会发布的文件对其成员国具有法律效力，且欧洲委员会的成员国中绝大部分是大

---

[1] Shtukaturov v Russia [EHRR, 44009/05, 27 March 2008].

陆法系国家。欧洲委员会在 1999 年就发布了《关于欠缺行为能力成年人的法律保护措施基本原则》，不仅提出了最有利于本人以及限制合比例等基本原则，还初步提出了代理人义务和权限、代理事项范围等持久代理的基本规则。

2009 年，在欧洲委员会《应对失能之持久代理权及预先指示之准则》中，"持久代理权"（Continuing Power of Attorney）是指对有能力的成年人进行的授权，其目的确保该授权在本人失能的情况下继续有效或生效。欧洲委员会对各国适用持久代理还做出指示，即要考虑持久代理的范围是否及于本人所有的人身、财产事务，以及一些特定事务是否不能通过持久代理予以约定。

德国早期的老龄监护法与欧陆及世界上绝大多数地区的监护法别无二致，由法院或其他机构实施禁治产制度，宣告某些老年人失去了管理自己事务的法律行为能力，并选任一名法定监护人代其行事。传统老龄监护立法因侵犯老年人的人权和余存意志自 20 世纪 70 年代以来一直遭到猛烈批判。20 世纪 90 年代初，德国从根本上改革了老龄监护法，旧的监护制度被废除，代之以新的监护制度——"法律上的辅助"制度。当老年人因其精神疾病或陷于生理、精神障碍而无法管理自己事务时，法院可为其选任一名辅助人。法院选任的辅助人必须尊重和满足本人的意愿，为本人提供建议和协助，只有当其他协助和建议手段都无效果时，作为最后的手段，辅助人才可在法律事务中代理本人。与传统老龄监护法不同，选任辅助人的法院命令既不会限制老年人的交易能力或订立遗嘱的能力，也不会限制老年人对医疗措施的同意能力。①

德国为无法管理自己事务的老年人提供了两种法律保护机制：第一种是法定制度，即法律上的辅助；第二种是持久代理制度，是前者的替代性措施。从词义上看，德国持久代理（Vorsorgevollmacht）意味着预防性（Vorsorge）、代理权（Vollmacht）。无论是持久代理还是医疗预嘱（Betreuungsverfügung，Betreuung 辅助，《德国民法典》第 4 编第 3 章第 2 节法律上之"辅助"，Verfügung 指示，即辅助指示）、在世预嘱（Patientenverfügung，Patienten 患者，Verfügung 指示，即患者指示），德国人都视为"预防性"措施。

德国的具有完全民事行为能力的老年人可以通过签署代理预授权书，授权他人在自己面临重大疾病或残障等导致自身可能无法自主进行决策的情形下，按照授权人事先的选择代理其事务等，而不是由法定辅助人进行代理。依据

---

① 沃尔克·利普，英厄堡·施文策尔，富江·凯勒，等. 欧洲 21 世纪对无能力成年人的公共监护体系 [J]. 李霞，罗宇驰，译. 上海师范大学学报（哲学社会科学版），2019（1）：99 – 112.

《德国民法典》第 1896 条第 2 款第 2 项规定，当某人仍具有处理自己事务的能力时，不能授权指定辅助人代理其事务。该条款保护了当事人自主决策的权利。在德国，一般代理预授权书包括两部分内容：一是法庭内及庭外财产事务的代理；二是涉及个人人身事务的代理权，此类代理权通常涉及授权人的处所（如养老院）以及医疗事务等。

奥地利与瑞士的持久代理权立法也值得借鉴。奥地利现行监护法的起源可追溯到《监护法》取代《1916 年禁治产宣告法》的 1984 年。当时奥地利吸纳了 20 世纪 80 年代精神病学"去机构化"运动的思想，有关精神障碍者的立法思想也因此经历了从保护到以人权和自决为基础的范式转换。奥地利监护法在世界范围内处于领先地位。与其他国家不同的是，奥地利剥夺自由（民事法律行为能力）的判决与监护法相分离，被置于公法体系中。其监护对象包含老年人在内的成年监护法在 2007 年已进行了部分改革：引入了法定的"家庭成员代理权"制度、持久代理制度和可预先委任监护人的意定监护制度。奥地利是以德语为官方语言的国家，因此其意定监护也会被翻译成"预防性代理"。① 奥地利民法对"一般"代理和持久代理进行了区分。后者只在授权人丧失理解和判断能力或订约能力时生效。持久代理属于一般代理的"特别法规范"，包括两种类型：①很少使用的针对一般事务的持久代理，此种类型的持久代理契约容易起草（如公证书等）；②被广泛使用的针对重大事务的持久代理，此种类型的持久代理契约必须咨询律师、初级律师或法院。

《瑞士民法典》自 1912 年实施以来，关于无能力成年人保护的法律规范几乎一直保持原样。为了能够与《欧洲人权公约》的规定保持一致，《瑞士民法典》于 1981 年细微修改了基于社会保障收容的规范。无能力成年人保护法的修改工作始于 1993 年，其间经历了数次争论与讨论。2013 年 1 月 1 日，瑞士新修改的无能力成年人保护法开始正式实施，该法主要出现在《瑞士民法典》中，此次修法是一系列重大改革中的最后一项改革。立法者的目的在于使法律与时俱进，能和现代环境与当代观念接轨。为了增强和保障个人的自主决定权，新法引进了无行为能力情况下的持久代理，并规定，具备法律能力之自然人可设立一份法律文件，确定另一民事主体在其不具备行为能力时负责其人身与财务事务并担任其诉讼代理人。持久代理权可委托给任一自然人，如配偶、子女、密友或律师，也可委托给任一法律实体，如银行或社团。此外，设立持久代理权的委托人必须明确描述受托人应尽的责任与义务，并对工作方式给予指示。

---

① 奥地利普通民法典 [M]. 戴永盛，译. 北京：中国政法大学出版社，2016：56 - 57.

同时，受托人人数可在一人以上，进而可将某项责任分配给特定的受托人。

二、持久代理与监护

（一）持久代理与法定监护

法定监护是一种替代决定机制，起源于国家亲权，或者君主亲权，针对的是无法照护自己的成年人。在许多层面上，与现代的国际人权观念和功能性意思能力存在偏差，造成了对个人自主和隐私的过多干预。他们所有的人身和财产性事务都交由法院指定的个人和组织，作为监护人来为了他们的利益最大化进行统筹管理，他们不能结婚，不能独立地参与诉讼程序，不能管理自己的财产，甚至不能开设银行账户，没有医疗决定权，他们所有的事务都由监护人来管理。

持久代理权授予制度与法定监护不同，持久代理权的内容是由授权人自行决定的，包括人身照顾、财产管理、医疗护理等事务，代理人享有什么权利取决于授权人赋予了什么权利。且代理人在进行代理的过程时，尤其是进行人身代理时，要秉持尊重本人意愿优先的原则，协助本人做决定之理念，包括：尊重本人之前或者现在的意愿；尽可能地鼓励本人参与决定；最少地限制本人；咨询本人指定的或者其他利害关系人的意见。

持久代理与法定监护最大的区别在于，它通过事先协议约定的内容，充分体现了本人的意思自治，保障了本人的自主决定权和参与权。持久代理权授予制度的本质是代理与被代理，目的是允许成年人在有意思能力的时候，对自己可能失去意思能力的将来事务做出预先安排，由他人进行代理。但如果代理人没有被赋予足够的代理权，在本人的意思能力完全丧失时，其他未授权事务极有可能会被法定监护覆盖。如在持久代理权协议中只约定将授权人的某个房产交给代理人打理，只让代理人为自己做出医疗决定，尚未约定的部分，在本人的意思能力完全丧失时，极有可能会被施以法定监护。因此，对于不是全权代理的持久代理协议，不能排除法定监护的介入。

（二）持久代理与意定监护

法律条文中并没有意定监护这一概念，其仅是与法定监护相对的学理上的称谓。意定监护制度，是以当事人之间任意缔结的协议为基础，其支援保护的内容及方式等均由本人决定，较之法定监护其极具柔性和弹性，且极多地融合了尊重自我决定权之理念。从理论上看，持久代理权授予制度综合了监护制度和代理制度。"在实质上，持久代理人所负权利义务即对应传统意义上的监护事务，因此将持久代理权制度归为意定监护制度的一种模式。"① 意定监护主要通过意定监护协议来实现，其与持久代理制度有相通之处。然而我国的意定监护制度与英美法系的持久代理权授予制度最根本的区别在于行为能力的宣告。因我国《民法典》继续沿用《民法通则》关于监护设立的规定，即先行剥夺全部或部分行为能力而后设置监护之模式，故我国《民法典》第33条确立的意定监护制度本质上仍是替代决定。而英美法系的持久代理权始终推定本人有法律能力（行为能力?），除非有相反证明可予以推翻，这一先设完全符合《公约》第12条的要求。

三、持久代理与委托代理

持久代理和委托代理在外观上有相似之处，都是基于被代理人的委托授权而发生的代理。但二者仍有较大区别。持久代理权并不在被代理人完全丧失意思能力时消灭，相反，在很多情形下，这是持久代理权生效的时间。即在本人具有意思能力时，预先选定符合条件的代理人，并依照法定方式与其订立有关本人事务管理方面的代理契约；在本人丧失意思能力时，由该代理人依据契约履行代理权。而委托代理却在被代理人丧失意思能力后终止。如我国《民法典》第173条规定："有下列情形之一的，委托代理终止：（一）代理期限届满或者代理事务完成；（二）被代理人取消委托或者代理人辞去委托；（三）代理人丧失民事行为能力；（四）代理人或者被代理人死亡；（五）作为代理人或者被代理人的法人、非法人组织终止。"持久代理与委托代理的另一个区别在于法律关系的客体。我国《民法典合同编》第464条第2款规定："婚姻、收养、监护等有关身份关系的协议，适用有关该身份关系的法律规定；没有规定的，可以根据其性质参照适用本编规定。"从该规定可看出，监护事宜原则上可以不适用于委托代理。依性质可以适用合同编规定的事务主要是财产管理，涉及人身的事务则不得代理。而持久代理中的人身事务持久代理就是被代理人为自己欠缺意思能力后的未来提前做出安排与规划，由代理人执行人身事务，如人身照顾、医疗和健康护理等事务，是本人意思的延伸，从而避免监护的启动却可以达到监护的目的。②

---

① 李霞. 成年监护制度研究——以人权的视角 [M]. 北京：中国政法大学出版社，2012：238-239.
② 李欣. 老年人意定监护之医疗与健康代理制度研究 [M]. 北京：法律出版社，2017：43-44.

第二节　域外持久代理权的运行

一、持久代理权的制度目的

促进和尊重"自我决定"是该制度的目的，简单来说就是自己的事情由自己做主，他人无权干涉个人的决定。自我决定之权利事项主要包括以下四个方面：一是与处分本人生命、身体相关，如自杀、同意或拒绝治疗、器官捐献等；二是与人口发展相关，如性行为、妊娠、终止妊娠、避孕等；三是与组建家庭、改变家庭结构相关，如同居、结婚、离婚、收养等；四是其他与本人相关的事项，如衣着、造型、住所、娱乐等。"尊重自我决定"理念在持久代理权制度方面主要表现为尊重本人的意思表示，能由本人决定的事情尽量由其决定。即便在意思能力方面存在缺陷，也要尽可能保障能由本人自行决定日常事项。同时，对于本人已经做出的、与自己行为能力相匹配的决定，不得随意撤销。

德沃金教授首先指出完整的自主权强调的是本人的完整性，而非权益，每个人对生命的主宰权利。他总结了完整的自主权理论：一个具有行为能力的人，其自主权建立在他过去所做的决定应当受到尊重的基础上，即使他之前所做的决定与其后来的想法有冲突，这些决定也应当受到尊重，如果没有尊重先前决定则违反了本人自主权。[①] 其决定是依本人价值观建立的，而这种自主权使我们得以发展出不同的人格。因而，在此情况下我们应当明确，如果一个轻微痴呆的病人所做出的选择与他过去的性格相符，是相当一致、相当稳定又相当合理的，我们认为这个痴呆病人仍拥有自主权；反之，如果这个病人所做出的决定经常矛盾反复，无法表现出自我人格的一贯性，我们就认为该患者不具有自主权。

他在"先前自主权"的法理上进行了阐释："一个还具有行为能力的人，要是为他万一变得痴呆后所需的治疗事先签署了生前预嘱，根据完整的自主权理论，他所做的决定就是自主权最要尊重的决定；因为他所做的决定其实是和他想过的人生的整体形式有关。"同时，他举例说明了先前自主权的有效性问题，假设有位信徒曾经签下一份正式文件，要求即使是不输血会死的情况下都不能

[①] 罗纳德·德沃金. 生命的自主权：堕胎、安乐死与个人自由的论辩[M]. 郭贞伶，陈雅汝，译. 北京：中国政法大学出版社，2013：303.

给他输血。倘若该信徒后来丧失行为能力，只有接受输血才能存活时，我们也不应当给他输血，原因在于他缺乏必要的能力以进行"自主权的最新实践"。他过去所做的决定之所以有效，是因为他后来没有足够的自主能力做出最新决定，借以推翻他过去所做的决定。

二、持久代理权的成立与实施

（一）主体要件

持久代理权涉及两方主体，一方为授权人，即被代理人；另一方为受托人，即持久代理人。对双方最基本的要求是具备相应的民事能力。

在英国，本人（person of donor）年满18岁并且具有缔约能力时，可以预先选任年满18岁的并未受破产宣告的自然人，或未受破产宣告的信托公司，依法定方式及程序，授予代理人（donee）身体照护或财产管理权限并登记；本人丧失意思能力时，经保护法院裁定后持久代理权生效。持久代理权人分为两种，自然人和法人。自然人代理人必须年满18周岁并且具备完全的意思能力，才可以照护本人的日常事务、财产和身体，但是如果该自然人为破产人，则不具备财产管理的权限。法人代理人主要是指信托公司，其权限范围仅限于财产管理，如果该公司被宣告破产，则不具有资格。

加拿大不列颠哥伦比亚省《代理权法》规定，某名成年人如果不能明白以下全部情况，就没有能力明白持久代理权的性质和后果，便不得订立持久代理权契约：（1）本人拥有的财产及其大约价值；（2）该名成年人对被其抚养的人应尽的义务；（3）代理人将能够代本人做任何与财务有关的事情，而这些事情是本人在有行为能力时能够做的（立遗嘱除外），但须遵守持久代理权契约里订明的条件和限制；（4）除非代理人是审慎地处理本人生意和财产，否则其价值可能会下跌；（5）代理人可能会滥用其授权；（6）本人如有行为能力，可撤销该持久代理权。此外，本人可任命任何一个自己信赖的人作为代理人，可选择配偶、家人或好友。本人也可任命信托公司或获授权提供这些服务的其他机构。本人在决定代理人时，要考虑代理人是否能够有时间以及具备相关知识和技能。相关知识和技能另外，本人不能任命为其提供有偿个人护理或医疗服务的人，包括在其所住的提供个人护理和医疗服务的机构中工作的雇员，但如果本人选的是配偶、子女或父母，则属例外。

对于代理人的任命，欧洲委员会《应对失能之持久代理权及预先指示之准则》中明确指出：（1）本人可委任其认为合适的任何人为其代理人。（2）本人可指定一名以上的代理人，并可指定他们共同、同时、各自作为代理人行事，或作为替补。

日本的"市民监护制度"值得关注。日本立法规定了由亲属以外的第三人担任监护人，实践中主要是由律师等具备专业资格的人员担任，但却无法满足需求。成年监护领域的供需关系严重失衡。日本东京在2005年启动了一项"候补监护人培养项目"，用来培养"贡献社会型监护人"。2011年日本政府从全国层面正式启动市民监护人推进计划，并在随后的几年内相继出台了法律法规和相关政策，以促进市民监护人的培养和利用。日本最高法给市民监护制度的定义是，市民监护人是指专业人员和社会福利协会以外的普通市民，这些市民与将接受监护的人没有亲属关系，但却具有奉献与社会和其他人之目的。他们通过接受地方政府或相关机构的培训，掌握了一定的，与成年监护相关的知识、技能、理念，并被家事法院选任为监护人。市民监护人的第一优势是，数量众多。通过他们通常与被监护人生活在同一区域，从而熟知该区域的社会资源，能够更加得心应手地做好监护工作。第二个优势是，由律师等担任专业监护人时，他们在得到的监护报酬较低时可能会消极怠工，尤其是体现在人身监护方面。而市民监护制度在设计当初就把市民监护人定位为具有奉献精神的志愿者，报名参加该制度的市民通常也并没有盈利性目的，因此即使监护报酬较低甚至无偿，也不影响监护活动的履行。

（二）形式要件

关于持久代理权的授予，两大法系国家都要求采用书面形式。有的还要求有特定形式，如公证人员、法院人员的介入；提供专业协助，如律师、公证员或法院官员的协助；必须有见证人，并且其与授权人、代理人均无关。在英国，双方签订的持久代理权授权书必须采用书面形式，并且应向保护法院申请登记。由保护法院的公共监护人向申请人及其他利害关系人发出通知，询问其是否有异议，如果在异议期间届满没有人提出异议，或者异议被驳回的，都可视为完成登记，持久代理权开始产生。在瑞士，持久代理契约必须采用公证或手写形式。手写形式的持久代理契约必须全部由委托人书写，并由其注明日期并签字。在奥地利，一般事务的持久代理，采用授权人亲笔书写并签字或公证形式；针对重大事务的持久代理，如会带来严重后果的医疗措施、持久性变更住所等事项和不动产的重要管理事务等，必须咨询律师或法院。加拿大不列颠哥伦比亚省《代理权法》规定，持久代理权必须采用书面形式，且签署时应向律师、公证人或者社区寻求法律意见。不列颠哥伦比亚省司法厅（Ministry of Justice）公布了一份持久代理权的制定的资料，要求：（1）双方当事人都必须在见证人面前签名；(2) 如果授权人不能签名，可指示某人代替签名；(3) 如果见证人不是本省律师或公证人，则需要有两名见证人；(4) 授权人的代理人不能做见证人，且见证人不能是代理人的配偶、子女或父母；(5) 如果持久代理权涵盖房产，见证人必须是律师或公证人。德国法未对持久代理权或辅助意愿书的形式进行严苛的规定，但该授权书通常应为书面形式；当持久代理权涉及不动产、企业参股投资等事项时，则必须由公证员出具公证材料。为了保证持久代理授权书及辅助意愿书的及时性和有效性，应将上述材料在联邦公证员协会登记中心进行登记，登记以自愿原则为基础。关于意定监护协议登记的域外做法，详见下文。

(三) 对代理事项和代理人的限制

通常双方可在持久代理权授权书中自由约定代理事项，一般可授权人身照顾、医疗护理或财产管理等。各国对代理事项的规范也有所不同。

英国持久代理事项可包括本人福祉或者有关的特定事项，以及本人财产及日常事务或相关的特定事项。但并非任何事项都可代理，2005年英国《意思能力法》对身份关系事项、精神卫生事项、政治权利事项做出限制。以下身份关系事项禁止代理：同意婚姻或民事伴侣，同意发生性关系，同意基于分居两年后裁定离婚，同意基于分居两年后裁定撤销伴侣关系，同意收养机构的收养安置关系，同意签订收养命令，解除儿童财产之外的父母责任以及同意1990年人类受胚及胚胎学法的规定等。在精神卫生法事项方面，任何人不得因为他人患有精神疾病而进行药物治疗，或同意对其进行药物治疗，如要进行治疗，需满足英国精神卫生法的相关规定。在政治权利方面，不允许任何人代表本人完成有关公职人员，公民投票选举。美国《统一代理权法》将代理权授予区分为一般授权和特别授权，委托人仅对代理人进行一般授权时，不包括第201条（a）中规定的可能对委托人或者其他利害关系人产生重大影响的事务，此类事务仅在授权书中明确表示时，代理人才可以取得代理权。加拿大不列颠哥伦比亚省的持久代理权只能处理法律和财务事宜。财务事宜可包括支付账单、办理银行事务、处理投资、出售资产及缴纳税项等，也可包括履行被授权人抚养之人的财务责任。法律事宜可包括聘请律师、提出诉讼或进行抗辩。委托人可针对某一项或某一类事项授予具体的代理权，也可以广泛概括授权。但持久代理权并不涵盖有关授权人的个人护理和医疗决定，如果授权人想选择某人来代表本人做出个人护理和医疗决定，就必须采用代表协议。欧洲委员会在《应对失能之持久代理权及预先指示之准则》中也强调，各成员国应考虑持久代理权是否应涵盖财务事项，健康、福利和其他个人事项，以及是否应排除某些特定事项。

关于代理人的职责。代理人应当尽可能持续地通知和咨询本人,以尊重本人的意愿和偏好为核心原则。英国持久代理权要求,代理人在行使代理权时,除遵从事先约定的授权条款外,还需要遵守"最佳利益原则"。美国《统一代理权法》第114条总括性地提出了对代理人履行其职责的原则性要求:(1)尊重委托人的合理期望,确实不知道的,按照委托人利益最大化原则进行代理。(2)遵循诚实守信原则。(3)按照授权书的授权范围行使权利。欧洲委员会《应对失能之持久代理权及预先指示之准则》提出:(1)代理人应按照持久代理权授权书的规定行事,并符合本人的利益。(2)代理人应尽可能持续地通知和咨询本人。代理人应尽可能确定并考虑本人过去和现在的愿望和感受,并给予他们应有的尊重。(3)本人的经济和财务事项应尽可能与代理人自己的分开。(4)代理人应保留足够的记录,以证明其接受的委托得到适当的履行。加拿大不列颠哥伦比亚省的持久代理权要求,作为代理人要身负许多责任,代理人必须同意肩负这个责任,以及具备技能、能力和时间去做所要求的工作。具体义务包括:(1)诚实及真心诚意地行事;(2)运用审慎者的谨慎、技能和勤勉;(3)在代理人权限内做决定;(4)根据《受托人法》(Trustee Act)的规定投资资产;(5)把被代理人的资产与代理人的资产分开;(6)保存被代理人的资产与其价值以及各项交易的记录,以便建立账目。代理人的其他禁止规定包括:(1)代理人不能设立或更改遗嘱;(2)在受益人的选定或更改方面有限制;(3)代理人可以雇用代理,但不能把决定权交给别人(合乎资格的投资专家除外)。在奥地利,受托人不得与委托人所居住的机构(如疗养院)有密切的关系。否则,只能具备一般代理的效力。

(四)持久代理权的生效与终止

关于持久代理权的生效,存在两种生效方式,一种为签订后生效,失能后继续有效;另一种则是本人失能后才生效。

美国《统一代理权法》将旧法《统一持久代理权法》名称中的"持久"删除,并在第101条中特别申明,代理人的权利不因委托人欠缺意思能力而终止,可以根据授权书的约定,继续行使代理权,从而达到"持久"目的。第109条规定:(1)授权委托书一经签署即具法律效力,除非委托人在授权委托书中规定授权委托书在将来某一时间或者未来某一事件或者意外情形发生时生效。(2)如果授权委托书基于未来某一事件或者意外情形发生而生效,委托人可以在授权委托书中授权一个或者若干人在法律文件或者记录中对事件和意外情形的发生进行确认。(3)如果代理权基于委托人丧失行为能力而生效,而委托人没有授权他人确定委托人是否丧失行为能力,或者被授权的人不能或者不愿意做出决定，那么代理权基于法律文件或者其他记录中以下人员的确认而生效：①医生或者持有执照的心理学家；②执业律师、法官、政府官员。（4）委托人授权对其无行为能力进行确认的人。依据《医疗保险可转移和责任法》、《社会保障法》第1171到1179条以及其他法律规定，作为委托人的私人代表可以获得查看委托人医疗信息，并且可以与医疗服务提供者进行沟通。① 加拿大许多省份规定持久代理协议一经签署即开始生效，但是只有当认定授权人为无意思能力后，代理人才可行使代理权。在加拿大不列颠哥伦比亚省，持久代理权协议一经签署即开始生效，除非授权人指定了生效时间。授权人也可在持久代理权协议里清楚说明代理人何时有权行事。比如，授权人可以指定在其家庭医生签署证明说其无行为能力时生效。奥地利民法对持久代理的规定，只在授权人丧失理解和判断能力或订约能力时生效。

关于持久代理权的消灭。通常授权人可随时撤销，代理人死亡或丧失行为能力时，代理权终止。

在英国，持久代理权的消灭的情况有：授权人撤回代理权；代理人辞职；代理人破产；代理人死亡。代理权消灭或者无代理权的代理行为，第三人和善意代理人将分别受到法律保护。而美国《统一代理权法》第110条规定：（1）有下列情形之一的，委托代理终止：①被代理人死亡；②如果代理权非持久有效，被代理人则丧失民事行为能力；③被代理人取消委托；④授权委托书规定代理权终止；⑤代理事务完成；⑥被代理人终止代理权或者代理人死亡、丧失法律能力或者辞去委托，并且授权委托书并没有规定其他代理人继续从事代理行为。（2）有下列情形之一的，代理权终止：①被代理人取消代理权；②代理人死亡，丧失法律能力或者辞去委托；③除非授权委托书另有规定，否则代理人与被代理人的婚姻解除、法定注销或者合法分居后代理权终止；④授权委托书终止。（3）除非授权委托书另有规定，否则直至第2款中代理权终止的情形出现，代理权都具有法律约束力。（4）善意代理人或者其他人不知道授权委托书或者代理权的终止，而根据授权委托书的规定进行代理行为，终止对其不发生法律效力。除非另有无效或不可执行的情形，代理行为对被代理人和与被代理人有利害关系的继承人均具有法律约束力。（5）授权委托书中的被代理人暂时丧失行为能力并不必然导致善意代理人或者其他人的代理权的撤销或者终止。除非另有无效或不可执行的情形，代理行为对被代理人和与被代理人有利害关

---

① 王竹青. 美国持续性代理权和成年人监护制度立法及法律适用[M]. 北京：知识产权出版社，2016：21.

系的继承人均具有法律约束力。(6) 除非之后的授权委托书明文规定废止之前授予的代理权或者废止其他所有的代理权,否则新代理权的行使并不导致先前的代理权失效。

以加拿大不列颠哥伦比亚省为例,如果授权人有法律能力,则授权人可更改或撤销持久代理权协议,且授权人有责任确保将更改或撤销的行为妥善地通知代理人及诸如银行之类的第三方。以下比较常见的情况也会令持久代理权终止:(1) 代理人及任何替补者不再有时间或资格行事;(2) 授权人婚姻或类婚姻的关系终结,而授权人的代理人是其配偶,除非授权人在持久代理权协议指明继续;(3) 授权人列入持久代理权协议里的代理权终止情况出现;(4) 法院颁令终止。

在德国,原则上授权方可不需要任何理由单方面进行撤销授权书,但这种撤销行为必须以授权人有完整的自主意识为前提。在授权书撤销之后,必须严格要求回收原始文本并销毁,因为在德国的法律中,第三方有权要求保留授权书的文本,回收并销毁文本可以在最大程度上避免此行为给善意第三方带来的损失。此外,若授权人和被授权人中有一方死亡,则该授权书失效,任何人都有权将其撤销。在奥地利,持久代理契约可随时解除,不需委托人具备决定能力。欧洲委员会《应对失能之持久代理权及预先指示之准则》提出,有能力的授权人可以随时撤销持久代理授权。

法国《民法典》第483条明确规定,已经开始执行的委托因下列情形而终止:(1) 应委托人或委托代理人按照第481条规定的形式的请求,经确认当事人已恢复个人能力;(2) 受保护人死亡,或者决定对其实行财产管理或监护,但决定采取此种措施的法官另有决定时除外;(3) 委托代理人死亡、实行保护措施或者个人破产;(4) 委托代理人不具备第425条规定的各项条件时,如果从委托代理的普通法则或夫妻相互权利与义务以及夫妻财产制的规则来看,由没有停止共同生活的配偶担负保护职责即可满足当事人的利益,或者如继续执行委托足以损害委托人的利益时,应任何有利益关系的当事人的请求,由监护法官宣告解除委托。法官也可以在采取法院保护措施的时间内,暂时中止委托的效力。

日本、韩国亦有相关规定。《日本任意监护法》第9条规定:(1) 依据第4条第1项规定在选任任意监护监督人以前,授权人或任意监护受任人任何时候都可以凭公证人认证的文件解除任意监护协议。(2) 依据第4条第1项规定在选任任意监护监督人以后,授权人或任意监护监督人,只要有正当理由,经法院许可,可以解除任意监护协议。《韩国民法典》第959条之18款规定:在选任任意监护监督人之前，授权人或任意监护人可以随时以公证人所认证的书面形式撤回监护契约之意思表示。在选任任意监护监督人之后，授权人或任意监护人有正当理由的，可以经家庭法院许可后终止监护契约。

（五）持久代理权的监督

持久代理权已经成为成年人规划其老年时期可能出现的欠缺行为能力生活的首选，以备不时之需。① 然而，也正是这一特性使得代理权法理产生了内在悖论：传统代理关系是建立在授权人对代理人的监督之上的，代理人须依照授权人的意思处理相关事务。而依据持久代理权，即使在授权人因意思能力欠缺或丧失而无法就代理人行为进行监督时，代理权依然有效。这就意味着，一旦创设持久代理权的当事人欠缺或丧失行为能力，代理人基本上就失去了监督与控制，对授权人的一切保护都依仗代理人的信义。无人监督这样一种真空地带的出现导致了代理权滥用的大量滋生。同时，建立在代理法上的持久代理权授予协议通常赋予代理人包括出卖授权人房屋与财产、投资、撤销保险单、重新指定受益人以及清空银行账户等广泛的权利。如果所托非人，持久代理权将成为代理人侵吞授权人财产的武器。② 从以上分析可以看出，在持久代理权制度中，代理人权利广泛，授权人又因欠缺或丧失行为能力无从对其进行监督。这也就意味着，为保护授权人利益免受代理权滥用的侵害，来自第三方的监督必不可少。

1. 美国《统一代理权法》选择的私人监督

美国持久代理权制度始于 1954 年的弗吉尼亚州，至 20 世纪 80 年代中期，全美 50 个州都以制定法的形式承认了持久代理权的效力。③ 2006 年，美国统一州法委员会对各州立法进行了总结，制定出全新的《统一代理权法》。美国持久代理权制度起源于对法定监护的回避，意在排除法院干预，不论法学学者还是一般民众都十分看重持久代理权的私人特性。因此，当持久代理权滥用事件频发时，有学者提出应让公权力介入，对当事人权益进行保护，但反对声一浪高过一浪。有学者指出，"不应忘记，我们是为了回避监护制度的公权力监督才创设出持久代理权这一低成本、灵活、私人自治的制度；而且，即使是具有公权

---

① WHITTON L S. Durable powers as an alternative to guardianship: lessons we have learned [J]. Stetson law review, 2007, 37 (7): 8-9.
② RHEIN J L. No one In charge: durable powers of attorney and the failure to protect incapacitated principals [J]. Elder L. J., 2009 (17): 165.
③ See KOHN N A. Elder empowerment as a strategy for curbing the hidden abuses of durable powers of attorney [J]. Rutgers L. Rev., 2006 (59): 1.

力监督的法定监护制度中也广泛存在着监护权滥用的情形。"①English 教授与 Wolff 教授从现实角度入手,称"鉴于社会公众对持久代理权的广泛应用,对持久代理权的改变应慎之又慎,充分考虑社会公众的利益。任何改变都不应在实质上阻止持久代理权的使用,否则公众可能会选择其他方式,而这些方式可能存在被更大滥用的可能性。"②

面对以上观点,为了维护持久代理权制度的私人自治特性,美国《统一代理权法》没有选择法院监督等方法,而是采取赋予利害关系人向法院提请司法审查等非正式的监督方式。《统一代理权法》第 116 (a) 规定,当授权人欠缺或丧失行为能力时,以下人员:……(2) 授权人的监护人或其他代理人;(3) 授权人的人身辅助人;(4) 授权人的配偶、父母或后代;(5) 授权人的可能继承人;(6) 授权人财产或信托的受益人;(7) 对授权人负有保护义务的政府机构;(8) 授权人的护理人或其他关心授权人福利的人;(9) 其他与此持久代理权有关的人可以提请法院就代理人的行为进行司法审查。由此可见,在对待持久代理权滥用问题上,美国法院采取的是消极被动的态度,采取由相关利害关系人进行私人监督的方式。

2. 英国《意思能力法》选择的公权力监督

英国的持久代理权制度起源于 1986 年施行的《持久代理权授予法》(Enduring Power of Attorney Act),2007 年通过的《意思能力法》将其作为一章收入其中。英国的持久代理权制度是在参考美国持久代理权制度的基础上,加入了遏制代理权滥用的公权力监督形成的。与美国立法侧重于保护当事人的自治权相比,英国持久代理权制度还注重对欠缺或丧失行为能力人权益的保护。英国《意思能力法》对持久代理权做规定的目的在于"既保护欠缺行为能力者,又尽可能地使之参与自身事务的决策"③。为了达到保护欠缺或丧失行为能力人权益的目的,《意思能力法》规定了一系列公权力监督措施。

首先,创设了公共监护办公室(Office of the Public Guardian)与保护法院(Court of Protection)两个特别机构。前者的任务在于维护持久代理权登记,并对代理人的行为进行监督,确保代理人的行为符合授权人利益;后者是专门处

---

① Sally Balch Hurme & Erica Wood, Guardian Accountability Then and Now: Tracing Tenets for an Active Court Role [J]. Stetson L. Rev, 2002: 867.
② David M. English&Kimberly K. Wolff, Survey Results: Use of Durable Powers [J]. Prob & Prop. 1996: 33, cited in Linda S. Whitton, Durable Powers as an Alternative to Guardianship: Lessons We Have Learned [J]. Tetson L. Rev, 2007: 17.
③ See Dep't for Constitutional Affairs, Mental Capacity Act 2005 Code of Practice, 2007.

理缺乏或丧失行为能力者事务的机构，其有权决定持久代理权协议的效力、免除滥用代理权的代理人，并派出"保护法院专员"（Court of Protection Visitors）对代理人的行为进行监督。其次，对于持久代理权的创设，《意思能力法》规定了一系列程序性要求。这些程序性要求包括：持久代理权协议必须使用标准格式、持久代理权只有在公共监护办公室登记后才能生效、登记时需提供授权人与代理人签名，以证明其了解持久代理权制度所涉之权利义务、授权人与代理人签名时需有见证人、登记时需有有资格的独立第三方出具持久代理权协议、签订时不存在欺诈或胁迫等不宜创设持久代理权的情形等。由此可见，与美国法院的被动监督相比，英国立法采取了法院主动干预的姿态，公权力大量介入持久代理权授予制度。

3. 私人监督与公权力监督模式的比较

美国持久代理权授予制度采取事后监督的方式，对持久代理权的成立没有设立过多的程序性要求。持久代理权的构成要件有三个：授权人在授予代理人持久代理权时有缔约能力；需有使代理权持久存在的意思表示；要式行为。其对代理权滥用的遏制主要依赖于持久代理权成立后利害关系人对代理人行为的监督。

私人监督具有诸多优势。第一，充分实现当事人的私法自治，有利于对当事人隐私的保护。私人监督方式的采用使得法院不得主动对持久代理权授予协议进行司法审查，当事人对代理人的选任不受公权力干预，只要授权人在授予代理权时具有完全行为能力，按照其真实意思所制定的委托协议即有效。同时，法院不得主动干预意味着当事人可以不向法院披露财产状况，有权提请法院对代理人的行为进行司法审查的仅限于持久代理权的利害关系人，这有利于对当事人隐私的保护。第二，简单易行，保证持久代理权授予制度的低成本。首先，私人监督这一事后监督方式没有增加持久代理权的创设成本；其次，法律只是给予利害关系人以司法申请提请权，没有增加代理人的义务，这就使得当事人所欲选定的代理人不会因有后顾之忧而推脱；最后，监督者均为持久代理关系的利害关系人，监督方便。第三，节约司法资源。在利害关系人提请启动司法审查时法院才对相应的代理关系进行审查，而且司法审查并不针对整个代理关系，审查对象仅限于代理人的代理行为，这种借助私人监督的做法极大地节约了司法资源。

私人监督也存在诸多不足。为维护持久代理权的私人特性所构造出来的私人监督机制的确没有伤及持久代理权简单、灵活、低成本等优点，但其在遏制代理权滥用方面却也收效甚微。美国的一项调查显示，94%的律师、社会公益服务从业者、区域老龄化管理员、地方检察官以及地方法官认为持久代理权中存在着滥用情形；其中，三分之二的人在职业生涯中处理过代理权滥用案件；38%的人处理过6件以上代理权滥用案件。一方面，立法将有关监督事项委诸私人，由于信息不对称或私人力量的有限性，在代理人故意隐瞒的情况下，监督者很可能心有余而力不足；另一方面，立法并未就监督行为而给予监督者相应的利益，在无利益时监督者可能缺乏监督动力。另外，还有可能出现代理人与监督者共同侵吞授权者财产的情形。统计数字显示，对欠缺或丧失行为能力者财产的侵吞多发生在与其亲近的人之中——侵害者通常是其家庭成员或辅助人。

与美国的事后监督不同，英国《意思能力法》对持久代理权的监督既包括事前预防性措施，又包括持久代理权成立后对代理人行为的监督。同时，与美国的私人监督不同，其监督主体为公共监护人办公室与保护法院等公权力机构。

公权力监督的优势在于：第一，监督全面。英国立法对持久代理权的监督既包括事前监督又包括事后监督。事前监督主要是指《意思能力法》针对持久代理权的创设规定了一系列的形式和程序性要求，其目的在于"在持久代理权创设前通过预防性措施阻止不适当代理权的产生"；事后监督主要是指公共监护人办公室与保护法院等机构对代理人行为的监督。这种做法贯穿了持久代理权创设到运行的整个过程，能够有效掌控持久代理权的实施状况，有效减少代理权滥用的发生。第二，监督力度大。公权力监督主体处于优势地位，其所实施的是一种自上而下的、强制性的监督方式。持久代理权从创设开始就一直处于公权力机构的掌控之下，"保护法院专员"的派出更是贴近代理人行为的全过程，在这种情况下，很难存在公权力机构因信息不对称而无从监督代理人的情形。此外，当存在代理权滥用的情况时，保护法院可以主动介入，对代理人的行为进行调整，甚至免除其代理权。

公权力监督的劣势则体现在：第一，创设成本高，致使持久代理权使用率不高。英国创建持久代理权所需的登记费用为165英镑，其中包括130英镑的登记费与35英镑的材料费，折合人民币约1500元。对很多公众来说，这一费用难以承受。2008年的一项调查显示，拥有5100万人口的英格兰仅有4283人申请使用持久代理权制度。这与持久代理权的高成本不无关系。在美国，持久代理权被广泛使用的原因之一就是与信托相比，其成本低廉。而英国的这一做法显然与持久代理权创设的本意背道而驰。第二，创设条件苛刻。为保护欠缺或丧失行为能力人的利益，立法规定了严苛的创设条件，致使很多人达不到条件而不能使用该制度。英国持久代理权中，经登记正式生效的件数仅占申请件数的

1/20，本可任意创设的持久代理权，却需经过此种筛选程序，这对当事人的意思自治而言，确有商榷余地。第三，对代理人监督过于严格。一方面，立法对代理人规定了一系列的义务，"由于这些义务的存在，很多人干脆拒绝当事人的要求，拒绝担任代理人"。[1] 另一方面，与美国判断代理人行为的"本人可能的真实意图"不同，《意思能力法》对代理人行为的判断采用的是"最大利益"标准，这一标准可能导致授权人真实意图与立法要求的冲突，使代理人无所适从。公权力对代理人行为的全面监督在一定程度上可能会阻碍代理人的行为。

三、持久代理权的登记与公示

持久代理权协议的登记是对协议的确认和公示，与协议的订立和监督共同形成协议的整体，不可分割。成年意定监护登记是指国家公权力机关为保护本人权益，采取包括选择登记机关、建立登记系统、对本人设立意定监护的能力审查、限制启动意定监护时间、明确通知范围及公示范围等一系列内容。

（一）德国的预先辅助登记制度

在德国，本人可以通过提前订立预先辅助授权文件来确定自己的辅助人，相较于法定辅助制度更为灵活高效，预先辅助授权文件的登记并非强制性要求。但为了促使监护法院知晓预先辅助书的存在、避免出现法定监护重复指定的情况，德国鼓励预先辅助文件进行登记。德国《联邦公证条例》第78条规定，预先辅助文件在联邦公证员协会登记中心进行登记。并非所有的预先辅助授权文件都必须经过公证，这取决于自己设立授权书想要达到什么目的。若授权书包含对自己没有行为能力时对本国的不动产、企业参股投资等处理内容，必须经过公证。此时就需要联邦公证员介入，由公证员登录联邦公证员协会登记中心进行登记。上述必须要求登记的特殊情形之外的其他预先辅助授权文件以书面形式订立，可以由私人登录系统进行登记。在本人失能前均可撤回。除德国监护法院有权查询登记系统信息外，其他国家权力机关及公共机关均无权查询，从而实现保护个人隐私的目的。

登记中心官网显示，如公证人为当事人登记，每登记一次8.5欧元；私人登记一次13欧元。登记步骤较为简单，首先要求本人填写授权书、本人信息及被授权人信息，填写成功后付款；接着由登记中心进行信息审查、收费提示；最终确认登记即登记成功。无论是公证员操作还是私人操作都较为简便快捷，

---

[1] HADDLETON R E. The durable power of attorney is on the way [J]. Probate & property，2010（24）：3.

因此很受欢迎，在德国适用率较高。从联邦中央预先照管授权登记的数量来看，每个月都有超过 2 万次的注册查询，已有 330 多万公民在该系统上进行登记，90% 以上的预先辅助文件都是经过公证登记的。

（二）日本的任意监护公证登记制度

日本先后通过《任意监护法》和《监护登记法》确立任意监护制度的框架。《监护登记法》修正了禁治产与准禁治产制度的户籍登记公示方法的缺点。日本的任意监护登记首先要求订立任意监护协议时必须要有公证员的介入，在公证员的见证下订立任意监护契约；其次是任意监护协议的内容并非全然意思自治，需要按照法务省确定的公证书样式进行订立，明确任意监护人监护权的范围及职责，实现规范任意监护协议内容的目的，避免发生纠纷。可见，日本对于订立任意监护协议要求严苛、严谨。

订立任意监护协议包括制作公证证书所需费用 11000 日元、登记注册费 1400 日元、法务局所需材料费用 2600 日元及邮寄费用等。相较于法定监护制度共计 3400 日元的收费而言，日本任意监护公证的费用较为昂贵，但其具有灵活方便、耗时短的优点。为确认本人具有完全判断能力足以订立任意监护契约，日本要求由具有法律专业认识的公证人直接确认授权人状况并做书面记录。当公证人对授权人精神判断能力有所怀疑时，可要求授权人出具医师之诊断书或其他切实资料证明授权人的判断能力。在任意监护生效前授权人或受任人凭公证人认证的文书才可解除任意监护。

法务局登记官制作登记事项证明书，再将登记事项证明书交付给任意监护人作为监护人资格证明。登记事项证明书的内容包括任意监护人的姓名、住所、出生日期、与授权人的关系、意定监护权范围等，当任意监护人代理授权人与交易相对人交易时，通过向交易相对人出示法务局颁发的证明书即可证明具备监护权。日本将授权人必要的个人信息从户口簿上抽离出来，单独以证明书形式列出，为日本的登记制度改革寻求维护交易安全及保障个人隐私的平衡点做出了良好的探索。

（三）法国的意定监护委托书登记制度

法国意定监护委托书的订立方式可以由当事人自主选择，可以以公证形式或私人签字证书形式订立，形式不同的意定监护委托书赋予受托人不同的权利。在财产处分方面，若以私人签字订立委托书则受托人的权利会受到很大限制，其只能对财产加以保存或进行日常管理（如管理收入、购买住房保险等），如果受托人希望对财产进行处分，那么他必须向监护法官提出申请。而若委托书经过公证，则受托人可以完成任何类型的财产行为，包括处分行为等。意定监护委托的撤回较为方便，在意定监护委托生效前，本人可以对委托书进行修改或收回，受托人也可以通过事先通告，放弃履行监护职责。

法国公民的受监护情况并没有登记在专门的登记簿，而是登记在公民的出生证上，出生证可由授权人出生地的市政厅经请求后出示复印件，但并非所有人都具有请求权，法国规定只有授权人的近亲属及经授权的专业人士（如公证人）才能提出请求，从而保障个人隐私，将个人信息的公示范围局限于利害关系人。在法国，公证意定监护委托书是主要形式。

公证人遵循公证意定监护委托书承担监督职责能够使受托人权利得到增强、保障监护委托书内容精确。此外，公证人还承担为当事人提供咨询的职责，包括公证人向当事人阐释，说明当事人间的权利义务，核实他们的利益是否得到了保障，并揭示可能面临的风险，向他们介绍法律赋予的、确保实现其意思的预防工具。法国最高法院在1958年的一份判决写道："公证人的职责不仅在于赋予其受理的文书以公示性；设立公证人的法律精神和宗旨就授予他们一个更严肃、更崇高的角色，法律将他们看作是当事人的无私顾问。"故与其他国家的公证人仅承担意定监护设立程序的登记职能不同，法国公证人的作用还贯彻于意定监护的后续监督环节。

公证人参与监督整个意定监护流程，法国公证要求在监护委托开始执行时，受托人必须制定一份委托人的财产清单，并按照年度制作管理账目，提交给公证人，公证人对财产清单及年度管理账单进行检查，警告受托人要严格履行意定监护委托书条款，保障委托人利益，并且公证人将对意定监护的执行进行监督，若发现受托人存在过失和欺诈行为，公证人将提请监护法院介入，从而使得未履行好监护职责的受托人承担相应的责任。公证人每年以年度管理账目的形式审核受托人的监护执行情况，只有当受托人怠于履行监护职责，给授权人造成损失时才向监护法院申请法官介入。法国由于公证人的监督参与，极大地减少法官的工作量，创新了监护监督途径，更好地维护了委托人的人身及财产安全。

（四）英国及中国香港地区的规定

英国2005年颁布的《意思能力法》要求持久代理权文件必须经公共人监护办公室登记，并通知持久代理权的另一方。公共监护人办公室对提交的持久代理权文件进行实质审核，存在错误时反馈给授权人进行更改；若授权人已丧失意思能力，则不生效，此时依申请或职权由保护法院处理，但将耗费更多的时间、金钱成本。基于此，公共监护人办公室及时登记。新持久代理权改变了之前只能在委托人失去行为能力时才能登记的规定。

公共监护人办公室登记后人身事务将在授权人丧失行为能力时生效；财产事务可约定即时生效或在授权人丧失意思能力时才生效。此外，英国新持久代理权制度有着严格的程序要求，并推出在线填写，提供更简单快捷的网络服务，但并非在线服务涵盖持久代理权的整个流程。有且仅有持久代理权协议内容的基本内容（包括授权人、代理人、见证人、须通知人的基本信息）可通过在线填写完成，需要打印纸质版协议并经各方主体均签字确认后，提交公共监护办公室登记备案。登记审核费为82英镑，若授权人有经济困难，可申请减免。公共监护办公室审核通过后，会将盖章的持久代理权文件原件邮寄回来作为授权证明。

中国香港地区于2012年修订《持久授权书条例》，允许授权人通过提前订立持久授权书，让代理人在其精神上无行为能力时照管其财务。该条例第五条要求在授权人订立持久授权书时，必须在一名注册医生和一名律师面前完成。医生需要在持久授权书后的证明书上签字，证明已确认授权人在订立持久授权书时具有精神上的行为能力、是自愿签署；而律师则需要再次确认授权人是自愿订立持久授权书，且完全了解持久授权书的法律含义及后果。为了促进持久授权书的推广，中国香港地区将原来的要求——医生及律师同时在场改为在注册医生面前签署后的第二天起二十八天内，在律师面前签署即可，从而降低订立持久授权书的设立门槛。

除有医生及律师的参与确保授权人尚有行为能力外，持久授权书的注册与登记也是保障持久授权书有效订立的必不可少环节。《持久授权书条例》第9条规定，持久授权的文书注册申请，必须向高等法院司法常务官提出，由司法常务官审核无误后将文书记载于注册记录册上。注册记录册格式须经由中国香港地区首席法院批准，且该注册记录册由司法常务官保管，容许任何人于办公时间内查阅相关文书。此外，依据香港法例第501A章《持久授权书（订明格式）规例》第6条的要求，除授权人明确表明不须通知其他人外，一般授权人在订立持久授权书时还要确定须予以通知的人，从而确保他们知悉注册程序的启动，同时注册后持久授权书即宣告成立。通知也有利于让授权人安心。

中国香港地区的持久授权在设立时创新地吸收注册医生和注册律师参与以确认授权人有订立持久授权书的行为能力。在注册医生和注册律师见证下所订立的持久授权书必须经过高等法院司法常务官的注册登记。中国香港地区要求由司法常务官审核持久授权书的内容，一是为了确保持久授权书的内容合法，保障持久授权书的合法订立；二是为了通过注册登记这种公权力介入的方式来确认授权人意思表示，保障授权人的合法权益；三是为了通过注册登记授权人的持久授权的权限和范围预防纠纷发生。中国香港地区也通过设立通知环节来保障授权人能够及时知晓持久性授权书的设立进度，实现实时跟进。另外，中国香港地区对登记撤回的规定也较为严格，若持久授权已注册，法院在确认授权人精神上有能力撤销后，应予以撤销。

但持久授权书设立的弊端也显而易见。一方面是持久授权书仅限于授权人财务方面的授权管理，而更为重要的授权人的人身方面没有涉及，授权人仅能预先就授权人财产方面做出授权安排，具有适用的局限性。另一方面由于司法常务管的注册登记可以供任何人查询，面向公众进行公示，可能存在侵犯授权人隐私的危险，最终导致持久性授权服务民众的理念落空。

（五）各国及地区成年意定监护登记制度比较

1. 关于是否登记

从登记的形式上来看，德国、法国的意定监护委托书最为灵活，当事人可以私署文书形式订立，只是若意定监护委托书没进行公证登记则会极大限制受托人的受托范围。德国特别规定意定监护委托书只有当涉及授权人对本国的不动产、企业参股投资等预先照管授权的处理时，才要求必须进行公证登记。可以看出，德法等国虽不强制意定监护委托书的登记，但仍以限制权利范围的形式促使公众完成监护登记。而日本、英国及中国香港地区对登记则是采取必要态度，规定意定监护协议必须经过登记，且排除私人登记的形式，必须由国家公权机关进行登记。

2. 关于登记机关的选择及登记系统的设立

无论大陆法系还是英美法系国家，都选择了国家公权力机关进行意定监护的登记并建立了相应的登记查询系统，但各国选择的机关有所不同。大陆法系国家如德国、日本及法国都不约而同地选择公证处作为国家介入意定监护监督的公权力机关，由公证处通过审核意定监护协议、确认当事人订立协议时的行为能力来实现国家对意定监护的监督。不仅如此，法国公证处的作用甚至还涵盖意定监护的整个环节，对后续意定监护的执行也起到监督作用；日本的程序更为严苛，采取公证处与法务局协同合作的方式，授权人若要设立任意监护不仅须经公证处公证，还要由法务局进行登记。英美法系国家如英国是通过设立专门的公共监护人办公室来主管监护登记事项。

3. 关于审查授权人在缔结意定监护协议时的行为能力

各国及地区均采取一定的措施来确认缔约时授权人的行为能力，最常见的如日本要求在公证员的见证下订立任意监护协议，即由公证员判断授权人缔约时的行为能力。又如英国持久性代理书的订立需要有见证人在场，见证人出于个人经验来判断授权人的行为能力。而中国香港地区对授权人缔约时行为能力的审查最为严格也最具特色。中国香港地区要求授权人在订立持久授权书前不仅要有注册医生出于专业化角度对授权人的行为能力进行医学鉴定，出具证明书以证明授权人具有精神上的行为能力，而且还要有律师出于法律角度判断授权人"看似是精神上有行为能力行事"，从而确认并担保所缔结的意定监护协议符合授权人真实意愿。

4. 关于登记约定的意定监护启动时间

大多数国家如德国、法国等都选择将授权人丧失能力的时间作为意定监护的启动时间。日本的规定更为严苛，为将监督更好地融入监护制度中，规定在授权人丧失辨识能力后，需要由家庭法院选任出监督人，这样任意监护才生效，从而确保授权人利益。而英美法系国家对启动时间大多采取宽泛的态度，英国持久性代理的规定较为灵活，仅对人身性事务的生效时间做出限制，财产性事务可选择为即时生效，以便个性化满足授权人的需求。美国更为开放，事务性质均可由当事人自行选择生效时间。

5. 关于通知和撤回

被授权人选定的意定监护人可能并不与授权人一同生活，对授权人的信息了解不够及时，加之行为能力的丧失是渐进性的过程，因此意定监护人可能不能够在第一时间了解授权人的情况，此时通知就显得格外重要。大陆法系尚无关于登记环节通知的规定，英美法系则有通知的规定。如英国规定持久性代理中即时生效的代理，其在完成登记后即可生效，此时就需要及时通知代理人，以督促其尽早行使代理权。中国香港地区也规定在授权人订立持久授权书时还要确定须予以通知的人，从而确保他们知悉注册程序的启动。此外，对意定监护生效前的撤回，各国采取较为宽容的态度，原则上允许撤回。如德国和法国对登记没有硬性要求，对意定监护的撤回也比较宽松，不需要公权力机关的介入。日本、英国及中国香港地区，由于意定监护登记的公示性，故授权人登记撤回仍需经过公权力机关的确认后才可实现。

6. 关于登记公示范围

理论上来讲，当授权人丧失行为能力后，意定监护人将根据意定监护协议授权的监护范围代授权人与交易相对人进行交易并处理授权人的相关事务。但倘若无明确的意定监护授权公示，交易相对人可能有所顾忌而不愿与之进行交易。这是因为：一是有国家公权力机关认可意定监护人监护权的凭证，交易相对人才能够放心与之进行交易，保障交易的正常开展；二是交易相对人需要了解意定监护人的监护权范围，避免出现意定监护人无权代理的情况。因此登记

111

公示就显得格外重要。登记公示能够便于社会公众尤其是利害关系人了解授权人的身份情况，并且经过公权机关确认的登记信息，能够被认为是真实可靠的，有助于提高交易效率。

但是登记公示的范围的划定则是一个棘手的问题，由于意定监护协议往往涉及授权人的个人信息、医疗照护意愿、财产管理等内容，倘若公示范围过大，则易侵犯个人隐私权，因此应妥善限制意定监护的公示范围。在这一点上，法国及日本的做法值得借鉴。法国通过限制申请公示的利害关系人范围来实现保护个人隐私。日本的做法更为巧妙，当意定监护协议生效时，日本法务局登记官将根据申请制作登记事项证明书，将证明书交付给任意监护人。登记事项证明书内容包括任意监护人的姓名、住所、出生日期、与授权人的关系、意定监护权范围等必要内容，任意监护人通过向交易相对人出具法务局颁发的登记事项证明书来证明自己的监护人身份，并且根据登记事项证明书中载明的意定监护权范围来行使监护权。

第三节 《民法典》第 33 条的续法

持久代理权授予制度在中国大陆和台湾地区学界和公证实践中被称为"意定监护"。在意定监护协议中，授权人将自身的三项事务，即人身照顾、财产管理和医疗救治的代理权，分别单独授予监护人代理权。立法者在 2012 年对《老年人权益保障法》进行修改时对比较法概念存在误解，将"持久代理权"与"任意后见"等同，忽略了日韩法上"任意后见"实际为"意定代理"的本质。《民法典》第 33 条原封不动地承袭了《老年人权益保障法》第 26 条，也就强化了学界的错误认知。《民法典》第 33 条的设立是我国履行批准并生效的联合国《公约》第 12 条的国际法义务的体现，保障老年人、精智障碍者的自我决定权。然而第 33 条的问题就在于其第 1 句后段使用了"监护"的表述，给"意定代理人"带来繁重的监护职责。同时，表述中意定监护人（代理人）又回到以"保护、教育、监督、惩戒"为特征的原民法儿童监护体系下，致使制度利用者难以以自己的意志与偏好决定自己的事务。① 同时，第 33 条规定过于简单，存疑过多，经过两年多的实践，反馈的适用问题有：一是意定监护的协商范围不明确，是仅可协商"谁担任监护人"，还是也包括"监护事务"；二是意定监护人

---

① 罗宇驰. 我国成年意定监护协议研究［D］. 上海：华东政法大学，2018.

与法定监护人并存时,孰者优先适用;三是意定监护和其他监护中"职责"含义的不同。"监护人职责"一词是以法定监护为背景的,意定监护人职责的含义不明确。① 因此,对《民法典》第 33 条进行司法解释是非常迫切的。鉴于大陆法系国家通常将"持久代理权授予制度"称为"意定监护",所以,我国在对《民法典》第 33 条进行司法解释时可引入意思能力评价机制,通过行为能力推定原则,构建实质意义上的持久代理权制度。下文我国《民法典》第 33 条的完善建议中,所称的"持久代理权"是指"意定监护","代理人"即"意定监护人","被代理人"即"被监护人"。

一、意定监护适用优先于法定监护

当本人预先选定了自己信任的意定监护人,就应当优先让意定监护人执行监护。2020 年 11 月"央视新闻"公众号发布《八旬老人将 300 万房产留给水果摊主,为啥?》一文后,意定监护制度广受热议。

立法对监护的界定仍采用统一监护,即"对失智成年人人身、财产等各方面权益的保护和安排",意定监护在以法定监护为主体的立法安排下可谓是在夹缝中生存。相关的第 28 条的法定监护、第 30 条的协议监护、第 31 条的指定监护,以及第 34 条的监护人职责之规定,都对大众理解意定监护产生了误导。

在国际上,意定监护优先适用是不需证明的准则。其实,意定监护"出生"的使命就是在于克服法定监护的两个弊端——法定监护成了争夺遗产的前哨、法定监护是法定监护人以自己的意思替代被监护人的意思。从域外立法改革来看,大陆法系国家均以废除行为能力与监护的关联为改革目的,将单一的法定监护措施改进为监护、保佐、辅助或照管、辅助等多元措施。这一改变是在国际人权保护的价值变迁下做出的,即从替代决定到协助本人做出决定,将监护替代决定作为最后使用的手段,必须采取监护措施时,亦应当最小化监护对本人的侵害,以最大程度地尊重本人意愿和偏好,协助其维持"生活的正常化"。意定监护优先的理由在于——首先,意定监护遵循的是尊重自我决定的原则,它有三层含义:一是尊重老人在能力受损前的自我决定,二是尊重老人在能力受损前对"将来失能"后的决定,三是尊重老人能力受损后余存的意思决定。其次,意定监护是老人按照自己的意思为自己的事务所做的决定安排,这是意定监护的应有含义和体现。

---

① 李霞,左君超.《民法典》成年监护制度的进步及瞻望[J].中华女子学院学报,2020(4):6-13.

不过，意定监护优先适用并不排除法定监护。就某一监护事务而言，本人已明确委托的，应明确意定监护优先，排除法定监护；本人未委托事项，或意定监护协议被变更、撤销后，意定监护未尽的事务，由法定监护人就此事务履行监护职责；法定监护人履行监护职责时，若与意定监护事务的执行相冲突，则应优先保障意定监护事务的执行，以尊重和保障本人意愿。

二、能力推定原则和意思决定能力评估

能力推定原则最早为英国 2005 年《意思能力法》所确立，并逐渐为国际所公认，是指任何成年人，未受宣告前都应当被推定为具有意思能力，除非有证据证明该人欠缺意思能力。关于能力欠缺者，英国 2005 年《意思能力法》第 1 条第 2—4 款规定：（1）任何人都应当被推定为具有意思决定能力，除非已证明其缺乏能力。（2）任何人不得被视为无能力做出决定，除非已采取一切切实可行的步骤协助其做出决定而均告无效。（3）任何人不能仅因做了不明智的决定就被视为无能力做决定。《民法典》第 33 条意定监护体现了自主决定的理念。能力推定原则是对个人自我决定能力的肯定，因此，我国应将能力推定原则融入意定监护制度，以全面贯彻"自主决定"之人权理念。具体而言，未来的司法解释应贯彻司法唯一原则，明确裁定成年监护生效之前，推定成年人具有完全行为能力。"司法唯一"原则是指成年监护的启动、判断、监督、撤销与终止等，必须始终通过司法程序，其他任何组织、任何程序不得引起成年监护的产生、变化和消失。

我国立法和实践长期违背司法唯一程序，导致成年人"被监护"的现象屡见不鲜。值得注意的是，我国法院判决剥夺行为能力的依据不一，判断标准千差万别，较为混乱，鉴定机关的鉴定意见、残联的残疾证明及医院医师诊断证明都可以作为剥夺本人行为能力的依据。鉴定意见偏重法律判断，残疾证明及医师诊断偏重医学判断，实际中也经常出现医学认定本人有精神智力残疾，但鉴定意见认为当事人仍具有行为能力的情况。因此，如何协调好法律判断与医学判断之间的标准，平衡好两者之间的关系就显得格外重要。对此，可组织法律实务界、精神医学界等相关领域专家共同讨论，制定出统一的丧失行为能力人的参照标准，从而促进医学判断与法律判断有效结合。[①]

另外，在证明个人缺乏能力时，应要求"谁主张谁举证"，证据标准与普通

---

① 李霞，刘彦琦. 精智残疾者在成年监护程序启动中的权利保障[J]. 中华女子学院学报，2017（5）：26-34.

的民事诉讼程序中的相同。具体采用"优势证据制度",即如果有证据显示某一待证事实存在的可能性明显大于其不存在的可能性,法官有理由相信它很可能存在,尽管还不能完全排除存在相反的可能性,但也应当允许法官根据优势证据认定这一事实。若证据的确显示意思能力欠缺的可能性存在,但仍不足以说服法官做出意思能力欠缺的裁决,那么个人依然被推定为有意思能力。

现行实证法以"行为能力"作为老龄意定监护协议的有效、生效要件,存在如下问题:限制具有相当意思能力者缔结有效的意定监护协议;协议生效时制度利用者行为能力被宣告剥夺,意定监护目的落空;行为能力认定在程序上烦冗,不便于制度利用者;与成年监护法其他规范存在矛盾。虽然人们可能具有做出某个决定的功能性能力,但是现行法律却不允许他们做出这样的决定,理由是他们处于监护之下。我国立法以认定自然人民事行为能力的方式吸收了对意思决定能力的考察,实践中,在认定行为能力时对个人意思决定能力采用状态性评估标准,即对一个人基于残疾的能力,而不是在特定时间做出特定决定的能力进行全面的评估。从人权法的标准来看,这种方法不符合比例原则,是对个人的不恰当干预。依据英国 2005 年《意思能力法》,欠缺意思能力,是指由于精神上的或者物理上的损害障碍或者失调紊乱,自然人在关键时刻不能做出决定的情形。但是如何才能得出这个结论呢? 首先要考察一系列因素:了解信息、记住信息、使用或者衡量信息、综合信息并做出自己的决定,并使他人理解及表达其意思。如果一个自然人无法做到以上要求,就可认定其意思能力欠缺。但如果其在了解信息或者表达信息时,借助了某种辅助措施,或者不能长时间地记忆信息,则不能认定其意思能力欠缺。国际上普遍认可的意思能力功能性评估标准,强调一个人在特定时间做出特定决定的能力,主要关注监护对象在某个领域的决定能力。例如,有人如果有精神疾病或智力残疾,并不必然意味着丧失了做出特定决定的功能性能力。① 这种方法尊重个人自治,依个体需要量身定做,并充分考虑行为能力的变动性。因此,鉴于我国当下的意思能力考察方法没有考虑到个体差异以及行为能力的程度差异,存在通过法律程序对个体行为能力的当然的、完全的剥夺。在未来对《民法典》第 33 条进行司法解释时应引入意思决定能力功能性评估标准,通过对本人个人能力进行独立的评定,为本人提供恰当的保护措施。

尽管《民法典》仍以欠缺行为能力作为监护启动之要件,但仍可通过如下

---

① 在 Shtukaturov 诉俄罗斯案中欧洲人权法院指出,不能仅因患有精神疾病便可以正当化地剥夺某人的行为能力。Shtukaturov v. Russia, App. No. 44009/05, 27th March 2008, 94.

手段使其弊端得到一定程度的克服：首先，提高无行为能力的判断标准，压缩无行为能力的适用空间，成年人仅在其意思决定能力严重受损以致其无法达到法律交往最低程度之理性要求时，方为无行为能力人；其次，扩大限制行为能力的适用范围，规定成年人在意思决定能力暂缺之情形下亦能成为限制行为能力人。也就是说通过泛化限制行为能力的准入标准，使其成为仅具形式意义上之要求，并进一步细化限制行为能力下成年人意思能力的类型。仅在意思能力受限制较为严重的场合有《民法典》第145条适用之可能，在其他限制行为能力类型中，可利用代理制度满足成年人法律交往的需求。具体的意思能力判断规则如下：（1）行为人原则上有意思决定能力，意思决定能力的判断分为对精神能力的判断和对意思要素的判断；（2）精神能力的瑕疵得依司法鉴定意见判断，但该瑕疵并不必然决定意思要素的有无及程度；（3）对意思能力的划分须首先判断意思要素的独立程度。

意思决定能力划分的基本标准为：（1）行为人的意志表达是否需由他人协助完成；（2）对其意志决定及行为后果的理解和预见能力；（3）精神能力瑕疵的影响。

完全行为能力中的意思决定能力标准为：（1）能够独立充分地理解其意志决定的内容并合理地预见其行为的后果；（2）能够在他人协助下，充分理解其意志决定的内容并合理地预见其行为的后果。

限制行为能力中的意思决定能力标准为：（1）能够独立地在特定事务上充分理解其意志决定的内容并合理地预见其行为的后果；（2）能够在他人协助下，在特定事务上充分理解其意志决定的内容并合理地预见其行为的后果；（3）受精神能力瑕疵的影响，能够独立地在特定事务上充分理解其意志决定的内容并合理地预见其行为的后果；（4）受精神能力瑕疵的影响，能够在他人协助下，在特定事务上充分理解其意志决定的内容并合理地预见其行为的后果；（5）受精神能力瑕疵的影响，能够在他人协助下，在特定事务上基本理解其意志决定的内容并较为合理地预见其行为的后果；（6）受严重的精神能力瑕疵影响，能够在他人协助下，在特定事务上有限理解其意志决定的内容并相对合理地预见其行为的后果。

无行为能力中的意思决定能力标准为：受持续性的、严重的精神能力瑕疵影响，不能理解其意志决定的内容，亦无法预见其行为的后果。[1]

---

[1] 孙犀铭．意思能力的体系定位与规范适用（上）[J]．交大法学，2019（1）：143-154．

三、意定监护协议的成立和生效

（一）意定监护协议的成立

我国《民法典》第33条规定了意定监护协议的主体要件为"具有完全民事行为能力的成年人"，形式要件为"采取书面形式"。《合同法》第9条第1款规定："当事人订立合同，应当具有相应的民事权利能力和民事行为能力。"因该条规定位于第二章"合同的订立"，以及其所处体系位置，通常认为当事人的主体资格要件属于协议成立要件范畴。① 但《民法典合同编》并未延用《合同法》第9条第1款之规定，且《中华人民共和国民法典总则编》第六章"民事法律行为"之第三节"民事法律行为的效力"中的第143条规定，行为人具有相应的民事行为能力是民事法律行为有效的条件之一。依据《民法典》关于民事法律行为的条文体系安排，主体资格要件属于生效要件范畴，意定监护协议作为缔约行为，主体要件理应属于意定监护协议生效要件范畴。《民法典合同编》第二章"合同的订立"中的第469条第1款明确规定："当事人订立合同，可以采用书面形式、口头形式或者其他形式。"由此可知，形式要件属于协议成立要件的范畴，也是重点讨论的内容。

（2）意定监护协议的生效

意定监护协议的主体资格问题是首要内容。意定监护协议的主体要件见于《民法典》第33条第1句，即"具有完全民事行为能力的成年人"，此乃所有协议成立均需具备的主体资格要件，监护协议亦不例外。② 意思能力是天然能力，而行为能力是法律拟制的概念，从行为能力制度之法理出发，限制民事行为能力人的意思能力介于完全民事行为能力人与无民事行为能力人之间，也即限制民事行为能力人为特定法律行为时可能具有为该特定行为的意思能力，也可能欠缺为该特定行为的意思能力。限制民事行为能力人想要订立意定监护协议，不外乎两种方式：第一，由其法定代理人代为缔结意定监护协议；第二，自己独立缔结意定监护协议。然而，两种方式下缔结的意定监护协议是否有效，则需进一步讨论。

法定代理人所享有的两项权能为代理权和同意权③，在讨论法定代理人能否代理本人缔结意定监护协议时，必须对制度利用者的意思能力状况进行具体考

---

① 韩世远. 合同法总论（第四版）[M]. 北京：法律出版社，2018：101.
② 陈甦. 民法总则评注（上册）[M]. 北京：法律出版社，2017：238.
③ 王泽鉴. 民法总则[M]. 北京：北京大学出版社，2009：307.

察。依据《民法典》第 35 条第 3 款之规定，监护人必须尊重被监护人的真实意愿，故而当存在本人真实意愿的情况，法定代理人仅可行使能力补充权，而不可行使代理权。即仅在本人许可时，以限制民事行为能力人为主体的意定监护协议才有效，此时法定代理人利用其能力补充权协助补足实证法上本人缔结该协议时行为能力之残缺。从尊重限制民事行为能力人所余存的意思决定能力和尊重自我决定权的立场出发，应当认为本人主动许可法定代理人代理本人制定的意定监护协议符合《民法典》第 33 条的效力性规定。当然，若本人对于拟要缔结的意定监护协议无相应的意思决定能力，则法定代理人不得代理。我国法律对意定监护所涵盖之人身事务是禁止代理的。如果在本人意思能力欠缺的情况下，由法定代理人依据本人最大利益原则为其选任意定监护人，将本人的人身照护事务、财产管理事务的决定权悉数委托给第三人，无疑将导致本人面临极大的法律风险，且该风险状况并非乃本人所自主决定选择的。因此，无论本人是否为限制行为能力人，只要其无缔结意定监护协议之意思能力与意愿，法定代理人就无权代理。

　　《民法典》第 22 条之但书规定限制民事行为能力人可以独立实施纯获利益的民事法律行为或者与其智力、精神健康状况相适应的民事法律行为。该条但书之规范为独立审查行为人的辨认能力[①]预留了空间。《民法典》第 22 条但书之规定的确并非为限制民事行为能力人的意思能力开辟道路，但其延伸至我国限制行为能力制度的意图却异常明显：完全民事行为能力人是正常的"理性人"，无民事行为能力人是完全无理性的人，限制民事行为能力人就是从有到无"渐变颜色板"中的过渡部分，出于保护限制民事行为能力人余存行为能力部分之考量，应当允许其独立实施法律行为。如此从实际的法律效果而言，其对所有的民事行为做智力评判然后予以区分。但与德国理论中相对行为能力不同的是，第 22 条但书规定具备法律规范效力，其维护实质的余存的行为能力（辨认能力）之效果应当得到认同，故"宜从宽解释，使限制行为能力人能扩大其合理的自由生活的范围，以谋个性的自由发展"。[②] 因此，在具体审查时，发现缔结意定监护协议符合限制民事行为能力人的精神、智力状况，应当认为该限制民事行为能力人所缔结意定监护协议之行为有效，而不应否定协议之效力。

　　另外，协议的生效时间也有待探究。《民法典》第 33 条规定：协商确定的

---

① 沈德咏. 《中华人民共和国民法总则》条文理解与适用（上）[M]. 北京：人民法院出版社，2017：240.

② 马俊驹，余延满. 民法原论（第四版）[M]. 北京：法律出版社，2010：93.

监护人在该成年人丧失或者部分丧失民事行为能力时，履行监护职责。从上述法条中可以看出，我国意定监护立法中排除了意定监护弹性生效制度。从意定监护制度设立的尊重自我决定之初衷来看，建议由委托人决定意定监护（持久代理）协议生效时间，且更推荐即效型意定监护，给予本人"试用期"以及代理人在偶然的事件导致诸如短暂疾病、身体残疾等情况下代表其做出决定的权利。①

四、意定监护协议的登记与公示

所谓登记制度，是一种对信息记录、管理和公示的手段。就成年监护的登记而言，登记制度是指为了保障交易安全，将成年监护的相关信息记录到电子档案中存储管理，有条件、有限度地公布给他人的制度。

（一）意定监护协议登记的目的

保护个人隐私与交易安全是意定监护协议登记的目的。我国当前的立法没有对监护的登记问题做出规定，仅有行为能力欠缺的宣告制度。实务中，法院一般采取公开审理的方式对当事人欠缺行为能力做出判决，并且包含当事人真实姓名在内的裁判文书可以通过相关网站任意查阅。域外在维护交易安全和保障被监护人权利的双重需求下，各国均谨慎、细致地对监护公示（登记）问题做出相关规制。反观我国，在立法上对监护公示问题的规定并不明确，对于成年监护的开始、变更和终止均缺乏公示程序的保障，这是不妥当的。目前仅有《民事诉讼法》对认定公民无民事行为能力、限制民事行为能力案件做出了原则性的简略规定，但对于后续的监护事宜则一概未涉及。

我国法院判决确定法定监护人后，有些直接将判决书公示于中国裁判文书网上，以促使交易相对方知晓从而维护交易安全。但不可否认的是，交易安全虽然重要，但个人隐私也同样值得保护。成年意定监护设立的目的就是尊重本人意愿，保护本人的个人隐私也应是成年意定监护登记的必然要求。故此，应尽力做好保护个人隐私与保障交易安全之间的平衡，可以采取严格限制公示范围的方式，即仅允许交易相对人知晓交易所必需的本人及监护人信息，从而在最小范围内公示本人隐私的同时最大程度上保障交易安全。

（二）公证机构作为登记机关

日本采取单行立法的方式对成年意定监护予以详细规定，为成年意定监护

---

① 李霞. 意定监护制度论纲 [J]. 法学, 2011 (4): 118 – 128.

登记立法提供了新的思路。参考域外各国经验，行为能力宣告制度原本所承担的公示功能应通过建构新的成年监护登记制度代替之。即由登记机关对监护信息进行登记，并提供后续的查询、出具证明、变更、注销等操作。从总体上看，我国已具备相关的法制条件和经验，登记制度已广泛应用在婚姻、收养、户籍、营业资格与法人资格、不动产权利等领域，在此经验基础上增设监护登记应该不存在实务操作层面的难题。

鉴于登记行为的非诉性，就我国当前的体制环境而言，可以考虑由司法行政机关承担此项职能。上海市地方法规《上海市老年人权益保障条例》第18条第1款规定了意定监护协议必须经公证才成立。从我国实务实践的情况来看，在将公证书、意定监护协议上传至司法部"司法行政（法律服务）案例库"的七个案例中，公证人均对意定监护协议委托人的具体行为能力及意思能力进行了确认。目前来看，我国公证机关关于监护事件的业务范围主要为对意定监护协议的登记和提供相关咨询、监督服务，在实务实践中已经十分成熟。故应由公证机关承担此职能。

登记后如何撤回？应在最大程度上尊重当事人的意思自治。在本人丧失行为能力启动意定监护前，若本人或意定监护人欲解除意定监护协议，则应尊重当事人的意愿，授予当事人解除权。但若任由当事人自由解除，可能出现本人因意思能力缺失而在意思表示不真实的情况下随意做决定，不利于保障本人利益。加之意定监护的设立已经过登记程序，出于国家公权力机关登记的公示性和谨慎性的考量，对于意定监护的撤回也应经过同样的程序，即登记后的撤回需要登记机关的介入。登记人员在确认当事人意思的真实性和有效性后，再依法撤回本人所设立的意定监护并通知相应机关。本人若经法院宣告为丧失行为能力，意定监护已经启动后，则不得再撤销意定监护登记。意定监护人不履行协议约定义务或者侵害本人合法权益的，法院可撤销意定监护人的监护权。

（三）登记的内容

1. 意定监护生效的时间

若登记的意定监护协议中双方未约定意定监护的生效时间，则应推定其按照法律规定以丧失行为能力作为意定监护生效时间节点。此时，认定何时丧失行为能力至关重要。目前意定监护协议大多以三级甲等医院诊断、司法鉴定机构的鉴定或法院判决作为"丧失行为能力"的标准。通过对比可以发现，三级甲等医院的诊断及司法鉴定机构的鉴定均属于技术上的鉴定，三级甲等医院、司法鉴定机构均无权限宣告剥夺本人行为能力。我国宣告行为能力的法定机关是人民法院,但我国法官宣告剥夺行为能力大多依赖司法鉴定意见的现实,整个宣告流程的时间成本和金钱成本的高昂与法院宣告的滞后及本人丧失能力后对监护即时性的需求形成非常突出的矛盾,由此不难推定若只将法院宣告剥夺行为能力视为意定监护协议的生效时间点,必然会导致意定监护滞后、本人权利受到侵害的严重后果。可借鉴日本的做法,综合考虑法学、医学专业建议,制定统一的新成年监护制度鉴定书制作参考手册及新成年监护制度、诊断书制作参考手册。我国应适当放宽"行为能力丧失"认定标准,建立并推广判断行为能力的统一标准,简化、降低鉴定流程及成本,并建立专门的认定行为能力丧失的医院和医生名录,注册医生按照统一标准的规定鉴定本人行为能力的丧失,继而意定监护人可凭注册医生的诊断证明向登记的公证机构申请颁发意定监护人证明书,启动意定监护。从而在确保剥夺本人行为能力的合法性、专业性的同时,满足意定监护启动程序需要。

2. 登记后的通知与公示

为防止监护指定机关不知本人设立意定监护而径行指定监护人,除对相关有权机关开放统一意定监护登记系统外,可由公证人以书面形式通知被监护人住所地所在法院。此举是为了防止法院不知意定监护协议的存在,而于监护宣告事件误行法定监护程序,重复指定监护人。我国居(村)委会及民政部门均有权指定,公证人员在登记意定监护协议后除需书面通知被监护人住所地所在法院外,还需通知当地民政部门及被监护人住所地所在的居(村)委会。同时,根据本人意愿通知相关人员,以使近亲属知晓持久性代理的存在,不再诉诸法院请求指定法定监护人,但持久性授权文件内容并不在通知之列,以充分保障本人的隐私。

为保护个人隐私,杜绝以保护交易安全为名而肆意侵犯个人隐私。意定监护人可通过出示公权力机关证明的方式来行使监护权。全国首例意定监护的意定监护人就是凭借公证处出具的一纸公证书证明监护人资格身份,从而代本人处理相关事务。但众所周知,法律规定意定监护的目的不仅仅是赋予本人选任权,也包括赋予本人预先安排好自身人身、财产事务的自由。意定监护协议的内容往往不仅包括被选任为意定监护人的信息,更为重要的是要求意定监护人按照本人意愿对相关事务进行妥善的处分安排。

全国首例生效的公证书除证明意定监护人资格外,还包括:本人丧失行为能力的原因(即患病情况)、确诊本人病情的医院等不必要的信息描述,严重侵犯了本人隐私,且与交易安全无必然联系。故全国首例生效的意定监护公证书的内容欠妥当,亟须修正。申请公示人的范围应受限制,以保护本人的隐私权,如限于近亲属及授权专业人士等必要人员,但应注意,不应任意扩大申请公示人员的范围，交易相对人不应成为可以申请公示的人员，原因在于，交易相对人可通过要求意定监护人出示意定监护证明文书以证明意定监护人的身份及权限，无须再次申请公示。若意定监护人伪造证明文书而造成交易损失，可要求意定监护人承担责任。

出于保护交易安全的目的，监护人需要凭证证明。特别是由于意定监护人并非如法定监护人一样是包罗万象的特殊代理，意定监护人的监护权限很有可能受到限制，故相对人有理由要求意定监护人出示相应的证明材料。具体而言就是公证处可在本人丧失行为能力后，在为意定监护人出具的意定监护证明书上载明本人及意定监护人的姓名、住所、身份证号等个人信息、意定监护权的授权范围、意定监护的生效时间，再加盖公证处公章以示权威。这样起到的主要作用是证明意定监护人的身份事实及意定监护的授权范围，避免不必要的个人信息的泄露。

关于登记系统。借鉴全国遗嘱信息查询平台的经验，公证机构可创办全国意定监护登记系统。本人按照预先登记系统的要求对意定监护的内容进行个性化勾选。如本人及意定监护人选择公权力进行登记，则在公证人员的见证及确认下，将之前网上提前勾选好的意定监护协议签署好，最终由公证人员将最后订立好的意定监护协议登记在全国统一意定监护登记系统中。

开放登记系统给法院、民政机构、居（村）委会。我国法律赋予了法院、民政部门及居（村）委会指定监护人的职权，实践中上述有权指定监护人的机关极可能因不知意定监护协议的存在而行使职权指定法定监护人。故为防止因信息沟通不畅而出现意定监护、指定监护并存的混乱情况，妥善处理好意定监护与法定监护的衔接问题，应在本人丧失行为能力后赋予法院、民政机构及居（村）委会登录全国意定监护统一登记系统查询的权利。只有当核查本人未设立意定监护后，上述机关才可依法行使职权选任监护人。但同时出于保护本人隐私权的考虑，应要求法院、民政机构及居（村）委会由专门人员或专门内部机构负责开放度，避免开放登记系统主体而造成本人信息的泄露。还应注意，当本人意定监护协议并未生效时，指定监护机关的查询权受限，仅能查询到本人创设意定监护登记，对于意定监护协议的内容不得开放；当本人丧失行为能力后，公证机构才可以完全开放权限，指定监护机关才可查看到意定监护协议的内容。

3. 授权人的缔约能力的公证

依照《公证法》之规定，可同时确认当事人行为能力。若当事人为无民事行为能力人或者限制民事行为能力人没有监护人代理申请办理公证的，或者申请公证的事项不真实、不合法的，或者申请公证的事项违背社会公德的，公证机构是不予办理公证的。由于老年人意思能力欠缺是渐退性的，公证人以一般判断标准判断授权人的行为能力即可。公证人认定授权人似乎具有完全行为能力，就应允许其订立意定监护协议；当授权人行为有所异常，公证人不能对授权人行为能力做出准确判断时，可以要求授权人出具医师诊断书或其他确实资料证明自己完全的行为能力从而与其缔约。且在缔约过程中，登记机关应全程进行录音录像，固定证据以防日后产生纠纷。

我国意定监护协议应该借鉴英国和中国香港的模式，于通过登记后设立。结合我国实际情况，采用公证的方式更符合我国国情，实践中也有先例。公证机关工作人员接受过专门法律培训，具有较高法律素养，能够胜任此项工作。有公证人员参与签订持久代理权协议有助于确认当事人的意思能力，防止未来可能出现纠纷。

五、意定监护协议内容

（一）意定监护人的任命

1. 意定监护人的资格

《民法典》仅在第28条规定监护人应当"有监护能力"。有监护能力，显然要求监护人需具有代理被监护人实施法律行为的行为能力和行为自由，同时应当具备进行监护行为的物质条件。但是，立法并没有规定担任监护人的消极条件，特别是不得与被监护人有实际或潜在的利益冲突。从我国实际看，对于无亲属的自然人，如由养老院、精神病院照顾的老年人、精神病人，通常由机构担任其监护人。然而，机构同时履行照顾和监护职责极可能存在利益冲突。如《精神卫生法》第43条规定：医疗机构对精神障碍患者实施下列治疗措施，应当向患者或者其监护人告知医疗风险、替代医疗方案等情况，并取得患者的书面同意；无法取得患者意见的，应当取得其监护人的书面同意，并经本医疗机构伦理委员会批准：（一）导致人体器官丧失功能的外科手术；（二）与精神障碍治疗有关的实验性临床医疗。这一规定，将监护人的同意与医疗机构的伦理审查作为被监护人接受高度侵入性治疗乃至试验性治疗的双重制约机制。一旦这一机制中的监护人与医疗机构的职权合二为一，应有的制约将不复存在。《德国民法典》第1897条值得参考。为了避免与被监护人存在医患有等关系的人同时具有监护人的地位而引发道德风险，法律应排除此类人员作为监护人的可能。

人进入老年后，一旦突发意外或疾病，需要治疗、手术、照顾等，监护问题便成了难题。老年人的日常照护、医疗救治等需求固然重要，但找到代理人帮助其办理订立各种服务契约的问题同样需要得到尽快解决，如自己与老年公寓订立服务协议或者与医疗机构订立医疗救治协议等。对于此类问题，日本早已在10余年前就开始了"市民代理人"制度的探索。

市民可出任意定监护代理人。我国未来对意定监护人的需求巨大。当前，我国的老年痴呆症患者数量已超过1000万人，占全球四分之一，并且老龄化程度和老年痴呆症的发病率仍在进一步上升，预计到2050年我国老年人口将达到4.8亿，老年痴呆症患者将超过2000万人。依据我国现行法规定，当老年人失能后，除近亲属以外，村委会、居委会以及民政部门等组织或其他个人也可以担任监护人。虽然条文规定的监护人范围广泛，但实践中不乏问题。比如，村委会、居委会作为基层群众自治组织，熟知当地环境和被监护人生活状况，但是却缺乏履行监护职责的人力、财力，因此，实践中公共监护职责主要由民政部门及其下辖的社会福利机构承担。然而当前民政部门监护面临着福利机构数量少、覆盖面窄、管理机制落后、服务队伍的专业化水平较低等弊端。

2019年4月，国务院办公厅印发了《关于推进养老服务发展的意见》，其中第22条完善老年人关爱服务体系提出"建立健全定期巡访独居、空巢、留守老年人工作机制，积极防范和及时发现意外风险"。推广"养老服务顾问"模式，发挥供需对接、服务引导等作用。探索通过公开招投标方式，支持有资质的社会组织接受计划生育特殊家庭、孤寡、残疾等特殊老年人委托，依法代为办理入住养老机构、就医等事务。这说明我国政府意识到老年人的养老事务中需要其他人代理的紧迫性。这段话里面的"委托、代为办理、社会组织"等，其实就是日本已经应用和普及的"市民代理人制度"。

《民法典》第33条规定有"其他愿意担任监护人的个人或者组织"的表述。该句为市民担任监护代理人提供基础，在实践中发展出市民监护制度的规则，未来的相关立法或解释中应予以吸收和进一步规范。

2. 意定监护人的数量

《民法典》第33条对于意定监护人的数量并未提及。相关立法值得借鉴，如我国台湾地区"民法"第1113-2条规定，"意定监护受任人得为一人或数人；其为数人者，除约定为分别执行职务外，应共同执行职务"。《瑞士民法典》规定，持久代理权的受托人人数可在一人以上，可将某项责任分配给特定的受托人。英国、新加坡、魁北克等都有任命一名或多名代理人之规定。鉴于此，在对《民法典》第33条进行续法时，应明确规定本人在选任意定监护人时可任命一名或多名，并在协议中约定不同意定监护人之间的议事规则。如本人将不同事务分别委托与不同意定监护人，如指定一名意定监护人处理自己的经济和财政事务，指定另一名意定监护人处理健康、福利和其他个人事务。不同监护人之间就不同事务分别独立行使代理权或集体决定并约定集体决定的规则。本人还可在意定监护协议中规定，对于日常事务一个意定监护人便可做出决定，但重要的决定必须由两个或两个以上的意定监护人达成一致做出。或就多名意定监护人履职的顺位进行约定，以防第一顺位意定监护人不能或不愿意承担这项任务、辞职等。

3. 意定监护人的报酬和费用

我国《民法典》并未就意定监护人的报酬或费用做出相关规定。意定监护人为被监护人之福祉耗费心力，若在物质上给予其一定奖励，可使其取得报酬之同时，亦能敦促其更好地为被监护人从事相关事务之管理。域外已有相关立法，如《日本民法典》第 862 条规定、《韩国民法典》第 955 条、《瑞士民法典》第 366 条和第 404 条规定了相关报酬和费用。未来在对《民法典》第 33 条进行司法解释时，可规定本人和受托人在意定监护协议中约定报酬和费用支付事项。如果意定监护协议中没有相关约定的，法院可依据监护人的请求，根据委托事宜的具体情况，参考被监护人的财产状况及其他情形，从被监护人的财产中支付给监护人适当的报酬。另外，监护人应从被监护人的财产中支出监护事务的处理所需的费用。

（二）意定监护事务

1. 可约定于意定监护协议的事项

意定监护协议可对人身照顾、财产管理和医疗救治三项事务授予代理权。《民法典》采用全面概括监护模式，将被监护人的所有个人事项交由监护人替代决定，这忽视了被监护人的余存意思能力和本人意愿。第 33 条也未明确本人对于意定监护人是要全部委托还是部分委托。因此，在对第 33 条进行解释时应明确当事人可以将经济或财务事项、医疗、福利和其他个人事务全部交由指定的意定监护人代理，也可选择其中一部分或某一个事务，并对相关事务进行具体列举。其中，经济事务或财产管理包括：（1）买卖财产；（2）处理抵押贷款、租金和家庭费用；（3）财产的保险、维护和修理；（4）偿还贷款的利息或资本；（5）开设、关闭或经营银行账户；（6）获取并提供授权人的财务信息；（7）索取、领取和使用所有福利、养恤金、津贴和回扣；（8）收取任何收入和其他权利；（9）接受或放弃继承或遗产；（10）就储蓄进行投资；（11）赠予和接受礼品；支付医疗、住宿、护理院费用；（12）申请获得保健和社保经费的任何权利；（13）其他经济或财产事务。

医疗、福利和其他个人事务可包括：（1）被监护人居住的地方以及与谁一同居住，如临时或永久居住地；（2）社区服务的评估和提供；（3）（被监护人是否工作，如果工作）工作的种类和地点以及雇主；（4）教育和培训；（5）被监护人应参加哪些社会或休闲活动；（6）取得被监护人个人资料的权利；（7）给予被监护人医疗，包括牙科或眼科治疗所需的安排；（8）同意或拒绝医学检查和治疗；（9）同意对被监护人的社会关怀；（10）对被监护人之照顾和治疗的投诉等。

尤其注意，经济性事务和人身性事务应当有所区别，当被监护人有能力做出决定时，人身性事务的授权无法生效，经济性则可以。另外，在大多数国家和地区，个人破产并不会影响人身性事务的授权，但经济性事务会受到影响。

2. 不得代理的事项

《民法典》第33条并未规定协议事项的范围，不得代理的事项参照代理和委托协议的有关规定可推知。基于人身行为不得代理的原则，如果被监护人有意思决定能力，应当以其自己的决定为准，任何人不能代为决定；只有当被监护人丧失了意思决定能力时，意定监护代理人才得以基于被监护人的事先授权而代理决定。考虑到某些医疗行为的特殊性，特别是当医疗措施的给予、不给予或终止会造成患者死亡或健康严重损害的，如维持生命医疗或人体试验，这些医疗措施的代理决定权必须在授权书中给予特别明示，否则意定监护代理人就无权对这些医疗事项做出决定。

此外，未来意定监护制度的续法或解释中应明确不可授权之内容，即依据事务的性质不允许意定监护人处理的，如同意结婚或注册合伙、收养、承认父权或母权、立遗嘱或撤销遗嘱、投票选举等。

（三）意定监护人履行职务的准则

第一，尊重本人意愿和偏好；第二，对本人意愿和偏好的尽力解释；第三，最大利益。我国《民法典》第33条仅规定意定监护人应履行监护职责，却并未说明如何履行。尽管《民法典》已增加了不少监护人应尊重被监护人意愿的表述，但第35条、第36条将"最大利益""最大尊重""最低干预"三个原则规定在一起，因没有说明它们之间的顺位关系，随着新成年监护制度的实施将会给实务带来诸多困扰。基于"尊重自我决定权"之人权理念，意定监护人首先应当在尊重授权人意愿的前提下履行意定监护协议规定的代理义务，尽可能不断地咨询本人、探寻和解释本人的意愿和偏好，其次遵从本人的最大利益原则。如《奥地利普通民法典》第284h条第1款规定："代理人在处理其受托事务时，应当符合被代理人的意思，如在代理权授予协议中表示出来的意思等。"对于为预防性代理权的设立而设想的情形出现之后，被代理人表达的意思或者从个案所表明的被代理人的意思，只要其并非妨碍被代理人获得幸福，代理人都应当予以考虑。如果缺少可以确定的被代理人的意思，则代理人应当尽可能地为本人取得幸福。代理人若在做出重大努力后，仍无法确定个人意愿和选择时，必须以"对意愿和选择的最佳解释"来取代"最大利益"决定。这是依据《公约》第12条第4款尊重个人的权利、意愿和选择。对成人而言，"最大利益"原则并不是符合第12条的保障措施。"意愿和选择"范式必须取代"最大利益"范式，以确保残疾人在与其他人平等的基础上享有法律能力。①

（四）意定监护的禁止行为

依据《民法典》第168条规定，原则上，代理人不得以被代理人的名义与自己实施民事法律行为，不得以被代理人的名义与自己同时代理的其他人实施民事法律行为。意定监护也称意定代理，因此原则上亦应禁止代理人自己代理、双方代理，同时还应禁止代理人代表本人与自己的子女、孙子女、兄弟姐妹、父母或祖父母或此类人的配偶或伴侣交易。除此之外，本人的经济和财务事务应与意定监护人的事务分开。

此外尤其需注意的是，意定监护协议中不得存在转委托，即使授权人在协议中允许转委托，亦应认定其无效。首先，监护发生时，委托人已经不具有监督受托人的能力，转委托的不确定性很强，被监护人可能面临巨大的风险。第二，法定监护处于补充地位，亦无转委托的必要性。第三，通过在协议中选任多名意定监护人，约定意定监护与法定监护的衔接，完全可避免意定监护代理人不能履职而需要转委托的情况。

（五）意定监护协议生效后本人仍有行为能力

我国行为能力宣告实质上即监护宣告，《民法典》第33条规定"在自己丧失或者部分丧失民事行为能力时，由该监护人履行监护职责"，即表明了我国意定监护生效的同时本人的行为能力亦被限制或否定。然而，在授权人的意思决定能力未受损的状态下，授权人在形成意思表示时虽通常会或多或少地需要他人的协助，如在购买金融产品时可能需要获得专业人士的咨询帮助、在处理诉讼事务时需要得到专业律师的协助等，但授权人在"获取信息、理解信息、产生决策、表达决策"的整个过程中并未受到重大阻碍，仍然有能力"按照自己的意思设立、变更、终止民事法律关系"，这正是私法上意思自治的基本内涵和正当要求。但是在存在监护的场合，本人行使民事权利的自由将被"代理权所替代"，且这种替代往往打着"保护"的幌子否定本人的自主决定权。因此，

---

① 李霞. 协助决定取代成年监护替代决定——兼论民法典婚姻家庭编监护与协助的增设 [J]. 法学研究, 2019（1）: 115-116.

"丧失或者部分丧失民事行为能力"应解释为授权人有受到意定监护制度协助与保护之必要,且意定监护协议的生效并不影响授权人的行为能力,即代理人的任命不减少或完全剥夺授权人的行为能力。如《阿根廷民商法典》第38条提出,只要在限制行为能力人做决定之前,得到了协助人的帮助,法院可判决限制能力人的行为具有法律效力。所以,意定监护制度应旨在为制度利用者提供协助,监护协议的生效并不必然剥夺本人的行为能力,本人可决定其有能力做的任何事情,对某一或某类事项欠缺意思决定能力并不必然导致本人对其他事项也欠缺意思决定能力。只有在本人对具体事项完全丧失意思决定能力的情况下,代理人才能行使代理权限,且不得在本人恢复能力期间行使。

六、持久代理权的开启、撤销与终止

持久代理权的开启时间即意定监护协议的生效时间,开启后,受任人成了制度利用者的代理人;对于第三人而言,能够了解到制度利用者已经为代理权所保护,代理人具有一定范围的代理权。所以持久代理权启动规则就是要实现明确持久代理权启动事实、保护交易安全两个基本功能。故而,只要持久代理权启动规则可以实现两个基本功能,那么我国法律上的持久代理权完全没必要也不应当与法定监护共用同一个启动规则。

美国《统一代理权法》第109条、我国香港地区《持久授权书条例》第10条可资借鉴。美国持久代理权可以在已获授权人授权的一人或若干人在法律文件或记录中确认停止条件成就时生效;如果授权人没有授权他人或他人不愿确认授权人是否丧失法律能力的,代理权在医生、持有执照的心理学家、执业律师、法官、政府官员出具确认法律文件或记录时生效。代理权人可将此确认文件与持久代理权契约向第三人出示,以证明代理权的存在及有效。我国香港地区的持久授权书除可由制度利用者决定生效的事件与时间外,还有在律师见证下签署的即刻生效。加上《统一代理权法》第120条①还规定了拒绝承认被认

---

① 美国《统一代理权法》第120条A(拒绝接受公认的授权委托书的责任)规定:"……(3)当事人违反本条规定拒绝接受公认的授权委托书应承担如下法律责任:①根据法院判令接受授权委托书;②承担确认授权委托书效力以及指令其接受授权委托书法定程序中产生的合理的律师费和诉讼费用。"第120条B(拒绝接受公认的法定格式授权委托书的责任)规定:"……(4)当事人违反本条规定拒绝接受公认的法定格式授权委托书应承担如下法律责任:①根据法院判令接受授权委托书;②承担确认授权委托书效力以及指令其接受授权委托书法定程序中产生的合理的律师费和诉讼费用。"参见王竹青.美国持续性代理权和成年人监护制度立法及法律适用[M].北京:知识产权出版社,2016:35-38。

<<< 第三章 替代措施之一：持久代理权授予

可的持久代理权的责任，这些足以证明公示程序及公信效力的欠缺，交易第三人还需对两种文件的真实性进行确定。便利市场交易、保护交易安全的功能还有待强化。

应以公证确认"代理人资格"作为我国持久代理权开启规则。理由如下：首先，应当允许持久代理权协议的双方当事人自行约定"意思能力残缺"的判断标准，如通过三级甲等医院精神科鉴定即可证明本人意思能力已经受损。其次，持久代理权协议的受任人将授权人意思能力状态证明文件交付公证机构，申请进行资格确认公证。公证人员通过核对授权人意思能力状态证明文件的真实性、探视授权人等程序即可做出公证。最后，公证机构将公证书上传至全国登记管理系统进行备案登记。交易相对人可以通过公证书确认持久代理权协议的真实性与代理权人代理权的有效性，公证机构无须承担授权人意思状态证明工作也便于缩减持久代理权启动规则消耗的时间。

代理权开启后是否允许授权人或代理人撤销，我国立法未明确规定。依据《瑞士民法典》第 362 条规定，委任人可以随时撤销委托，撤销委任的方式，可以采用关于委任设立所规定的形式之一。委任人也可以通过销毁设立委任的文书而撤销委任。另外，针对丧失行为能力而设立的委任，如果后设立的委任没有明确表示撤销先设立的委任，但是后设立的委任中确实没有对先设立的委任进行补充的规定，则后设立的委任取代先设立的委任。第 367 条规定赋予受任人撤销权，即受任人可以随时撤销委任，但应提前两个月以书面形式通知成年人保护机构。如果有正当理由，受任人也可以立即撤销委任。依据《日本任意监护法》第 9 条规定，在选任任意监护监督人以前，授权人或任意监护受任人在任何时候都可以凭公证人认证的文件解除任意监护协议；在选任任意监护监督人以后，授权人或任意监护人，只要有正当理由，经法院许可，可以解除任意监护协议。韩国的规定和日本的类似。《魁北克民法典》第 2175 条规定："（1）除与债的消灭相同的原因外，委托人撤销委任、受托人放弃委任、授予受托人的权限消灭或当事人一方死亡，都导致委任终止。（2）委任也因破产终止，但因预期委托人将丧失行为能力做出的无偿委任，不在此限。委任也可因当事人一方被设立了保护性监管而终止。"[1] 从以上国家和地区的立法可知，授权人和代理人一般都享有随时撤销代理契约的权利，日、韩以监督人的选任为节点，规定了相对严格的撤销程序。持久代理权授予制度遵循意思自治原则，体现了当事人的自主意愿，授权人应享有任意撤销的权利，而代理人担负保障

---

[1] 魁北克民法典 [M]. 孙建江，等译. 北京：中国人民大学出版社，2005：267.

129

被代理人权益之职责，有正当理由即可解除持久代理契约。而当代理人因行为能力缺陷无法履职，因破产等存在侵害财产利益的风险时，代理则自动终止。具体而言，我国《民法典》第 33 条应补充规定，授权人与意定监护人可在签订意定监护协议时约定协议撤销的具体情形。若无约定的，授权人可随时解除意定监护协议，监护人有正当理由的亦可行使监护协议的解除权。授权人解除协议的，若协议解除前已进行公证，则解除协议也应以公证的形式进行。

代理权消灭后，如发生原意定监护人无权代理的情况，因意定监护的登记公示和意定监护人事实上的履职而使第三人产生了信赖，此时应适用表见代理的规则。

七、监督制度

相比域外持久代理权授予制度，《民法典》没有对意定监护的监督做出规定。在没有单独规定的情况下，对于意定监护的监督应该要适用《民法典》有关法定监护监督之一般规定。《民法典》第 34 条第 3 款规定了撤销监护人的情形，这种规定与其说是对监护的监督，不如说是对不履行监护职责或者侵害被监护人合法权益的监护人的一种事后追责。也就是说，《民法典》对监护之监督的规定都过于笼统，说其并未对监护之监督做出明确规定也不为过。谁为监督人、何为监督人的权利义务、如何保证监督行为的落实，从我国目前的法律体系看，这些问题都没有得到解决。

在监督制度的选择上，美国采用了私立监督模式，即主要由法律规定的九类利害关系人向法院提请司法审查的监督模式。英国则通过专门设立法院来监督意定监护人。从英美两国持久代理权监督模式之效果分析中可以看出，不论是私人监督还是公权力监督都存在着一定的问题，我国持久代理权（意定监护）监督之设计应注意取长补短，创设出较单纯的私人监督或单纯的公权力监督更为优越的双重监督机制。所谓双重监督，是指融私人监督与公权力监督为一体，在意定监护设定时选任监督人，在授权人欠缺或丧失行为能力时由该监督人对监护人的行为进行直接监督；而作为公权力监督的法院则通过对监督人的解任、规定监督人对法院的报告义务等手段实现对意定监护的间接监督。

（一）私人直接监督和公权力间接监督

所谓私人直接监督，是指在老年人欠缺或丧失行为能力时对意定监护人的监护行为进行监督，以保护本人的合法利益。私人直接监督，有两个关键性问题不可回避：其一，有关监督人的选任。在意定监护创设之时至授权人欠缺或丧失行为能力期间，授权人均可选任其认为合适之人担任监督人。如上所述，意定监护制度的优势之一在于其对当事人自我决定权的尊重，允许本人选定意定监护监督人正是对意思自治的保护。如果本人在此期间没有选任监督人，则在本人欠缺或丧失行为能力后由法院选任。法院可在其他有监护资格的人或单位中选任监督人，有关监督人的数量，参照监护人原理，可选任数人担当。其二，有关监督人的职责。意定监护监督人的职责包括但不限于以下几种：（1）监督意定监护人行使监护事务；（2）要求意定监护人报告监护事务；（3）调查意定监护人监护事务或本人财产状况；（4）情况紧急时，可在意定监护人监护范围内做出必要处分。[①] 此处需指出的是，由于意定监护人是授权人所选择的"可信赖之人"，为尊重当事人的自主决定权，对意定监护人的免除需十分慎重。监督人不具有解除意定监护人身份的权利，在其认为意定监护人存在不履行监护职责或侵害被监护人权益的情形时，监督人应向法院报告。

如上所述，不论是英美法系的持久代理权授予制度还是我国的老年人意定监护制度，其制度创设的基本理念都是尊重本人的自我决定权，因此，为实现这一目的，公权力应将干预保持在最低限度。从某种程度上说，双重监督机制中的公权力发挥着监督意定监护监督人的作用。法院的间接监督形式主要表现在两个方面：（1）通过监督人的定期报告监督监护行为的进行。要求监督人定期向法院进行报告有利于法院及时地了解意定监护人监护行为的进行情况，能够使法院在较少介入的前提下发挥监督作用；（2）通过解任不称职的监督人来保证监督职责的发挥。此外，法院还享有撤销意定监护人的权利。在有证据表明意定监护人存在不履行监护职责或侵害被监护人合法权益的情形时，法院可以依法撤销意定监护人的监护权。

（二）我国意定监护协议监督模式

意定监护协议生效后，宜采用私力监护与公力监护相结合的模式。解释在监督人的选任上可以再进一步明确。通过立法的形式规定持久代理权协议中被代理人可以根据本人意愿选定意定代理监督人。在实践中由于《民法典》没有关于意定监护监督人的明确规定，很少有被监护人在协议中做出上述类似约定。此外，法院对意定监护监督制度的监督不能仅仅体现在监护人权限撤销方面，而应该通过制定具体程序参与到意定监护协议的审查、意定监护人的选任、意定监护人代理行为审核等方面，由此实现法院对于监护人的间接监督。

[①] 关于监督人职务的设计，参照李霞. 意定监护制度论纲［J］. 法学，2011（4）：118 – 128.

因监护监督力度不同，法院的监督宜集中在重大事项上。如德国规定，对于可能构成严重损害的进行绝育手术、剥夺自由、返还租赁房屋等决定，监护人必须经法院许可后才可以实施。对于事关被监护人自由的重要事项，尤其是送精神病院住院治疗，必须高度重视对监护人权利的限制。这是因为，被监护人其法律上的可责性远低于犯罪嫌疑人、罪犯的，对其自由的保护力度应高于对犯罪嫌疑人、罪犯自由的保护力度。

成年监护裁定生效后，法院应定期（如445年）审查被监护人行为能力状态。监护过程的司法监督原则，是指基于"不信任假设"，法院应当直接或间接地采取多种措施，检视成年监护是否有必要存续以及监护人是否尽忠职守。司法监督的主要内容之一是监测被监护人行为能力状况。这是因为，被监护人行为能力在监护启动后可能发生提升或者完全恢复的情况，如精神分裂病患者在接受社区治疗后年均复发次数低至0.09，即他们绝大部分能够恢复行为能力。但是，被监护人由于被监护往往意味着自由受限，或者是行动不便无法向法院申请恢复行为能力，监护人也会因种种利益关系而不向法院申请恢复被监护人行为能力。因此，瑞士、奥地利的民法典均为成年监护设置失效期限，规定法院裁判启动监护后也应定期审查被监护人是否恢复行为能力。德国也有类似规定，除非法院做出延长监护的裁定，否则原有监护经过一段时间将自动失效。

我国成年监护重启动、轻后续监督，而且并未设置成年监护失效期限，不要求法院定期主动审查成年监护适用前提——被监护人欠缺行为能力仍然存在，因此导致成年监护往往是"终身制"。经检索，中国裁判文书网上申请宣告无行为能力的案件24951宗，宣告限制行为能力的案件5117宗，共计30068宗；相比之下，申请恢复被监护人行为能力的案件仅有79宗，即申请恢复的案件数量仅占申请认定行为能力欠缺的0.26%。但是，统计表明即使是精神障碍中较为严重的精神分裂症，两年缓解率也达到了77.8%，年平均复发率仅8.3%，再就业率也在13%—41%之间。从申请认定行为能力欠缺案件数量的庞大与申请恢复行为能力案件的极其稀少，再结合实践中精神疾病的治疗情况，不难推知实践中心智障碍者即使实际上恢复了行为能力甚至已经就业，绝大多数情况下也没有办法通过诉讼程序获得"正名"，恢复行为能力制度彻底沦为"僵尸条款"。因此，规定成年监护裁定最长有效期限，以及法院定期审查被监护人行为能力状况非常必要。结合老龄群体的实际情况，监护应每四年审查一次，以评估和调整其必要性、范围、期限。

第四章

替代措施之二：医疗预嘱

第一节 医疗预嘱的内涵及正当性

一、医疗预嘱的内涵

（一）医疗预嘱的概念与分类

伴随人口老龄化及老年人失能失智现象的加剧，老年人的医疗自主权问题逐渐浮出水面。医疗预嘱，指个人为防范其未来可能失去医疗决定能力的情况发生，预先在自己仍具备清楚意识及自主决定能力时表达个人的期望与意愿，完成口头或书面的陈述；或将自己的医疗决定权委托给信任之人，由其代理自己做出医疗决定的医疗照护规划制度。[①] 医疗预嘱制度为患者在将来丧失医疗决定能力时仍能主导自己的医疗事务提供了路径，无医疗决定能力患者的自主决定权将依此制度得到最大程度的伸张。医疗预嘱有指令型（instruction directive）和代理型（proxy directive）两种类型。

指令型医疗预嘱直接表达患者的医疗意愿，如拒绝接受维生治疗等。在我国，指令型医疗预嘱有各种称谓，如"在世预嘱""生前预嘱""预立医嘱"等。作为英美法系的舶来概念，本书将采用"在世预嘱"（Living will）称谓。Living will 一词由美国人库特纳（Kutner）于 1969 年提出，是指有意思能力的人事先对其丧失意思能力时的医疗选择做出的指示。"living"为形容词时指活的、现存的，为名词时指生活、生存、生命体；"will"指意图、心愿、遗嘱。[②] "living"与"will"的结合，意味着这是本人对其去世前的事务之安排。因此，在世预嘱是患者提前发出的单方意愿，要求他人在本人无法做出医疗决定时遵从，

[①] 孙遥. 预先医疗指示制度研究 [D]. 济南：山东大学，2017.
[②] 姚迪迪. "生前预嘱"概念体系梳理及立法选择 [J]. 北方法学，2020，2：27.

这种意愿可能是拒绝延长死亡的维生治疗，可能是希望接受保守治疗以减轻痛苦，也可能是希望使用任何形式的医疗措施尽可能延长其生命。

代理型医疗预嘱来源于英美法中的持久授权制度，即医疗持久代理（power of attorney for health care），指由患者本人预先授权，当其陷入无意识状态或欠缺医疗决定能力而无法做出医疗决定时，由其授权的代理人代理本人做决定，通常允许本人在书面授权文件中对自己所希望接受或拒绝的治疗做出明确要求。① 由此可知，通过代理型医疗预嘱，患者依自己的意愿预先指定一位医疗代理人（healthcare proxy/agent），当其丧失意思能力时，由该代理人代患者做出医疗决策。医疗预嘱是一种事先的安排，与持久代理权不同，这是患者本人直接的意思表示。本人在有意思能力之时经过深思熟虑，决定在其可能丧失意思能力时，不愿接受的医疗方案。

医疗预嘱的这两种不同类型既可单独使用，也可合并使用。相比较指令型医疗预嘱，代理型医疗预嘱有以下优势：第一，指令型医疗预嘱一般是针对具体的医疗干预所做出的指令，但法律的发展有其滞后性，指令并不能涵盖将来所有的医疗情形，而医疗持久代理人大多数为患者的近亲属或其信任之人，自然了解或能推断出患者的医疗意愿，能够应对将来不可预见的医疗情形；第二，医疗持久代理人可以与患者本人具有意思能力时一样积极参与医疗事务的决策，与医生进行沟通交流，对医疗选择进行分析、评估，从而决定是否采取该医疗行为；第三，由于医疗持久代理人具有患者本人的授权，故主治医生按照医疗持久代理人的决定进行医疗行为即可，无后顾之忧，无须害怕因自己为患者实施医疗干预行为而可能承担民事乃至刑事责任。当然，代理型医疗预嘱也有其不足之处，主要体现在由于医疗持久代理人大多数为患者的近亲属或其信任之人，基于伦理情感、社会压力等众多因素的影响，其未必会按照患者本人的意愿做出理性的医疗决定。

（二）医疗预嘱的缘起与发展

医疗预嘱起源于美国，最早是以预立医嘱这种单一模式出现的。

美国联邦法院曾暗示，当对治疗做出决定时，法官应考虑患者之前所做出的指示。在"克鲁赞诉密苏里卫生部"（Cruzan v. Missouri Department of Health）一案中，治疗拒绝权首次得到联邦法院的认可。② 该案中，克鲁赞因遭遇车祸而

---

① EDGE R S, GROVES J R. Ethics of health care: a guide for clinical practice [M]. New York.: Thomson Delmar Learning, 2006: 220.
② Cruzan v. Dir., Mo. Dep't of Heaith, 497 U. S. 261, 278 (1990).

变成植物人，不得不依靠喂食及呼吸导管来维持生命。克鲁赞的家人认为，克鲁赞已不可能恢复意识，如果其具有行为能力，也会拒绝该维生方式，因此，希望停止克鲁赞的维生系统。而医疗机构对克鲁赞家人的请求予以拒绝。医院声称，除家属们所假定的——患者如果此时精神正常也会做出该选择的理由之外，还应有更多应停止救治的可信依据。法院对该观点表示赞成并认为，拒绝继续治疗的决定应源于患者本人的意愿，而非其家人的猜测。这就意味着，患者有机会对未来所接受的医疗服务表达个人意愿，有权对其丧失行为能力期间所欲接受的治疗措施提前做出安排。尽管联邦法院并未直接指出精神障碍者应享有医疗预嘱权，但该权利在地方法院已得到肯定。如在纽约州，一位非自愿入院患者改变了其之前所做出的同意接受电休克疗法的决定，并拒绝接受任何与该措施有关的医疗服务。法院认为，医疗机构无权违背患者所做出的书面指示而对其实施电休克治疗，精神障碍者同样享有选择治疗服务的权利。[1] 即使是非自愿入院患者也有权以预先安排或书面指示等方式，决定其之后接受的治疗。[2]

预立医嘱概念正式进入美国立法体现为1976年加利福尼亚州通过的《自然死亡法》（Natural Death Act）首次承认了预立医嘱的合法性地位，明确指出相较于国家保护公民生命的义务[3]，医疗自主权作为患者隐私权的一部分，应享有更高的位阶和优先性，故而强化了认可严重疾病患者拒绝维生系统介入并自愿选择死亡的权利。次年，阿肯色州也出台了相关法律，随后另外50个州陆续于20世纪八九十年代完成了有关预立医嘱的初步立法。

与预立医嘱功能有相似之处的医疗持久代理被称为"第二代预立医嘱"。医疗持久代理允许成年人签署委托协议，委托自己信赖的人作为持久代理人，在其丧失医疗决定能力后代替他本人做出有效的医疗决定。医疗持久代理人的主要任务是确保医生或其他相关人员能够按照医嘱内容，执行本人的医疗意愿，或者在医疗状况具有明显变化时代替本人对医嘱文件进行解释，从而为患者的医疗自主提供双重保障。1983年，宾夕法尼亚州首先通过了医疗持久代理相关法律，并首次意识到医疗预嘱的领域不应局限在末期医疗方面，在其他常规或非常规的医疗干预上也应得到体现。同年，加利福尼亚州出台了《医疗持久代理法》提供了医疗持久代理的法律文件模板。随后的20年全美所有州都通过了相关立法，尤其是1993年《统一医疗决定法》的制定促进了代理型医疗预嘱的发展。

---

[1] In re Rosa M., 597 N. Y. S. 2d544 (Sup. Ct. 1991).
[2] 李霞. 精神卫生法律制度研究 [M]. 上海：上海三联书店，2016：93.
[3] CA. Health & Safety Code §§ 7185 – 7195 (West Supp. 1990).

二、医疗预嘱的正当性

医疗预嘱的法理基础是先前自主权以及拒绝维生医疗权。对于患者是否有权拒绝维持其生命的医疗措施这个问题,过去 50 年间在世界各国引起广泛讨论,目前在法律及伦理上都有定论,即病人基于自主意愿而拒绝医疗,虽可能产生死亡的结果,但属于"自然死"的范畴,是合乎法理的。①

(一)正当性基础

1. 医疗自主权的确立

在经历了漫长的医疗父权主义(medical paternalism)和医疗家庭主义(medical familism)后,随着人们自主意识和权利意识的增强,医疗个人主义(medical individualism)终于确立,个人医疗自主权的发展及对自己生命、健康和身体的控制达到了史无前例的高度,任何具备相应能力的成年人都有权做出涉及自己身体健康的医疗决定。

医疗父权主义即医患之间建立的是"命令—服从"关系,在这种关系下,患者(患者的生命、健康与身体等)与医生的所有物无异,他们如同其子女,不论是否成年,是否具备清醒的意识与行为能为,都是医生可任意处置的对象,患者处于弱势、被动的地位。医疗家庭主义体现为医生、法定监护人或家属过分干预患者决定过程的阶段,是医疗个人主义的相对面,它虽反对医生这一"家父"对患者医疗决定权的绝对垄断,但是其追求与医疗个人主义大相径庭。在这种决定模式下,自治、自主的主体为家庭,而非患者本人,患者本人的意思一直为缺位状态,且家庭的出发点为家庭的整体利益,而非患者的自己利益与意愿。

长期以来,医生基于其专业技能和知识,家庭成员因承担了照顾责任而被认为是替代患者做决定的最佳人选。然而,人类自主权利的觉醒与进步,对医生利用绝对优势地位侵害患者生命、健康和身体利益的忧虑,对家属在医疗决定过程中维护家庭整体利益而非患者自我意愿的认知已经在医事法领域引发了巨大变革。在过去的一个世纪里,医生在实施医疗措施前必须经过患者本人同意已经演变为全球共识,医疗个人主义逐步确立。1964 年,第 18 次世界医学协会大会通过的《赫尔辛基宣言》,采纳了《纽伦堡法典》的观点,第 9 条规定"医生有责任保护研究受试者的生命、健康、尊严、健全、自我决定权、隐私和

---

① 杨秀仪. 论病人之拒绝维生医疗权:法律理论与临床实践[J]. 生命教育研究,2013(1):1.

个人信息",正式确认受试者的自主决定权。国际文件中广泛地提出受试者的自主决定范围外延,这是首次。1981年在里斯本召开的世界医学大会颁布了《里斯本病人权利宣言》,将受试者的权利扩展到了所有面临医疗干预的患者身上,该宣言第3条明确规定患者享有自由决定对其身体采取何种医疗措施的权利,同时医生必须告知患者其决定的后果。心智健全的成年患者可以在诊疗的任何阶段同意或拒绝任何医疗措施,其有权要求医生告知其做出决定所需的信息。患者必须明确知晓医疗和实验的目的、后果及其拒绝医疗措施所产生的影响,且可无条件地拒绝参与任何医学与教学实验。该宣言第5条规定不具备行为能力但有能力做出决定的患者也同样有知情同意权,且有权要求医生不得向其法定代理人,如监护人或家属等披露本人医疗信息。《里斯本病人权利宣言》正式确立并肯定了患者在医疗关系中的自主权与独立主体地位。此后,美国、英国、法国等国家开始陆续对患者的医疗自主权利进行立法确认,宣告了医疗个人主义时代的开启,患者开始脱离其他替代决定主体的控制,取得了对自己生命、健康、身体等人格利益的绝对自主控制权利。

2. 先前自主权理论

医疗预嘱虽然核心是保障患者的医疗自主权,但其并非出自纯粹理论构造,而是起源于患者在临终之际拒绝使用维生设备的现实需求。对于个人在具有意思能力时所做出的决定能否适用于其丧失意思能力的阶段这个问题,罗纳德·德沃金教授承认了先前自主权(precedent autonomy)理论的有效性。罗纳德·德沃金的先前自主权理论为病人预先表达意愿提供了法理支持。

德沃金教授在其著作《生命的自主权:堕胎、安乐死与个人自由的论辩》中明确提出完整的自主权针对的是当事人的完整性,而非权益,是每个人对生命的主宰权利,如拒绝使用维生设备,都是由患者本人自己的价值观所建立起来的,而这种自主权使我们得以发展出不一样的人格。因而,在此情况下我们应当明确:如果一个轻微痴呆的病人所做出的选择与他过去的性格相符,是相当一致、相当稳定而又相当合理的,该病人仍拥有自主权;反之,如果他所做出的决定经常矛盾反复,无法表现出自我人格的一贯性,则其不具有自主权。

德沃金教授提出了是否存在"先前自主权"的法理问题:既然根据完整的自主权理论认为严重痴呆病人不具有自主权,那么痴呆病人"过去"是否拥有医疗自主权呢?他指出:"一个还具有行为能力的人,要是为他万一变得痴呆后所需的治疗事先签署了在世预嘱,根据完整的自主权理论,他所做的决定就是自主权最要尊重的决定:因为他所做的决定其实是和他想过的人生的整体形式有关。"① 根据该理论，不仅个人的自主权要受到尊重，而且当个人失去行为能力时，他过去所提出的要求也要得到尊重。

因侵入性治疗最终都会直接关乎患者本人专属之身体完整性，现代医学以及西方医学伦理都特别强调自我决定权。对患者个人之身体完整性的保护，其所首要保障的，是在本人肉体和精神完整性之范围内的自由保护，因此，无论是病人还是残疾人都享有完全的自我支配权利。② 德国联邦最高法院曾说，没有任何人能以审判者自居，无论在何种情况下，他人对于牺牲其身体完整性以及以此来恢复健康一事，已经理智地做好了准备。

3. 医疗决定不许代理原则及其例外

对身份行为而言，以不许代理为原则，因为身份行为与当事人人格有密切关系，因此原则上医疗决定不许代理人代为同意。医疗决定与身份行为有类似之处，甚至有过之而无不及，因为医疗决定直接关系人身，甚至比身份行为更为关切人格，因此同意身份受医疗侵袭之损害是高度专属于病患的权利，同意权即"病患自主决定权"，专属于本人。但是，身份行为不许代理是有例外的，如中国《中华人民共和国民法典婚姻家庭编》（以下简称《婚姻家庭编》）第104条规定收养人收养与送养人送养须双方自愿，即对8岁以下未成年人收养及解除收养的行为由送养人代理。身份行为不许代理的例外类推适用于医疗决定，即对医疗决定有特别规定的，可由代理人代理，但是限于本人没有意思能力的情况。如《医疗机构管理条例》第33条规定，医疗机构施行手术时必须征得患者同意，无法取得患者意见时，应当取得家属或者关系人的同意和签字。以本人同意原则为基础的病患自主决定权之行使应仅限于病患本人，唯病患之同意能力丧失，才例外由其法定代理人代为行使同意权。意定代理人仅限于病患无从有效表达意见之情形下，方具有代理同意权限，譬如病患授权意定代理人在其处于麻醉状态下，必要时代理其行使同意权。医疗决定是一个不可代理的行为，但是当患者无能力时，代理医疗决定是不可避免的，因此关键问题在于患者是否以及通过何种方式能够选择代理人做医疗决定。

4. 替代机制取代老龄监护的改革需求

在医疗预嘱中，在世预嘱只需包含患者单方意思表示即可对医疗决定过程

---

① 罗纳德·德沃金. 生命的自主权：堕胎、安乐死与个人自由的论辩［M］. 郭贞伶，陈雅汝，译. 北京：中国政法大学出版社，2013：299－300.

② 参见 DUTTGE G. 理想与现实之间的病患自主——来自德国的经验［J］. 陈俊榕，译. 高大法学论丛，2018（1）：9.

中涉及的医生等其他主体产生效力,而医疗持久代理因具有传统代理行为中所具有的意思自治,已日益成为老龄监护替代机制的重要组成部分,主要体现在以下几个方面:

第一,老龄监护替代措施的建立必须源自被协助人真实的意愿,即医疗持久代理关系必须是建立在患者本人与医疗持久代理人真实、自愿、平等的基础之上。这意味着患者本人一旦发现医疗持久代理人怠于履行职责或实施了侵害患者权益的行为,可单方面解除该代理关系,也表明虽然患者本人将医疗决定的权利委托给了代理人,但患者本人在医疗决定仍占据主导地位。

第二,尊重患者的医疗意愿。患者因残疾或年老等因素认知、判断能力减损时,医疗持久代理人在履行医疗决定职责时仍应尊重患者的医疗意愿,不能以自身的意志为转移,因为医疗持久代理人的作用只是暂时补足患者的医疗决定能力,并非长期、全面性地决定患者的医疗事务。患者的意愿可通过患者明示知晓,若患者并未明示,医疗持久代理人也需对患者的人生经历、宗教信仰、生活习惯、教育背景等因素进行综合考量,以便更好地推定患者本人的医疗意愿,履行自己的职责。

第三,尊重患者余存的医疗决定能力。患者的医疗决定能力虽然会随着年老或疾病等因素而不断退化,但其仍有余存的医疗决定能力,医疗持久代理人在做出医疗决定时,应鼓励、支持、引导患者本人利用余存的医疗决定能力积极参与到本人医疗事务的决定过程中,在患者能理解的前提下让患者本人自行做决定,在患者本人无法理解的情形下,综合分析,推断其真实的医疗意愿再做出医疗决定。

(二)医疗预嘱的前提:医疗决定能力

在医疗预嘱中,患者本人针对医疗事务的决定能力(decision making ability)至关重要,被称为"医疗决定能力"。患者本人只有具备医疗决定能力才可以做出医疗预嘱,才可以保障自己的医疗自主权,以独立自主地决定自己的医疗事务。同时,医疗决定能力也是医疗预嘱的生效要件,即只有当患者本人丧失了医疗决定能力,医疗预嘱才能正式生效。当然,研究医疗决定能力的判断标准是为了方便主治医生规范判断患者是否已丧失医疗决定能力。该标准必须得到立法的确认,才利于医生在进行评判时所具有的法律效力,才可避免医生在实践操作中随意和过度行使自由裁量权。在英美法系中,医生必须亲自对患者进行检查以确认其医疗决定能力是否满足标准。

医疗决定能力的评价通常被设置在医疗预嘱的生效确认程序中,主要交由医生进行。具体而言,医生主要通过"三步法"和"四步法"来对患者是否具有医疗决定能力进行判断。"三步法"是指：患者应当知悉并理解在该医疗决定过程中所涉及的所有医疗信息；患者能够对自己所做出的具体医疗决定有理性的预见与分析；患者向医生或其他人清楚明确表达出自己的医疗意愿。[①] 当患者均符合以上条件时，医生即认为该患者具备医疗决定能力。"四步法"是指：患者可用简单的语言理解医疗措施的本质和目的；了解其主要益处、风险和替代方案；了解拒绝医疗的后果；能够在一定时间记忆这些信息并衡量利弊。当患者同时具备上述能力时，则被认为具备医疗决定能力。因此，医疗决定能力的评价并无明确的标准界限，操作充满灵活性，多数立法将其交给医生进行决定，而不需要法官进行司法确认，这赋予了医生极大的裁量权。因此医生在评价患者的医疗决定能力时需确保自己的结论正当公平，不得以患者医疗决定之结果反向推断其是否具备医疗决定能力，必须使患者的医疗决定能力与其医疗决定之重要性相匹配。

迄今为止，我国所有有关医疗方面的法律并未出现医疗决定能力的概念，也未发现医疗决定能力与医疗自主权所存在的关系。纵观临床实践，医生在判定患者是否具有医疗决定能力时，主要依据的是患者的年龄、体力和心智要素。

第二节 医疗预嘱法例

一、普通法系国家的流派与论争

（一）关于基本原则

医疗预嘱是尊重患者医疗自主权，确保其"尊严风险"实现的协助决定制度，它的首要原则为最大尊重原则（utrespect principle），即保障患者的真实医疗意愿及其可能存余的医疗决定能力之发挥；次要原则为最低干预原则（least restriction principle），与最大尊重原则相辅相成，甚至可以说最大尊重原则的实现有赖于最低干预原则的贯彻程度，在立法层面上，其内涵主要包括干预的必要性条件和干预的形式、手段；最后一项原则为最大利益原则（best interests principle）。例如，美国《统一医疗决定法》第 2 条第 5 款规定：代理人应当根据授权人的医疗预嘱（如果有的话）和据代理人所知的授权人的其他意愿做出

[①] See The Health Care Directives and Substitute Health Care Decision Makers Act. S. S. 1997. c. H0. 001.

医疗决定。否则，代理人应当根据自己对授权人最佳利益的判断做出医疗决定。在判断授权人的最佳利益时，代理人应当考虑据自己所知的授权人的个人价值观。

（二）关于是否采用要式

关于医疗预嘱的要式，一直存在不同争议。要式（formality）具体包括两部分：一是书面性；二是见证程序。美国马里兰州、西弗吉尼亚州、澳大利亚等都要求二者缺一不可，这可从其立法给出的医疗预嘱概念中发现，医疗预嘱是"书面（written）"的声明或合同；而英国则倾向于使用更加灵活的标准，对于在预嘱涉及重要医疗决定，等情形，需要采取严格要式，如果只是一般的医疗决定，则可采用更加宽松的口头形式。不论是要式还是非要式，都存在其固有的优势与缺陷，考虑到20%的60周岁以上老年人和10%左右的80周岁以上老年人患有由老年痴呆症引起的长期性精神障碍，如果要求医疗预嘱的设立必须遵从一定的要式，恐将对这一类患者不利。毕竟只有采取更灵活的口头方式，才更加方便这类群体对医疗预嘱的使用，给予他们的医疗自主权与尊严风险更多的照顾；但同时非要式也是一把双刃剑，它给医疗预嘱，尤其是在世医嘱的解释造成了困难，尤其是针对在什么样的情况下才拒绝治疗，患者又是拒绝哪一类型的治疗等问题。

（三）关于主体要件

对本人意思能力的要求。正如成年患者在做出医疗决定时需要具备相应的医疗决定能力作为基础条件一样，个人在签署医疗预嘱文件时也需具备相应签署文件的意思能力，才能够最终掌握自己的医疗自主性。但究竟对做出医疗预嘱的意思能力性质如何定位？呈现三种不同的理解：一是如美国马里兰州、弗吉尼亚州、新墨西哥州和西弗吉尼亚州认为与医疗决定能力相同，二是一种特殊的缔结合同的意思能力；三是必须达到要求较高的行为能力标准，但这种较高的行为能力条件设置正逐步被淘汰。中国法律在这方面还是一片空白。

（四）医疗持久代理人资格

（1）代理人能力要求。在美国，不论是州法还是联邦法，其对医疗持久代理人的基本资格都要求为满足法定成年年龄、意识清醒、在签署合同时具备订立合同的意思能力，并在代理关系生效时具备相应医疗决定能力。（2）消极资格条件。排斥医疗服务提供者，如马萨诸塞州州法、西弗吉尼亚州《医疗决定法》和《统一医疗决定法》均规定，医疗持久代理人不得为本人就医医院或医疗护理中的医生、行政负责人或任何工作人员，除非他们与本人之间存在血缘、婚姻或收养等法律亲属关系；排斥法人机构，如英国《意思能力法》允许持久代理人为年满18周岁的自然人或符合条件的信托机构，但信托机构作为持久代理人仅限于代理财产性代理事务；防范家庭暴力者和怠于行使权利、履行义务之人，如加拿大育空省的《成年人决定、支持与保护法》第7条和第32条中规定，任何违反《预防家庭暴力法》或本法第4部分"成年人保护"对本人进行过虐待和忽视，并收到法院禁令不得靠近本人的人不得为代理人。

（五）关于尊重本人余存的医疗决定能力

（1）能力推定原则。美国立法规定一般情况下应推定本人具有做出医疗决定的意思能力，除非他在采取法律要求的措施后被评价为不具备相应决定能力。这一法律预设被称为"意思能力推定原则"。（2）余存能力评价。第一种类型为完全由主治医师（attending physician）判断本人是否丧失医疗决定能力：佛罗里达州法典第765.204条规定，如果本人被发现医疗决定及提供知情同意的意思能力存在缺略，那么他们的主治医师需对本人的决定能力进行评价，一旦确认本人的医疗决定能力存在缺陷，必须将该信息记录于病历中。第二种类型为主治医师与其他具备资格的评价者共同判断：弗吉尼亚州《医疗决定法》对于本人医疗决定能力的评价采取了更加谨慎严格的态度。该法第54.1至2983.2条规定，任何本人不得在仅进行了临床诊断的基础上被判定为欠缺做出知情同意的意思能力。本人医疗决定能力的评价必须由其主治医生和一名意思能力评价者（capacity reviewer）共同做出，并出具书面形式的亲自检查评价报告。（3）发挥余存能力。加拿大育空省《成年人决定、支持与保护法》和美国堪萨斯州《成年人监护与共同决定法》规定，每个患者都应得知关于自己医疗决定能力的准确评价，并了解自己意思能力的最大发挥限度。代理人须尽可能协助本人参与到自己的医疗决定过程中来，鼓励他们在最大程度上发挥自己意思能力之功能。

（六）关于医疗预嘱的生效

（1）在世医嘱的生效要件。其通常包含以下内容：本人必须明示，在本人陷入无法治愈、无法好转、将在较短时间内造成死亡结果的疾病状态时；本人已经陷入昏迷无意识状态，并且有较高程度的医疗诊断确定没有机会恢复清醒意识时；本人饱受较深程度的老年痴呆症折磨或因其他因素认知能力发生了实质性损失时，且有较高程度的医学诊断确定，几无好转可能时，放弃一切形式的治疗，尤其是那些让他们陷入不堪的、毫无尊严境地的激进且无意义的医疗干预。但美国也有多数州法明确规定，在特殊身体条件下，如患者怀孕时，为了照顾另一个生命的预期利益，预立医嘱也不得生效并执行。（2）医疗持久代理的生效要件。其生效条件比在世医嘱宽松，仅需满足本人丧失医疗决定能力之条件即可,也就是说单纯的意识不清或认知功能缺陷等可能不足以使在世医嘱生效,但已经能够使医疗持久代理生效。爱达荷州州法规定,代理型医疗预嘱在本人无法理性交流时生效。阿拉斯加州、弗吉尼亚州、西弗吉尼亚州、马里兰州州法则规定得更为详细,除非在书面文件中有其他约定,否则医疗预嘱在本人欠缺医疗决定能力后生效即成年患者不再具备理解医疗干预之本质、程度和潜在后果的能力,无法对医疗干预的风险、负担和利益进行理性评估,且无法与他人交流其决定。

(七)关于医疗预嘱的解除

(1)法定解除。如美国《统一医疗决定法》规定包括:整体文件解除;部分内容解除;离婚和分居等行为对配偶医疗持久代理权的解除;新医疗预嘱文件对存在冲突的旧文件内容的解除。(2)本人解除,如"Bentley V. Maplewood Seniors Care Sockty案"中,本人不具备语言能力,但其靠吞咽流食努力地维持自己的存在的举动表达了她对自己放弃维生设备的预立医嘱的反对意思,法官裁定她的行为构成了解除医疗预嘱的意思表示。医疗持久代理人与本人的法定监护人也可行使解除权。

(八)关于医疗预嘱监督

(1)私人监督模式。《统一医疗决定法》对医疗预嘱监督缺乏明确规定,但在具体条款也设置了一些可能对医疗持久代理人权利进行约束的细节,将监督权利交给了患者本人、医生与其他利害关系人,如见证人,并要求医疗持久代理人自律,各州州法亦遵循了这一模式,防止公权力对医疗预嘱这一私人医疗安排的过多干涉。(2)公力监督模式。英国的《意思能力法》更倾向于信赖公权力监督效果。其设立了公共监护人办公室(Office of the Public Guardian)与保护法院(Court of Protection)两个特别机构,前者不仅负责法定监护监督,同时也兼顾了医疗持久代理权登记,并对医疗持久代理人的权利行使、义务履行状况进行监督,后者专门处理欠缺决定能力人之人身、财产和医疗事务,有权对医疗持久代理效力进行确认,有权免除滥用授权或怠于行使权利、履行义务的代理人资格,并可派出"保护法院专员"(court of protection visitors)对代理人和本人进行不定期探访,查看权利行使和义务履行状况。

二、大陆法系国家(地区)的流派与论争

德国于2009年7月29日通过了《预先指示法》,该法于2009年9月1日生效。《预先指示法》在《德国民法典》第4编第3章第2节"法律上的辅助"

中增加了两条规定,即第 1901a 条"预先指示"(原第 1901a 条改为第 1901c 条)和第 1901b 条"为查明病人意思而进行的谈话",并对第 1904 条进行了修改。第 1901a 条第 1 款规定了指令型预先指示,并规定辅助人必须遵循该指示,第 2 款规定了在不存在指令型预先指示的情况下辅助人如何确定患者的意愿并做出医疗决定,第 5 款规定第 1 款至第 3 款都适用于意定代理人,也就是认可了代理型医疗预嘱。第 1901a 条第 3 款规定医疗预嘱不依赖于疾病的性质和阶段而予以适用,也就是说医疗预嘱适用于一切医疗决策,包括临终撤除维生治疗的决策,第 1904 条验证了此点。第 1904 条规定,允许、不允许或撤回允许某项医疗措施将导致患者死亡或严重损害长期健康的措施,若符合患者的意思,则必须予以批准。对于意定代理人是否有权撤除维生治疗,第 1904 条第 5 款规定,只有意定代理人出示人被代理人的书面授权后他才可以做出如此医疗决定。2010 年 6 月 25 日,德国联邦最高法院做出了一项判决,该判决是德国 2009 年预先指示法生效后首个确认医疗预嘱的法律效力的判决。[1]

奥地利关于医疗预嘱的法律分为两部分,一部分是规制指令型医疗预嘱的《在世预嘱法》,另一部分是规制代理型医疗预嘱的《奥地利普通民法典》第 284f 条、第 284g 条、第 284h 条。从 2007 年 7 月 1 日起,患者可依据《奥地利普通民法典》第 284f 条规定预先设立代理权(Vorsorgevollmacht),其相当于英美法的持久授权,因此本条确认了代理型医疗预嘱。依据第 284f 条第 3 款,如果该代理权包括了对本法第 283 条第 2 款意义上的医疗行为的同意,则患者必须明示这些事务,并在律师或公证人面前或在法院完成该委托书。第 283 条第 2 款规定的是通常会对个体产生严重而持久的不利影响等的医疗行为。此外,《奥地利普通民法典》第 268 条第 2 款规定,如果通过代理权或者具有法律拘束力的医疗预嘱,患者的事务处理在必要的范围内已经预先被安排,则不得指定管理人。这也就确认了患者的医疗预嘱优先于法定监护。第 370 条第 2 款规定了代理型医疗预嘱:他或她也可以指定一个自然人在自己丧失判断能力时与主治医师讨论医疗程序并根据他或她的利益做出决定,他或她可以为该自然人设置指令。与其他国家(如德国)相比,奥地利对在世预嘱的规定几乎没有预留任何意思自治的空间。法律只允许当事人预先拒绝接受某种医疗措施,而不允许当事人选择接受其他医疗措施。与持久代理契约一样,在世预嘱必须由本人设立且可随时解除。在世预嘱不能在奥地利全国代理登记中心进行登记,但可在

---

[1] 参见德国《联邦法律公报 I》(BGB1. I),第 2286 页。郑冲. 德国联邦最高法院做出与病人处分相关的最新判决 [J]. 比较法研究,2010 (5):158-160.

公证处和律师事务所登记。在世预嘱有两种类型：（1）有法律约束力的在世预嘱；（2）可供考虑的在世预嘱。前者需要征询医学及法律意见并且每五年必须更新一次①，同时必须作以书面形式并明确列明本人拒绝接受的特定医疗措施。有法律约束力的在世预嘱代表了本人的真实意愿，因此（医生）必须直接遵循，不允许代理人（监护人、持久代理权人等）或法院进行干预。可供考虑的在世预嘱可表达本人对医疗措施的任何意愿，可作以书面或其他形式。有法律约束力的在世预嘱列明的细节越多、表达越严谨，形式要件的要求就越严格，文件的重要性也就相应提高。可供考虑的在世预嘱仅代表本人的推定意愿，医生无须完全遵循，但对于在该情况下做决定的代理人（监护人、持久代理权人等）来说它是一条重要的信息和指导方针。

2013年1月1日生效的瑞士《成年人保护法》（The Law on the Protection of Adults）修改了《瑞士民法典》的监护法部分。该法最主要的目的是赋予个人预先安排自己丧失意思能力时的事务的权利，修改后的《瑞士民法典》的第360条至第369条规定了预防性命令（Vorsorgeaufträge），第370至第373条规定了医疗预嘱（Patientenverfügungen）。依据第360条，预防性命令的含义是，个人指定一个自然人或法人在个人丧失判断能力时负责其人身照顾或财产安排等事务。而医疗预嘱则是专门针对医疗事务而设，第370条第1款规定了有判断能力的个人可以在医疗预嘱中指明如果丧失判断能力则自己同意哪些医疗措施以及不同意哪些医疗措施。第372条第2款规定：医师应当遵守患者的医疗预嘱（它违反了制定法除外），或者对它是否是基于患者的自由意思或仍符合患者的推定意思存在合理的怀疑。同时，《瑞士民法典》在第377条至第381条规定了在无医疗预嘱的情况下如何为无判断能力的患者做医疗决策。第378条第1款列举了替代决定者的法定顺序，第3款规定了替代决定者根据患者的推定意思和最佳利益做出医疗决定。

我国台湾地区于2000年通过"安宁缓和医疗条例"建立了预立意愿书制度，后经三次修正，在2015年底通过"病人自主权利法"，建立了预立医疗决定制度。"病人自主权利法"法在预立意愿书制度的基础上创设的预立医疗决定制度，对预立意愿书制度进行了若干重大增改。第一，明确规定预立医疗决定的定义。法明确规定预立医疗决定为"事先立下之书面意思表示，指明处于特定临床条件时，希望接受或拒绝之维持生命治疗、人工营养及流体喂养或其他与医疗照护、善终等相关的意愿之决定"（第3条）。第二，更加明确预立医疗

---

① 如果本人当时丧失（心智）能力无法更新在世预嘱，则本条不适用。

决定可拒绝的措施，使其范围变得更广。"病人自主权利法"法第3条、第8条规定个人通过预立医疗决定可拒绝的措施包括维持生命治疗、人工营养及流体喂养。维持生命治疗是指"心肺复苏术、机械式维生系统、血液制品、为特定疾病而设之专门治疗、重度感染时所给予之抗生素等任何有可能延长病人生命之必要医疗措施"（第3条）。第三，预立医疗决定的执行条件更宽松。"病人自主权利法"法第14条在末期病人之外又增加了四种可执行预立医疗决定的情形，即处于不可逆转之昏迷状况、持久植物人状态、极重度失智，其他经"中央主管机关"公告之病人疾病状况或痛苦难以忍受、疾病无法治愈且依当时医疗水平无其他合适解决方法之情形。第四，预立医疗决定以注记和存记为前提要求。依据"病人自主权利法"法第9条、第12条，"经注记于全民健康保险凭证"是预立医疗决定的法定前置程序，而注记之前必须先将预立医疗决定电子档存记于"中央主管机关"数据库，因此个人要有效订立预立医疗决定，就必须先完成该文件的注记和存记的规定。第五，新增预立医疗照护咨商。第9条规定，意愿人想要预立医疗决定，应当先经医疗机构提供预立医疗照护咨商，并经其于预立医疗决定上核章证明。预立医疗照护咨商，是指"病人与医疗服务提供者、亲属或其他相关人士所进行之沟通过程，商讨当病人处于特定临床条件、意识昏迷或无法清楚表达意愿时，对病人应提供之适当照护方式以及病人得接受或拒绝之维持生命治疗与人工营养及流体喂养"（第3条）。第六，新增医师保障机制。预立意愿书制度中没有保障医师权利的条款，预立医疗决定制度增加了相关条文，一是规定"医疗机构或医师依其专业或意愿，无法执行病人预立医疗决定时，得不施行之"（第14条第3项）；二是规定"医疗机构或医师依本条规定终止、撤除或不施行维持生命治疗或人工营养及流体喂养之全部或一部，不负刑事与行政责任，因此所生之损害，除有故意或重大过失，且违反病人预立医疗决定者外，不负赔偿责任"（第14条第5项）。①

三、医疗预嘱在中国的实践现状

2006年，罗点点作为创始人之一创办了"选择与尊严"公益网站，倡导"尊严死"，推广使用生前预嘱（医疗预嘱的一种形式），并推出了中国首个民间生前预嘱文本"我的五个愿望"，同时建立了生前预嘱注册中心。在此公益网站的基础上，"北京生前预嘱推广协会"于2013年6月25日成立，它是经北京

---

① 孙也龙. 台湾预立医疗决定制度研究——以"病人自主权利法"的通过为契机 [J]. 台湾研究集刊, 2017 (4): 46-47.

市民政局审批，北京市卫生局主管的公益社团组织。截至2013年7月底，共有9580人通过"选择与尊严"公益网站注册了生前预嘱。2010年至2013年，在全国人民代表大会和全国政协会议上部分代表提出在中国法律环境下推广生前预嘱和建立政府指导下的生前预嘱注册中心的议案。例如，在2012年，上海代表团全国人大代表、北京大学肿瘤医院结肠肿瘤外科主任顾晋向十一届全国人大五次会议提交议案，建议制定行政法规或规章在全社会推广尊严死，让生前预嘱具备法律效力，这一议案已被列为正式议案。生前预嘱在我国并无法律明确支持或禁止，现在尚处民间推广阶段。目前看来，中国不仅尚未出现有关医疗预嘱的明确立法，且在医疗自主权立法进程上也与发达国家（地区）之间存在着巨大差距。同时，中国的现行民事立法和医事立法中均缺乏对患者医疗自主权和尊严风险的支持与承认，而医疗自主权是医疗预嘱制度构建与发展不可或缺的法律基础，尊严风险和协助自主决定制度的功能定位则是其发展中重要的推动因素。另外，中国关于患者医疗决定的法律规范尚未脱离家本位的掌控，立法长期以来在医疗个人主义和家庭主义之间摇摆不定。从性质上看，医疗家庭主义正在逐渐占据上风并形成新型的、秉持替代决定规则的家父主义，这为医疗预嘱制度的创设带来了不确定因素，也是未来立法必须克服的难题。还需注意的是，中国医事立法中缺乏"医疗决定能力"这一能够公正、准确反映患者是否具备自主资格，确保其医疗自主权实然状态与应然状态匹配的法律概念，而是泛泛地沿用了行为能力标准。行为能力固有的整体性、简单性弊端以及在老龄化社会明显表现出来的的制度缺陷使其不但无法保障患者的医疗自主，甚至成为妨碍其主体资格获取的最大阻力。最后，《民法典》中的意定监护制度萌芽一直被赋予了承担协助自主决定制度构建之重任，抗衡替代决定制度之垄断局面的厚望，但目前现行法关于意定监护制度的规定，不论是生效要件还是监护人职责要求等方面，均未脱离传统法定监护的大范畴，在医疗决定过程中起不到有效地对抗法定监护人/家属全面干预的作用。总体看来，中国医疗预嘱的立法可谓任重而道远。

关于医疗自主权。医疗个人主义视个人自主优先于家庭的完整性和整体利益，与传统的"家本位"文化格格不入。中国社会中的个体更讲究"克己"以限制自己的欲望表达，这一点同样反映在立法中，因此，即使医疗个人主义要在中国法律中扎根，也要对权利主体做扩大解释，即将患者家属囊括进来，医生告知整个家庭医疗信息并通过与其商讨最后代表患者做医疗决定。家庭是一个不可分割的、集合型的自主权利主体，被赋予了名正言顺地参与个体成员医疗决定过程的权利，影响并最终掌握患者的医疗决定走向的权利。换言之，即便能够在这种家庭本位的立法基础上设立医疗预嘱，其维护丧失医疗决定能力患者的效用也会大打折扣。与传统社会不同的是，如今的家庭结构与立法模式，并非单一地强调家人的单方面奉献义务，尤其是子女的"孝道"义务，家人的权利意识也逐渐得到提高，并要求其权利状态与义务状态相匹配。

关于立法理念。立法理念从医疗父权主义发展到医疗家庭主义。1982年，我国卫生部颁布的《医院工作制度》第40条所附的"施行手术的几项规则"第6条规定，实行非体表手术前必须经病员家属或单位签字同意，紧急情况下无法及时征求家属或机关同意时，由主治医生签字。这是中国首次明确挑战医疗父权主义的规范尝试，但与西方国家直接确立医疗个人主义指导思想不同的是，此规定转而将决定权利赋予了患者家属或单位，而非患者本人，因此只是医疗家庭主义对医疗父权主义的取代。国务院1994年颁布的《医疗机构管理条例》第33条、卫生部颁布的《医疗机构管理条例实施细则》第62条，让中国的患者首次拥有了法律上自主做出医疗决定的权利，这标志着中国医疗个人主义的初步确立。2010年开始实施的《侵权责任法》第55条将患者的医疗决定权利正式纳入了民事立法的调整范围，改变了以往仅通过卫生法及文件进行规范的局面，无疑明确了患者的绝对自主权利与自主地位，患者为首要的医疗决定主体，而家属只能在满足"近亲属"以及病情"不宜向患者说明"的情况下取得决定权，此时的决定权属于替代性权利。可惜的是，规范中简单抽象的"不宜向患者说明"这一条件，使近亲属极易获取替代患者决定的权利。在这种立法理念下，越是侵扰程度高、对人体影响大的医疗干预中的患者病情越是严重、年龄越大，越无法靠个人自主决定。任何涉及个人生命、健康、身体、隐私与人格尊严的医疗决定，都是家庭意志的体现，而非个人自主决定的结果。这种崇尚家庭主义的立法模式显然与医疗预嘱的理念基础相互排斥。家庭作为独立的法律主体表示知情同意，带来另一个严峻问题——家庭行使了医疗决定过程中的绝大部分权利。正因如此，家庭主义的立法模式淡化了患者本人作为医疗决定主体的权利意识与自治、主导地位，与早前的医疗父权主义的立法模式无本质差别。

关于医疗决定能力。中国几乎所有关于医疗决定的法律法规等规范性文件中，未发现根据患者自身医疗决定能力来决定其是否具备行使医疗自主权条件的规定。只有2000年卫生部颁布的《临床输血技术规范》第6条、2010年卫生部颁布的《病历书写基本规范》第10条中提出的"自主意识"与"完全行为能力"医疗决定能力与有所关联。这导致实践中患者的医疗自主权与其真实的精神健康状态、心智健全程度脱钩了。

概念混淆也是另一个重要弊端。在中国整个民法体系中，仅存在行为能力一个概念可充当评价患者做出医疗决定时的心智、精神状态的参照标准。然而根据临床医学研究结果来看，法律上的行为能力并不能替代临床上的医疗决定能力，二者之间存在着本质区别，不可混为一谈。行为能力是订立遗嘱或合同、缔结婚约、做出医疗决定等所有意思能力（capacity）的集中表现，因此英文中"legal competence"（行为能力）又被称为"global competency"（整体能力），即行为能力等于各种意思能力总和（其中也包括医疗决定能力），但是这并不科学。行为能力是一个法律概念，行为能力的具备与否最终是由法官来裁定的，因此这是一个法律问题，而针对具体医疗决定能力的神经学科方面的测试结果却是一个事实，它与法律概念"行为能力"不仅不是完全对接的，相反二者是完全不同的，一个是为临床诊断或治疗所进行的患者精神状态测试；一个是针对法律主体进行集合型民事法律活动是否具备相应能力的综合评价，很显然后者涵盖的方面要复杂得多。具体的决定能力指的是自然人接受某一类信息，理解领会这一类信息，加以思考鉴别，并预见其后果的能力，如患者在做出医疗决定时能够理解疾病和治疗信息，并自行消化判断，预见医疗的后果，而不需要在此过程中一并理解缔结合同、订立婚约的信息等事项。关于行为能力的误解体现为人们将它视为所有意思能力的集合（capacity in all domains），而没有认识到不同意思能力之间的独立性。因此出现了一个人某个具体意思能力出现问题时，其整个人的行为能力都被全盘否定的短板效应，行为能力的整体性将各种具体的意思能力从"一个面"抽象为"一条线"，这显然限制了其自主权的最大化。

关于协助本人自主决定措施。中国《民法典》新规范的意定监护制度不具备协助自主决定之功能：（1）《民法典》中的意定监护仍保留着强烈的传统法定监护属性，至少从生效条件上看，依然坚守行为能力标准，与法定监护并无区别，也与坚持医疗决定能力标准的代理型医疗预嘱相去甚远。（2）从意定监护人的职责标准上看，究竟"最大利益""最大尊重"与"最低干预"孰轻孰重，尚不明晰。《民法典》第35条第1款将决定协助制度所要求的支持者必须秉承的最大利益、最大尊重和最低干预原则融合在了一个条文里，势必与最大尊重原则所强调的尊重患者医疗意愿，发挥其存余的决定能力，使患者能掌握其医疗命运的追求之间存在巨大鸿沟。（3）意定监护对被监护人"推定意愿"的忽视。从保护患者医疗自主权角度出发，他们推定意愿之发现方式、法律地位和效力承认是协助决定制度中不可忽略的问题，尤其是在患者并无确切明示意愿的情况下，推定意愿就几乎成为守护他们自主权利的最后一道防线。但这一要求并未体现在意定监护设计中。第 35 条虽然提出了"应当最大程度地尊重被监护人的真实意愿",但仅有可能指的是被监护人在协议中明示的意愿,而当意定监护人怠于履行发现、推定患者未明示之医疗意愿的义务时,《民法典》并未提出有效的约束方式。(4)为了给患者医疗自主提供周密的保障,赋予其反抗不符合自己意愿的替代决定之权利,并起到威慑监督医疗持久代理人的作用,医疗预嘱几乎可以任何形式解除,如单方面撕毁、涂鸦、更改等简单易行的方式,这对于丧失医疗决定能力的患者来说依然是可行的、可能的,但我国对此并无立法。

四、域外法例对我国构建医疗预嘱的启示

我国 1999 年正式进入人口老龄化社会,是第一个进入人口老龄化社会的发展中国家。根据国家权威部门统计,2015 年我国 60 岁以上的人口就已经超过了 2.22 亿人,60 岁以上人口所占总人口的比重达到了 16.15%,预计在 2025 年,60 岁以上的人口将会突破 3 亿人,中国也将成为超老年型国家。现代医学的发展虽然使得老年患者的生命得到延长,但也常常是以牺牲生活质量和承受巨大生理及心理痛苦为代价的。而医疗预嘱正是便于这些老年患者选择尊严死的有效法律工具。中国老龄化的不断加重,带来的是失能失智人口数量的不断增加,越来越多的人将会接受不同程度的医疗干预行为,而为了保障患者本人的医疗自主权,维护患者的身体、健康、生命等人格利益,医疗预嘱的设立迫在眉睫。

现今绝大多数法治国家均通过立法明确认可医疗预嘱的法律地位。医疗事务因具有特殊性和重要性,故不可与财产管理或人身照顾等同而论,因此《德国民法典》《瑞士民法典》《奥地利普通民法典》均在成年监护部分为医疗预嘱设立特别规则。尤其是《瑞士民法典》,将"成年人自己安排照护"一节划分为关于一般事务的"照护委任"和关于医疗事务的"医疗预嘱"两目。令人欣慰的是,虽然我国现行法律体系中并未规定医疗预嘱,但是医疗预嘱在社会实践中已萌芽。如上文提到的"选择与尊严"网站与"北京生前预嘱推广协会"。北京市卫生局表示,生前预嘱在我国并无法律明确支持或禁止,目前尚处民间推广阶段。可见,生前预嘱等医疗预嘱在我国社会实践中有十分广阔的适用空间,我国应当通过立法将其正当合法化。

通过考察域外立法例,首先应当明确的是,我国的医疗预嘱制度应同大部分国家或地区立法一致,包括指令型(在世预嘱)和代理型(医疗持久代理)两种不同类型。其中根据其各自不同的适用范围,又可具体分为消极指令与积极指令,如英国、有消极指令的划分,而美国、新加坡则不仅有消极指令也有规定积极指令的划分。其次，医疗预嘱的成立要件包括形式方面和主体资格方面的。形式方面的主要是医疗预嘱文件的书面性与见证程序，而主体资格方面的则是医疗预嘱中涉及的患者本人、医疗持久代理人以及见证人的资格要求。再次，医疗预嘱究其根本，其实是附条件的法律行为，医疗预嘱满足了形式和主体要件后即成立，但由于指令型医疗预嘱（在世预嘱）和代理型医疗预嘱（医疗持久代理）的生效要件不同，故我国立法应当加以区别对待。在具体执行方面，我国应明确不管是在世预嘱还是医疗持久代理人做出的医疗决定都与患者本人做出的有同等效力。每个人在不同的阶段，身处不同的境遇时会做出不一样的决定，故为了保证患者真实意愿的表达，理应设置医疗预嘱的撤销、解除机制，同时为了方便患者更易于快速解除自己之前所做出的医疗预嘱，医疗预嘱的解除方式也应尽量简便。

第三节 我国医疗预嘱的框架

医疗预嘱制度对我国的重要意义前文已有论述，因此我国应通过立法构建医疗预嘱制度，在法律上承认医疗预嘱（包括指令型医疗预嘱和代理型医疗预嘱）的法律效力。我国选择何种立法体例，如何具体立法，亟待深入研究。

一、立法体例的选择

医疗预嘱的立法构建首先需要解决的基本问题便是立法体例的选择，即医疗预嘱应以何种形式出现才能最大程度地确保制度本身的效力与影响力，这也决定了该制度在整个民法体系和权利体系中的定位。

以本人医疗自主权为基础的医疗预嘱制度，在立法体例的选择上当然无法脱离这一本源。当前，我国关于患者医疗自主权利的法律条款少之又少，在《民法典》中只有两款规定，即《中华人民共和国民法典人格权编》第1008条第1款，其规定："为研制新药、医疗器械或者发展新的预防和治疗方法，需要进行临床试验的，应当依法经相关主管部门批准并经伦理委员会审查同意，向受试者或者受试者的监护人告知试验目的、用途和可能产生的风险等详细情况，并经其书面同意。"以及《中华人民共和国民法典侵权责任编》（以下简称《民法典侵权责任编》）第1219条第1款，该款规定："医务人员在诊疗活动中应当向患者说明病情和医疗措施。需要实施手术、特殊检查、特殊治疗的，医务人员应当及时向患者具体说明医疗风险、替代医疗方案等情况，并取得其明确同意;不能或者不宜向患者说明的,应当向患者的近亲属说明,并取得其明确同意。"还有《执业医师法》第26条第2款,即"医师进行实验性临床医疗,应当经医院批准并征得患者本人或者其家属同意"。除此之外,其他规定多见于国务院行政法规和卫计委行政规章,例如,卫计委《病历书写基本规范》第10条规定:"对需取得患者书面同意方可进行的医疗活动,应当由患者本人签署知情同意书。患者不具备完全民事行为能力时,应当由其法定代理人签字;患者因病无法签字时,应当由其授权的人员签字;为抢救患者,在法定代理人或被授权人无法及时签字的情况下,可由医疗机构负责人或者授权的负责人签字。"当下这种立法体例的弊端十分明显,其一,法律、法规、规章的制定者之间有着不同的立场,如此极易造成不同的法律之间、法律与法规、规章等规范性文件之间,或者法规、规章等规范性文件之间发生冲突。有的彰显医疗家庭主义,而有的主张医疗个人主义,立法、政策之间的不连贯性和不统一性,模糊了医疗个人主义和医疗家庭主义二者的边界。其二,从《民法典》和《执业医师法》的立法中可以看出,它们的重点不在于保护患者的医疗自主。同样的问题也出现在其他规范性文件如《医疗机构管理条例》《临床输血技术规范》《病历书写基本规范》等中。这些法律、法规和规章的核心也并非围绕如何保护患者医疗自主权这一议题。其三,当前组成我国患者医疗自主规范体系的大多为行政法规和部门规章,带有明显的公法属性。而患者的医疗自主权同时也是一项私法权利,医疗预嘱更是一种私法制度。该制度完全遵循私法自治、意思自治原则。我国目前这种带有明显公法色彩的立法、杂乱的立法体例模式无法为医疗预嘱的创设提供稳固的法律基石。

在域外比较法上,如美国不论是在联邦法还是在州法中都无一例外地将医疗预嘱安排在《医疗决定法》这一单行法律范畴中。这种立法模式在我国台湾地区的"病人自主权利法"上也有所体现。这种立法体例的逻辑在于首先确立患者的医疗自主权,其次确立具备医疗决定能力的患者可通过其决定能力来延续其医疗意愿,实现在丧失医疗决定能力后依然保障自己医疗自治、自决主体地位的目的。鉴于我国当前法律尚未解决医疗家庭主义和医疗个人主义二者纠缠不清的现状,医疗预嘱的创设越发依赖于医疗个人主义之立法理念和法律规定的重塑。我国台湾地区"安宁缓和条例"的间接失败也折射出在保留家庭主义和家庭集体决定传统的社会中,"条例"的作用微乎其微。医疗个人主义的确立必须依赖于法律强有力的指引。因此,通过制定单行法确立患者医疗自主权,并在此基础上延伸出医疗预嘱的方法不但具有可行性,也具有现实必要性。目前,国内主张成立医事法的呼声高涨,故医疗预嘱可由未来的医事法予以规定。

二、医疗预嘱的成立

医疗预嘱的订立就是患者通过一定的行为做出医疗预嘱,并使之有效成立。

(一) 主体:成年且有意思能力

关于医疗预嘱的主体,多数国家和地区的要求是成年、有能力。首先,成年的要求是必要的,因为医疗预嘱乃至整个无意思能力人医疗决定制度都是针对成年人的。而对于未成年人的医疗决定应专门设计法律制度予以规制,原因是未成年人不具有完全的人身独立性。其次,如果未成年人已脱离父母而完全独立生活了,作为成年人来对待的,可以做出医疗预嘱。最后,有意思能力是做出医疗预嘱的必要条件,此处的意思能力特指"理解医疗措施的好处、风险和替代措施的能力以及做出和交流医疗决定的能力"。即使是成年人,如果因受伤或疾病而丧失意思能力,他也不能订立医疗预嘱。但能力要件并不要求在做出医疗预嘱之前都要审查该成年人有无意思能力,成年人的医疗预嘱首先应被推定为有效,只有当有充分证据证明该成年人在做出医疗预嘱时是处于无意思能力的状态,该医疗预嘱才可被推翻。

我国今后立法也应要求主体为成年人,有意思能力。同时,《民法典》规定16岁以上且以自己的劳动收入为主要生活来源的未成年人,也可做出医疗预嘱。另外,医疗预嘱所指定的医疗意定代理人人选应排除与患者所在医疗机构有密切关系的人员,如果医疗代理人同时代表患者和医疗机构,恐会产生利益冲突,如雇员可能为了让医疗机构获取更多收入而做出继续实施无效医疗的决定,也有可能为避免患者长时间占用床位而做出不予医疗或终止医疗的决定。但如果在患者所在医疗机构工作的人同时也是患者的亲属,因血缘关系重于雇佣关系,故其担任代理人并无不可。如《美国统一医疗决定法》第2条第2款规定,除非与授权人有血缘、婚姻或收养关系,否则代理人不得是授权人所在医疗机构的所有人、经营人或雇员。

(二) 形式:取决于内容是否对健康有重大影响

由于医疗预嘱的作用是将患者的医疗意愿固化下来以备将来患者丧失意思能力时用,故绝大多数法域之立法均明确要求其采用书面形式。我国是否须要求采用书面形式,应主要看医疗预嘱的内容是否涉及维生治疗或其他对健康有重大影响的医疗措施,如果涉及,则须用书面形式;如果不涉及,则无须用书面形式。因此,代理型医疗预嘱,无须采用书面形式。例外情况是,如果允许、不允许或撤回允许某项医疗措施将导致患者死亡或遭受严重长期健康损害,而意定代理权中包含了此项措施，则该意定代理权必须以书面授予。

对于指令型医疗预嘱，以拒绝维持生命治疗为内容的预先决定必须采用书面形式且须有患者签字，其他的可口头表述可书面表达。这一方面保证了患者的口头意思也能够具有法律效力从而全面维护患者的自我决定权，另一方面体现了法律对涉及维生治疗或其他重大医疗措施决定的严肃态度。因此，我国应区分一般的医疗预嘱和涉及维生治疗或其他重大医疗措施的医疗预嘱，前者可以是口头形式，后者则必须为书面形式。

（三）见证人：区分医疗预嘱内容与资格排除

见证或公证的作用在于确保患者是自愿做出医疗预嘱而不存在引诱或强制，且已明白做出医疗预嘱的行为的性质和后果。域外已有立法例明确要求订立医疗预嘱应履行见证或公证程序，如新加坡《医疗预嘱法》第3条第2款规定："医疗预嘱必须由两名见证人同时在场见证。"我国台湾地区"病人自主权利法"第9条规定，意愿人为预立医疗决定，应符合下列规定：……二、经公证人公证或有具完全行为能力者二人以上在场见证。关于是否要求履行见证程序，英国的做法值得肯定，即涉及维生治疗或其他对健康有重大影响的医疗措施的医疗预嘱的程序要求应当严格，一般的医疗预嘱的程序可以简化。质言之，首先，对于涉及维生治疗或其他对健康有重大影响的医疗措施的医疗预嘱，应当规定履行见证程序，以确保此种重大决定严肃性。其次，如果不涉及维生治疗或其他对健康有重大影响的医疗措施，则分两种情况对其进行处理：书面形式的无须见证；口头形式的，则应当有见证人，增强其证明力。

对于见证人资格，主要考虑两方面的因素，一是是否与患者有亲属关系或其他重要利益关系，二是是否为患者所在医疗机构的医师或员工。这种考虑在于确保患者不受家属或医疗机构的劝诱或压迫，也为了防止家属或医疗机构为求私利而做出不客观的判断。

（四）内容：区分指令型医疗预嘱和代理型医疗预嘱

首先明确的是医疗预嘱的内容是医疗决定，其他事务如财产、家庭（如无意思能力期间子女由谁来抚养）等应订立其他文件来说明。针对具体内容，应区分指令型医疗预嘱和代理型医疗预嘱。指令型医疗预嘱有积极指示和消极指示之分，一些国家已立法明定其规制消极指示，如英国、奥地利、新加坡。其他国家和地区则立法明定其既规制消极指示又规制积极指示，如美国、德国、瑞士以及英国苏格兰地区。不管是同意或要求某种治疗还是拒绝某种治疗，都是患者的选择，法律没有必要限制，因此我国应采纳后一类国家的做法。此外，患者不可仅写"拒绝一切治疗"，而应当写明在何种情况下同意或拒绝何种医疗措施，对于拒绝维生治疗的决定，则必须特别写明。

代理型医疗预嘱内容主要应注意代理人的资格和授权权限的问题。有的国家并未规定代理人的资格问题，如此易造成不适格之代理人因代理行为侵害被代理人权益之情形，故我国应予以明确规定，如除非与授权人有血缘、婚姻或收养关系，否则代理人不得是授权人所在医疗机构的所有人、经营人或雇员。同时，应规定患者可指定替代医疗代理人（alternate agent），以防原医疗代理人发生诸如丧失意思能力等不适合担当代理人的情形。

对于患者是否可以指定共同医疗代理人，为避免家属之间发生如何代做决定的争执，一般不应允许，患者只得指定一名自己最信赖的人作为代理人。

关于授权权限，维生治疗等关系到患者重大生命健康利益的决定，宜由患者本人在医疗预嘱文件中明确授权，以体现对此问题的重视。如果没有明确授权，则代理人无权决定接受维生治疗等重大医疗措施，但可以决定接受除此之外的其他医疗措施。

发展至今，一份医疗预嘱文件可以同时包含指令型医疗预嘱和代理型医疗预嘱，美国《统一医疗决定法》、英国《意思能力法》都认可这个做法。

三、医疗预嘱的生效和效力

（一）生效：附条件或期限与判断人

对此仍应区分指令型医疗预嘱与代理型医疗预嘱。指令型医疗预嘱是在患者发生某种状况并丧失意思能力时生效，如末期疾病到来时，这就需要对医疗预嘱中规定的适用情形与实际的情形是否符合进行审查，符合则医疗预嘱生效并予以适用。如果某指令型医疗预嘱只适用于末期疾病（该医疗预嘱即生前预嘱），则纵然患者实际已丧失意思能力，也要等到法律确定该患者已患末期疾病时该医疗预嘱才生效。

代理型医疗预嘱一般情况下规定于患者丧失意思能力时代理人的代理权生效，除非授权人明确约定在自己有意思能力时，医疗代理人也得代做决定。如果授权人没有明示，那代理型医疗预嘱还须在授权人丧失意思能力时生效。

既然医疗预嘱是附条件生效，那么由谁来判断条件成就？美国和新加坡的做法值得借鉴，即由医师来判断，辅助人或代理人或家属无此权限。

（二）效力：指示型的遵从与代理型的替代判断

医疗预嘱生效后，医师应当遵从患者的指令型医疗预嘱以及医疗代理人根据授权做出的医疗决定。这也应当是我国将来立法所应采取的基本立场。同时，奥地利《生前预嘱法》区分有法律拘束力的医疗预嘱和无法律拘束力的医疗预嘱的创造性做法值得采纳。完全符合法律构成要件的医疗预嘱当然具有必须遵从的法律效力，但是未满足所有法律要件的医疗预嘱也并不是没有任何价值。对于它，要"在确定患者意思时必须予以考虑"，并且"满足的要件越多则越须考虑之"。该法还详细列举了应当考虑的各种因素来确定考虑医疗预嘱的程度，这就使医疗预嘱的效力处于动态之中，而不是"全或无"的状态。此外，在考虑医疗预嘱效力时也不是"一刀切"，而是要综合衡量各种因素来确定对医疗预嘱的考虑程度。

医师应当遵从医疗预嘱，但也有例外情形，主要包括六种：（1）在做出医疗预嘱时患者的意志不自由或发生了错误或未预料到某种可能影响其决定的情形；（2）患者撤销了医疗预嘱；（3）某些重大变故发生以至于对医疗预嘱是否仍然符合患者的推定意思存在合理怀疑；（4）内容违反制定法；（5）内容违背一般医疗准则；（6）医疗人员或医疗机构认为医疗预嘱的内容违反了自己的道德观。上述的六种情形均可作为我国的参考，其中第三种和第六种情形值得研究。第三种情形的关键是如何界定重大变故，奥地利《生前预嘱法》规定的情形是医疗科技自医疗预嘱被订立时已经发生了实质性改变，值得借鉴。还有一种情形也可归为重大变故，即信仰的改变。在做出医疗预嘱后、丧失意思能力前，患者改变了作为该医疗预嘱基础的宗教信仰，纵然患者并未撤销该医疗预嘱，但是以先前的宗教信仰为基础的医疗预嘱恐怕不符合患者现在的意愿。第六种情形是基于医师或医疗机构本人的道德观，这涉及医师所享有的医学裁量权。如果负责治疗患者的医师在道德上不能接受医疗预嘱中的内容，则法律应允许该医师不遵从医疗预嘱。这时医师的医学裁量权就抗衡了患者的自我决定权，但是法律同时也应当规定医师的转移义务，即拒绝遵从后应立即尽一切合理努力将患者转移给其他愿意遵从的医疗提供人或医疗机构。

代理型医疗预嘱的效力还涉及医疗代理人。医疗代理人有权代患者做医疗决定，但此项权利必须根据一定的准则来行使：首先依据患者的指令型医疗预嘱和其他明确的医疗愿望，即适用替代判断标准，如果没有，则综合考虑客观的医学上的患者最佳利益和从患者个人价值观中推定出来的意思，根据具体事情做出衡量（而不是将最佳利益作为考虑推定意思的前提条件），即综合适用最佳利益标准和替代判断标准。

四、医疗预嘱的撤销

除了英国《意思能力法》明文规定了医疗预嘱的修改，其他国家和地区都对此未作规定；除我国台湾地区规定代理人也得撤销外，其他国家和地区均规定医疗预嘱只得由做出的患者本人撤销。将来我国的医疗预嘱撤销制度可进行如下设计：第一，应明文规定医疗预嘱可以被撤销和修改，虽然部分撤销和新指示代替旧指示的规定足以说明医疗预嘱可以被修改，但也不妨对修改做出明文规定；第二，应规定撤销须由患者本人为之，代理人只得按医疗预嘱的内容行事而无权撤销或修改；第三，无须规定患者在撤销时须具备意思能力，否则会导致医疗预嘱难以被撤销；第四，参照《瑞士民法典》的做法，规定以医疗预嘱订立所要求的形式（包括是否为书面及是否需要见证）撤销医疗预嘱，使撤销及修改的形式要求与订立的形式要求一致；第五，规定撤销包括全部撤销和部分撤销，并且新订立的医疗预嘱自动撤销与之相冲突的先前医疗预嘱的全部或部分；第六，患者指定配偶为医疗代理人，后来双方离婚或婚姻被宣告无效，则代理型医疗预嘱自动被撤销，除非该医疗预嘱有特别的相反说明。

五、医疗预嘱的保存

即使订立了医疗预嘱，但若其难以被发现，恐怕也难以伸张患者的自我决定权。因此如何保障医疗预嘱被及时地触及就成了重要问题，这涉及医疗预嘱的保存。各国和地区对医疗预嘱的保存一般有两种规定，即要求患者保存和要求医师保存，有的还规定了撤销需要登记。

相比较而言，要求医师保存的规定以医师原本就知道医疗预嘱的存在为前提，将医疗预嘱记入患者的医疗记录或病史中，可以向以后的医疗人员（包括该医师自己）提供医疗预嘱的相关信息。但是如何能确保医师一开始就知道医疗预嘱的存在？这是要求医师保存的立法例难以解决的问题。而要求患者保存特别是要求患者向有权机关登记的立法例可较好地解决医疗预嘱的触及问题。

医疗预嘱的各种保存制度各有可取之处，但是如果选择了登记，那么不仅医疗预嘱的做出需要登记，而且其撤销和修改也都要登记。新加坡《医疗预嘱法》规定他人可以不遵从未经登记的医疗预嘱，实际上使登记影响了医疗预嘱的效力。登记其实只是用以证明医疗预嘱是否存在以及便于他人触及医疗预嘱的工具，而不能成为影响医疗预嘱效力的障碍，如果患者没有选择登记，他人也仍有可能发现医疗预嘱，只要该医疗预嘱是按照法律的规定订立的，相关人员就应该遵从，不得以其未予登记为由而不遵从。

六、医师（医疗机构）与医疗代理人的责任

医疗预嘱对医务人员有法律约束力，医务人员应当如同遵从患者的现时决定一样遵从患者的医疗预嘱,应给予出于善意遵从医疗预嘱的医务人员以免责保护,否则会使医务人员担忧因执行医疗预嘱而产生法律责任。即便患者的医疗预嘱是拒绝维持生命医疗,该预嘱也应得到遵从,这源于具备身体权的患者拒绝医疗权,也符合知情同意原则。因遵从该预嘱而不采取医疗措施或终止已实施的医疗措施,最终患者死亡的医务人员不负法律责任,基于患者自我决定权的医疗预嘱构成了医务人员的免责事由。如美国《统一医疗决定法》规定:善意医疗提供人、医疗机构在以下条件下不负刑事或民事责任:(1)遵从外观上有权代患者做医疗决定的人的医疗决定,包括拒绝或撤除医疗措施的决定;(2)基于相信某人欠缺代决定权而拒绝遵从某人的医疗决定;(3)遵从一个医疗预嘱并推定其是有效的并且没有被撤销或终止。善意医疗代理人或法定代决定者不负刑事或民事责任。如美国加利福尼亚州《遗嘱检验法典》第4740条规定,善意并遵守通行医护标准的医疗提供者或医疗机构不因依据本条的任何行为而承担民事或刑事责任或专业惩戒,这些行为包括但不限于:……(c)遵行医疗预嘱。

参考比较法,关于医师或医疗代理人的过错行为我国可做以下规定,其一,至少在下列情况,医师是非善意和有过错的:明知医疗预嘱无效仍遵从,如患者在家属逼迫下订立拒绝维生治疗的医疗预嘱,而医师知晓此事却仍按此预嘱行事将维生治疗设备撤除;明知患者订有医疗预嘱且其中规定的情形(如患者丧失意思能力)发生且没有可不遵从的法定情形,仍拒绝遵从医疗预嘱并且没有尽其所能把医疗预嘱转移给其他医师;明知他人并非医疗代理人或法定代决定者,仍遵从其医疗决定;明知他人是医疗代理人或法定代决定者,仍拒绝遵从其按法律规定(即并非滥用代决定权)做出的医疗决定。其二,至少在下列情况,医疗代理人是非善意和有过错的:明知没有获得关于某医疗事务的授权,如患者并未以法定形式授权其做出关于维生治疗的医疗决定,而越权做出此类决定;明知授权被撤销,仍以医疗代理人的身份做出医疗决定(如果属于法定代决定者,则其可以法定代决定者的身份做出医疗决定);没有遵循法律规定的代理规则(前文所述的替代判断标准和最佳利益标准)行事,滥用代理权,如做出违背患者的指令型医疗预嘱或明确的医疗意愿的医疗决定。如有上列过错行为,医师(医疗机构)或者医疗代理人应当承担民事责任。须注意一个问题,即医师故意不遵从以拒绝维生治疗为内容的指令型医疗预嘱或医疗代理人的决定,此时如何确认侵权责任?只有对这种故意不遵从患者的明确医疗意愿的行为苛以法律责任才能防止他人随意不遵从医疗预嘱,使其承担赔偿责任。

第五章

替代措施之三：监护信托

第一节 信托与成年监护财产管理

一、信托与监护信托

依据《关于信托的法律适用及其承认的公约》第 2 条的规定，信托是指由委托人所创立，为了受益人之利益或其他特定目的，将财产置于受托人控制下，并在委托人生前或身后发生效力的法律关系。我国《信托法》第 2 条也给做出了信托的定义，即"本法所称信托，是指委托人基于对受托人的信任，将其财产权委托给受托人，由受托人按委托人的意愿以自己的名义，为受益人的利益或者特定目的，进行管理或者处分的行为"。从信托的定义可知，信托以委托人与受托人之间的信任为基础。只有委托人对受托人的财产管理能力、公信力有充分的信任，或者与受托人存在值得信赖的亲密关系，委托人才会将财产委托给受托人进行管理或处分。这种信任关系在信托的前身——英国的"用益制度"（Use）中体现得最为充分。甚至可以说，没有信任，就不会有用益制度，也不会有信托制度。中世纪的英国盛行长子继承制，女性及长子以外的任何男子均无继承权。在没有儿子的情况下，家族的全部遗产将被国王没收。[①] 为了避免此情形发生，没有儿子的家族会将财产委托给自己信任的人，该制度被称为"用益制度"，被誉为普通法皇冠上的宝石。19 世纪初，在用益制度基础上发展起来的信托制度被引入美国。在美国，受托人是为了营业牟利而接受信托，由此衍生了金融信托公司，从民事受托发展到商事受托[②]，现代信托制度初具雏形。

---

① 中野正俊. 中国民事信托发展的可能性 [J]. 法学, 2005 (1): 15.
② 海因·克茨. 信托——典型的英美法系制度 [J]. 邓建中, 译. 比较法研究, 2009 (4): 153.

信托在美国除了作为一种财产管理方式之外，尚有规避遗产查验程序（probate）、节税以及对财产权设限并由后代依序继承的目的。①

在普通法系国家，监护制度与信托制度存在一定联系，被监护人与监护人等同于信托关系中的委托人和受托人。信义法中的信义义务要求受托人在履行职责时奉行委托人的利益优先于自身利益的准则，并谨慎勤勉地行事。这与我国监护法中监护人监护职责下的法律义务相契合。法律要求监护人对被监护人承担信义义务，以避免监护人在代被监护人做出人身或财产决策的过程中出现滥用权力的可能性。监护人管理监护财产与信托制度中受托人管理受托财产的差异体现为，监护人不享有对监护财产的所有权，而信托设立后信托财产的所有权转移到受托人名下。② 在财产管理方面，信托制度比监护制度更具优越性，如隔离风险，即受托人管理的信托财产独立于委托人、受托人和受益人的固有财产；意思冻结，即信托设立后，如果委托人丧失意思能力或死亡，受托人仍可依信托设立目的继续管理和处分信托财产，以实现信托财产长期管理的目的等。基于信托在财产管理方面的优越性，实践中早已出现将监护与信托结合使用的情形，由监护人进行人身照顾，信托受托人实施财产管理的制度设计，发挥了监护与信托协同应用的优势，更好地实现了被监护人的福祉。③

虽然监护信托已应用于民间实践，但在我国立法中尚未有"监护信托"概念。关于监护信托的定义，有学者认为监护信托，即信托机构为维护未成年人或精神病人的利益，在一定时期内监护其经济事务或承担其他特定义务如监护其生活，被监护者为受监护人和受益人。也有学者认为："财产监护信托业务是信托机构接受委托为无行为能力者的财产担任监护人或管理人的信托业务。"④亦有实践人士提出，监护支援信托是指运用信托制度的财产保护和隔离功能，结合监护制度，为当事人提供人身和财产管理的专业化、综合性服务，旨在帮助当事人进行人身事务和财产管理的提前安排，确保信托财产真正用于当事人，并按照当事人的意愿进行分配，实现既定的安排。简单来说，监护支援信托是配合监护制度进行的一种个性化、定制化的综合信托安排。当事人提前安排未

---

① 黄诗淳．美国生前信托之启示：以信托与监护之关系为焦点［J］．台大法学论丛，2019，48（2）：500．
② 朱圆．论信义规则在我国成年监护法中的引入［J］．政治与法律，2019（2）：101 - 103．
③ 朱晓喆．意定监护与信托协同应用的法理基础——以受托人的管理权限和义务为重点［J］．环球法律评论，2020（5）：68．
④ 李建华．我国个人信托业务发展研究［J］．湖北经济学院学报（人文社会科学版），2005（3）：54．

来人身事务，同时将财产通过信托进行隔离和保护，由信托受托人按照信托文件的约定进行财产管理、运用，以保障其未来生活。在中国当下的法律环境中，监护信托，实际上就是意定监护与财产信托的融合，即意定监护解决了被监护人的人身问题，如人身照顾、居住、保护等；而财产信托则解决委托人（被监护人）的财产问题，以避免监护人权力过大可能导致的道德风险。因此，监护信托是指委托人将全部或部分财产通过信托机构进行失能前的规划和安排，在委托人丧失行为能力时，由受托人按照委托人之前的规划和安排对财产予以管理和运行，监护人无权对信托财产进行管理和处分。监护信托为当事人提供了专业化的财产管理，一方面确保了信托财产真正用于当事人、剩余信托财产按照当事人的意愿进行分配，另一方面也降低了监护人在财产管理方面的风险和负担。因此，设立监护信托的首要目的不是投资理财，而是希望通过专业的人分工合作，各自做专业的事，避免被监护人的全部事务都由监护人管理，使监护和信托在架构上能相互制约又能灵活配合。

二、信托对监护人财产管理权的替代

监护人的权限含有对被监护人的财产管理。监护人财产管理权，是指监护人管理被监护人财产之权限且仅限于被监护人已经合法取得的财产。我国《民法典》并未对监护人财产管理权的概念进行界定，但从关于监护人财产管理职责的规定可以看出，财产管理权是一项概括性权利。监护人行使财产管理权无异于是对被监护人财产性事务的全面接管，被监护人一切财产性事务均可由监护人替代决定，忽视了监护人的自我决定权。一旦监护人滥用监护权，私自将被监护人用于养老的财产挪用他处，无疑将使被监护人的生活陷入困境。对于老年人而言，一旦身体机能衰退，除了会爆发社会中经常存在的"啃老族"的人伦悲剧外，某些子女也会为了自己的私利，利用侵占、伪造文书等手法侵夺父母的财产，使老人面临经济剥削甚至受到伤害。[①] 因此，保全老年人财产，确保财产用对地方，才能保障老年人安享晚年。信托的优点在于尊重自我决定权，同时受托人在财产管理方面也更具专业性，可以弥补委托人相关能力的不足。具体而言，信托可在委托人行为能力丧失时为其提供财产管理或金融服务；允许委托人随时更改；能缩短分配委托人财产的时间，受托人的行动往往比遗嘱执行人或遗嘱财产管理人快；允许委托人通过信托条款为配偶、子女做出相关

---

① 洪令家. 从老龄者保护谈安养信托 [J]. 财金法学研究, 2019, 2 (1): 87-106.

规定；可规定在委托人无行为能力时处理委托人的财产。① 信托可替代老龄监护财产管理的基础在于：

首先，契合私法自治理念。随着年龄的增长，老年人的身体机能将不断弱化，但老年人的行为能力并不是突然丧失的，而存在一个逐渐弱化的过程。传统老龄监护制度漠视被监护人余存的意志，剥夺被监护人的自我决定权，否定监护人的决策能力，透露的是有限维护交易秩序、监护人的意思优先于被监护人的"他治"式理念。② 20 世纪中期以降，人权问题受到世界各国的重视，成年（老龄）监护制度变革此起彼伏，并普遍遵循"尊重自我决定权""维持本人生活正常化"等理念，旨在让成年障碍者平等参与社会生活。监护信托尊重被监护人余存的意思能力，体现了现代监护理念的更新，与私法主张的意思自治理念相吻合，并且监护信托还体现着吸收社会力量来为私法自治机制服务③，信托制度引入老龄监护无疑为老龄监护制度改革带来新的活力。

其次，避免监护替代决定的适用。现代老龄监护制度的发展趋势是由医疗监护转向人权监护、由完全监护转向有限监护，其转变特点是以尊重自我决定、最少干预为指导原则。也就是应该先以最少干预的方式辅助老龄障碍者进行自我决定，唯有在穷尽前述方式而仍无效果时，方可适用监护，且监护人在确定决定是否符合老年人的最佳利益时，应考虑老年人在有意思能力时，曾经表达过的意愿和所持有的价值观和信仰。④《公约》第 12 条亦确立了由监护替代决定向协助决定的范式转变。因此，基于国际人权理念和价值趋势，通过其他制度的适用，替代监护人的部分职责，有助于避免监护替代决定侵害被监护人的情形发生。具体到信托的实践上，信托在成年监护中财产管理的替代适用意味着信托可成为监护中财产管理的主要方式，如果被监护人事先订立了信托协议，则关于信托协议中约定的财产优先适用信托，监护被置于补充地位，监护人仅管理信托财产以外的其他财产或者被监护人日常生活所需的财产。二者配合可以为被监护人提供更好的生活水平，更有利于被监护人的财产权利保护。

当前，我国正面临着高龄化社会的严峻现实与制度需求，老年人遭受经济虐待或忽视之现象，驱动着引入信托制度以充分发挥老龄监护制度的价值。当

---

① 孙海涛，曲畅. 财产信托制度在美国成年监护制度中的应用 [J]. 北京工业大学学报（社会科学版），2010（2）：50 – 54.
② 李霞. 意定监护制度论纲 [J]. 法学，2011（4）：120.
③ 朱娟. 论我国监护信托制度的构建——以老年人的监护为视角 [J]. 西南石油大学学报（社会科学版），2015（1）：57 – 58.
④ 李霞. 成年监护制度的现代转向 [J]. 中国法学，2015（2）：210 – 218.

监护人接管老年人的财产决定权并掌控老年人的财产时,经济虐待就有可能发生。若监护人控制了老年人的财产却不进行管理,或者不能按要求行使监护职责,便会发生经济忽视。经济上的虐待与忽视不仅可能会对家庭成员彼此间的信任造成负面影响,更会对老年人造成不可避免的伤害。经济虐待可以从很多方面伤害老年人,而且往往它不会主动停止。很多经济虐待情形中都会存在说谎、威胁或恐吓行为,这些也属于情感虐待。这些情形可能会带给老年人持续不断的心理压力和经济负担。尽管老年人可能会因监护人及其虐待行为受到严重伤害,但老年人或许并不会就其受到的伤害寻求帮助。长此以往,虐待情况可能会越来越糟,有时经济虐待还会引起身体上的虐待。比如,监护人通过行使财产管理权限制老人获取良好的居住条件、营养条件等,进而影响老年人的身体健康。

信托制度,恰恰可以弥补我国成年监护在财产管理上之不足,有效避免监护人的经济虐待和忽视,实现对失智或失能老年人的充分保护,帮助老年人因为年老、疾病、意外事件等认知能力、判断能力以及自身照护能力衰退或丧失后,让受托人依照信托文件履行监护和信托事务,以实现对老年人的身心和财产照料。①

三、监护信托与其他制度的区别

(一)监护信托与遗赠扶养协议

遗赠扶养协议是遗赠人和扶养人之间关于扶养人承担遗赠人的生养死葬的义务,遗赠人的财产在其死后转归扶养人所有的协议。《中华人民共和国民法典·承编》第1158条规定:"自然人可以与继承人以外的组织或者个人签订遗赠扶养协议。按照协议,该组织或者个人承担该自然人生养死葬的义务,享有受遗赠的权利。"遗赠扶养协议制度为需要监护的人群提供了用自己的财产与他人对自己的照顾进行置换的选择。有学者认为,遗赠扶养协议可以作为"另类养老合同"②,适用于没有近亲属或者其他监护人照顾且独立生活存在困难的老年人,可以说是一种自助养老方式。该制度虽体现出对老年人意思自治的尊重,但同授权他人管理本人事务的契约相比仍有欠缺。

遗赠扶养协议的履行不存在第三方的监督,这就导致在遗赠人行为能力逐

---

① 陈雪萍,张滋越. 我国成年监护特殊需要信托制度之构建——美国特殊需要信托制度之借鉴[J]. 上海财经大学学报,2020(1):140.
② 何丽新. 论遗赠扶养协议的扩张适用[J]. 政法论丛,2012(3):58.

渐丧失后，难以保证扶养人仍能尽职尽责地承担扶养义务，且扶养人通常也不具备合理规划财产的能力，一般只是消极地使用遗赠人的固有财产，维持遗赠人最基本的生活需要和水平。而在监护信托中，受托人的行为受到行业准则的规范，在委托人的财产监护方面更具有专业性，能够进行有效的管理，且在信托中还可以设立信托监督人。因此，相较于监护信托，遗赠扶养协议并不适合于财产监护领域。

（二）监护信托与老年人住房反向抵押养老保险

"老年人住房反向抵押养老保险"即"以房养老"，也被称为"倒按揭"，是指老年人将房屋产权抵押给银行、保险公司等金融机构，由金融机构根据老年人的年龄、预计寿命、房屋的现值及未来的增值折旧等情况进行评估后，按月或按年向老年人发放固定资金，直至老年人去世，然后房产出售所得用来偿还贷款本息，其升值部分归抵押权人所有。简言之，老年人把自己的住房作为抵押担保物，向银行贷款作为自己养老的费用。这种贷款方式最大的特点是分期放贷，一次偿还。2013年国务院发布的《关于加快发展养老服务业的若干意见》（以下简称《意见》）提出，"以房养老"将在全国范围开展试点。

虽然从2003年开始我国地方政府和金融机构陆续提出"以房养老"概念，但时至今日，中国"以房养老"模式几乎没有实质性进展，真正参与的人屈指可数。究其原因，有：（1）素有"养儿防老"传统观念的老人更愿意把房产等留给子女。这对"以房养老"而言是一大阻碍。欧美国家之所以流行"以房养老"，最主要原因在于这些国家规定有高额的遗产税，人们在"以房养老"和"高额遗产税"之间很容易进行抉择。（2）《意见》出台之时并未带来法律制度的完善，监管层面仍存在真空地带。（3）在"以房养老"关系中，老年人与金融机构的地位并不平等，在对房屋的估值上，金融机构掌握评估权。（4）房屋产权是"以房养老"的最大障碍。虽然《中华人民共和国民法典物权编》规定"住宅建设用地使用权期限届满的，自动续期"，但"自动"并不意味着"无偿"。在产权到期后，续期费用是一个巨大的未知风险。若费用太高，金融机构可能无利可图甚至亏本。（5）"以房养老"的客体仅限于具有完全产权的房屋，在现实生活中，大部分老年人并没有独立的房产，多是与家庭成员共有房产，这导致"以房养老"难以实现。

而在监护信托中，只要是法律许可流通的财产均可作为信托财产。因此，在财产种类上，监护信托比住房反向抵押贷款更加丰富，能够为被监护人提供多元选择。且受托人以委托人的最大利益管理、处置其财产，不仅能维持被监护人的正常生活水平，而且还能提供身体照顾、医疗护理等所需要的经济保障。

四、信托制度支援监护制度

如果单纯依靠信托制度，实现无民事行为能力人或限制行为能力人财产管理还存在以下不足：第一，受托人对委托人所交付的财产完全遵从信托契约的约定或者另外的书面指示，所获受益归受益人所有，但费用与可能发生损失的风险完全由委托人承担，这属于盈亏自负的"无裁量权信托"。然而，在委托人丧失行为能力以后，其财产事务管理之复杂，在无裁量权的情况下，无法满足其财产管理的需求。第二，如果受托人对信托财产处分不当，委托人有权依照信托合同的规定解任受托人，或者申请人民法院解任受托人。当委托人丧失行为能力时，如发生上述之情形，只能经漫长的行为能力宣告程序，由法定代理人解任，委托人无法及时得到救济。第三，信托制度无法满足所有成年被监护人的需求。对于依靠微薄收入生活的老年人来说，信托制度可能并不是其财产管理的最佳方式，而且老龄化社会背景下，监护制度更应该满足低水平者的需求。因此，单纯依靠《信托法》难以满足老龄监护财产管理之需求，有学者提出，使监护和信托实现制度对接，不仅可以弥补监护人管理财产时的能力欠缺，也可借助信托的独立性起到风险隔离的作用。①

将信托制度支援监护制度的优势，具体可体现在以下几个方面：第一，信托受益人没有行为能力的资格限制。信托受益人只是享受由信托关系产生的利益（相当于纯获利益的民事行为）。因此本人只需具备抽象性的权利能力就可以成为受益人，而无论具体性的行为能力状态如何。这是信托能够适用于成年监护的前提条件。第二，信托受托人与受益人分离，能够补足受益人缺乏的财产管理能力。受托人往往是职业性的信托机构或从业人员，不论是较行为能力欠缺的被监护人，还是较监护人，都具有更专业的财产管理能力，更有利于被监护人财产的保值增值。第三，信托财产的独立性、同一性等特点能够为本人提供更强的保障。一方面，受托人与监护人分设的情况下，监护人虽然可能拥有对被监护人的强大影响力，但是被监护人的主要财产由受托人管理，监护人滥用权力侵害被监护人利益的道德风险大大降低；另一方面，信托财产独立于被监护人财产，即使被监护人因合同或侵权产生债务，信托财产也不在清偿财产范围之内，这就是信托财产的"闭锁效应"。② 如依据《民法典侵权责任编辑》

---

① 朱垭梁.《民法总则（草案）》第17—22条评析——监护与信托的功能耦合与制度融合[J].安徽大学学报，2016（6）：117-123.
② 顾功耘.商法教程[M].第二版.上海：上海人民出版社，2006：334.

第1188条第2款规定，行为能力不完全者造成他人损害的，从被监护人财产中支付赔偿费用。但如果设有信托，则信托财产不在支付赔偿费用的财产范围之内。第四，信托管理具有连续性。监护人往往是与被监护人具有较强人身信任关系的自然人，他们也会在能力、健康和寿命等方面遇到问题而缺任，一旦缺任，重新选任则费神费时。信托管理人作为职业机构，相比自然人有更稳定的存续能力，尤其是银行、保险等金融机构作为信托人时存续能力更强，能够保证本人财产管理不受成年监护人更迭的影响。当然，目前发达国家中监护人也在逐渐职业化、机构化，但对于大部分国家而言，信托管理人的职业化、机构化远比监护人的早。

第二节　信托支援监护的历史演变与法律实践

一、普通法系的监护信托

如前所述，信托制度起源于英国中世纪的"用益制度"，是为了规避封建时代土地被没收、征税等情况而产生的。委托人被称为用益让与人（the Feoffor to Uses），受托人被称为用益受让人（the Feoffee to Uses），用益利益享有人被称为受益人（Cestui Que Use），受益人既可以是委托人，也可以是委托人与受托人之外的第三人。由于用益制度的根本目的是规避，因此开始并不被普通法院承认，直到后来才在衡平法院得到肯定，但是在二元司法体系和利益博弈下，用益制度演变成"双层用益"，第二层用益即为"信托"（Trust）。后来信托完全取代了用益制度并演变成"普通法所有权"与"衡平法所有权"的双重所有权规则。美国的信托大多沿袭英格兰制度，美国引入信托制度后多以公司而非自然人的形态出现，并且发展成与银行、保险鼎足而立的金融支柱行业，还逐渐形成了挥霍者信托（Spendthrift Trust）等原则，成为世界上信托业务最发达的国家。在英美法系国家中，对于监护人财产管理方面通常适用信托制度，主要有两种监护信托产品，一个是扶养信托，另一个是特殊需要信托。

扶养信托是指为了照顾受益人，用于支付其生活、教育所必须之费用所成立的信托。扶养信托分配的信托利益以受益人的"教育及生活"所需为限，该信托利益并不是定期、定额地发放，而是根据受益人现实生活所需及偶然发生的生活费用、医疗费用进行调整，此外，受托人不得提供超过生活、教育、医疗之外的奢侈服务。由此可见，用扶养信托替代监护制度中的财产管理，能够为被监护人提供较好的保护。一方面，受托人根据受益人的实际情况配发信托财产，既能保证受益人获得持续的收入维持正常生活，又能避免浪费和挥霍，从而预防受益人自己管理使用财产造成风险。另一方面，信托财产的独立性和安全性能够有效防止监护人滥用监护权，侵犯被监护人的财产权益，从而起到保护被监护人的作用。

在美国，作为替代成年监护的另一项措施，特殊需求信托（Special Needs Trust）制度产生的原因主要是已有的公共救助制度，如医疗救助制度、社会安全补助金制度等，无法满足身心障碍者全方位的生活需要，故力求在保留救助资格的前提下，探索合法途径以提高生活质量。[1] 有学者提出，特殊需求信托可作为监护制度的替代品，在判断受益人是否有获取公共救助的资格时，通过特殊需求信托的架构，使受益人的信托财产可以不被计算在内，从而使受益人保有社会救助资格。特殊需求信托之目的在于使残疾受益人可继续享有满足基本公共福利需要之资格，同时也从其家庭获得较高生活质量的资源。[2]

美国密苏里州在特殊需要信托方面走在了前沿，1989 年创立的中西部特殊需求信托（Midwest Special Needs Trust，简称 MSNT）比在国家层面建立集中的特殊需求信托法案即 1993 年的《综合预算调节法案》早了四年。MSNT 最初被命名为密苏里家庭信托（Missouri Family Trust），因为一开始它只服务于密苏里州的居民。自 2004 年密苏里州扩大服务以来，密苏里家庭信托更名为中西部特殊需要信托，为居住在密苏里州、伊利诺伊州、肯塔基州、田纳西州、阿肯色州、俄克拉荷马州、堪萨斯州、内布拉斯加州和爱荷华州的残疾人开设和管理信托基金。MSNT 致力于使中低收入个人和家庭能够获得和负担得起信托服务，设立门槛较低，个人只需要持有 1000 美元的开户存款，再加上注册费便能建立一个活跃的信托账户。与中西部特殊需要信托机构建立信托关系需要满足以下两个资格标准：第一，受益人必须是社会保障局认定的残疾人。第二，设立信托的人必须是许可的财产委托人。中西部特殊需求信托机构是所有建立中西部特殊需求信托的受托人，有责任为受益人的利益妥善管理信托。州法律规定的受托人的责任被称为信托义务，包括：为受益人的最大利益行事；做出审慎的投资和分配决策；保存信托交易记录；向共同受托人提供会计报表等。

---

① 陈雪萍，张滋越. 我国成年监护特殊需要信托制度之构建——美国特殊需要信托制度之借鉴［J］. 上海财经大学学报，2020（1）：139.
② MCCOY K B. The growing need for third – party special needs trust reform［J］. Case western reserve law review, 2014：461 – 463.

中西部特殊需求信托有两种信托类型可供申请，一种是第一方信托（First Party Trust），另一种是第三方信托（Third Party Trust）。第一方信托是委托人提供自己的资产以本人为受益人而设立的信托，且为不可撤销信托。在受益人死亡时，剩余的信托资金款项将由医疗补助机构求偿，金额不超过为受益人支付的护理费用。分配给医疗补助机构后剩余的收益将根据主信托的条款分配给剩余受益人。当用于建立信托的资产不是来源于受益人（即资金由受益人或其配偶以外的人提供）时，可设立第三方信托。受益人死亡时，第三方信托不受医疗补助金偿还要求的约束。剩余收益按照主信托的条款分配给剩余受益人。特殊需要信托资金来源如下：家人、朋友、亲戚的给予；个人损害赔偿金；人寿保险收益；继承的资金或其他资产；社会保障金。

《美国法典》（United States Code）中亦明确规定了包括补偿信托（payback trust）和集合信托（Pooled trust）在内的两类法定特殊需要信托。依据补偿信托之条款规定，该类信托不可撤销且必须由父母、祖父母、法定监护人或法院设立，在设立之初受益人仅限于65岁以下的身心障碍者。[①] 即使受益人在设立信托后年满65岁，该信托的效力也并不终止，对受益人的影响主要关乎其个人财产，即受益人65岁之后，其个人财产不再作为信托资产的来源，除非它们是定期支付信托资产的部分。[②] 在受益人去世后，剩余信托资产必须偿还给医疗补助机构，以补偿受益人在世时从医疗补助机构取走的医疗护理费用。集合信托的委托人可以和受益人是同一人，也可以是受益人的父母、祖父母、法定监护人，抑或是法院，受托人必须为非营利组织，集合信托对受益人的年龄并未像补偿信托那样有明确的限制。集合信托资产可由不同的委托人提供，信托财产相互隔离并统一放在同一个信托财产账户以便受托人用于投资和管理，不同委托人提供的财产都有独立的子账户且被分别跟踪。[③] 倘若集合信托的资金来源于受益人，那么在受益人去世后，信托账户资金必须首先用于补偿国家为受益人支付的医疗护理费用，之后剩余部分方可根据信托协议予以分配。如果信托资金由第三方提供，则在受益人去世后，信托账户剩余的信托资金无须首先补偿给国家，可以直接依协议分配给指定的其他受益人。中西部特殊需求信托可以为希望以自己的资产设立信托的残疾人（或其法定监护人）开立信托账户，避免法

---

① 42 U.S.C 1396 § p (d) (4) (A) (2010).
② LACEY R P, NADLER H D. Special needs trust [J]. Family law quarterly, 2012 (46): 247–256.
③ 42 U.S.C 1396 § p (d) (4) (C) (2010).

院设立信托。

除了中西部特殊需求信托、美国法典规定的补偿信托和集合信托外，美国还存在财产管理信托以代替或协同财产监护使用。以得克萨斯州为例，2014年之前，《得克萨斯州遗嘱认证法典》（Texas Probate Code）第867条规定了创建信托的机制，即信托公司可以通过该机制持有和管理被监护人的资产。这种信托通常被称为"867信托"。2014年《得克萨斯州遗嘱认证法典》被重新编纂为《得克萨斯州财产法典》（Texas Estates Code，简称TEC）。《得克萨斯州财产法典》第1301章设立的管理信托是根据法院命令为被监护人或丧失法律能力者设立的信托。依据该法典第1301.051条之规定，可以向法院申请设立管理信托的人有：监护人；委任代表被监护人或者被监护人利益的律师、代理人；与被宣告为无监护人的欠缺法律能力者之福祉有利害关系的人；被指定为无监护人的欠缺法律能力者代理的诉讼代理人或诉讼监护人；身体残疾的人。法院只有在认定信托符合被监护人的最大利益时，才可创设管理信托。除非设立管理信托的申请是由仅有身体残疾的人提出，否则法院必须指定一名诉讼代理人代表被宣告为无法律能力者参加听证会，另外，法院还可酌情指定一名诉讼监护人，代表被宣告为无法律能力者的利益。如果法院认定拟设立信托的对象法律能力残缺，但是管理信托不符合当事人的最大利益，法院可指定监护人而无须启动单独的监护程序。第1301.101条规定为被监护人或无法律能力人设立的管理信托必须包括的条款有：被监护人或者无法律能力人是信托唯一受益人；受托人可为受益人的健康、教育、维持生活或者扶养所必需的开支支付一定金额的信托本金或者收入；受托人依据第（2）项未支付的信托收入必须加入信托本金；受托人为公司且未发行债券；依据法院批准和本条（b）项，受托人有权就其所提供的服务获得合理的报酬。受托人可以投资信托资产，无须获得行使监护权的法院的事先批准。在管理信托终止前，法院可以随时修改、变更或者撤销信托。信托受益人或者被监护人的财产监护人，不得擅自变更或者撤销信托。①

加拿大的信托制度也较为成熟。在加拿大，信托作为三方当事人之间的一种法律关系，委托人以遗嘱或其他信托形式设立信托，将资产交付给受托人，并指明资产的受益人、资产的管理和运行方式，受托人则根据信托条款的指示控制、管理信托资产，而受益人依委托人指定的方式受益。信托可以是某人遗嘱的一部分，即遗嘱信托，也可以是由某人订立的在其在世期间就生效的信托，

---

① UPCHURCH L. Using management trusts in lieu of or with a guardianship of the estate [J]. Estate Planning & community property law journal, 2019, 11 (2): 326-349.

即生前信托。以不列颠哥伦比亚省为例，该省对残疾人的信托主要规定于《受托人法》（Trustee Act）。受托人作为执行信托条款者，首要职责是遵照信托文件的条款，为受益人的利益持有及管理信托资产。受托人应始终以受益人之最大利益管理信托资产，并依信托合同的指示投资代为管理的资金。若信托合同没有具体说明信托资金应如何投资，受托人必须按照《受托人法》第15.1至15.5条所述的投资规则，在做投资决定时，运用"审慎投资者"的谨慎、技巧、勤勉和判断。对于具体的投资计划或策略，受托人应征询财务顾问及/或律师的意见，且必须提供书面文件。受托人在决定是否将某项利益提供给某个受益人时，必须考虑以下各项因素：信托的具体条款；受益人的现状；受益人是否正收取其他可能会受影响的利益；信托支持该项利益的财力；在所得税方面对信托及受益人可能造成的后果；以及对其他受益人可能产生的影响。唯有在以下情况下受托人才可使用信托资金并将其给予第三者：向受益人提供货物或服务的人；属于法律规定的情况；拥有法定授权代表信托受益人的人（代理人、法定监护人、受托监管人、代表）；或作为信托的恰当及合理的开支。另外，受托人除接受法院允许的合理报酬之外，不可从信托资产中取得个人利益。[1]

二、大陆法系的监护信托

在大陆法系，一般认为信托主要源于罗马法或古日耳曼法，罗马法说认为信托的起源在于，当时罗马法禁止罗马公民遗赠财产给不具有接受遗赠资格的外国人、战俘或异教徒等，为规避该项禁令，遗赠人先将财产遗赠给有资格接受的第三人，再由第三人转交不具有接受遗赠资格的人。古日耳曼法说则认为，由于封建时代日耳曼法只承认法定继承而否认遗嘱效力，因此只能先由法定继承人作为受托人取得遗产，再转交受益的第三人。[2]

日本信托不以民事信托为主，而是以营业信托为主。日本最早的信托是在明治后期引入的，最初雏形是1900年的《日本兴业银行法》、1905年的《附担保公司债信托法》，然后是里程碑式的1912年的《信托业法》、1922年的《信托法》。其中，《信托业法》参照了当时印度和美国加利福尼亚州的信托法，最终依照英国判例、学说起草，因此可以说日本承继了英美法系的信托法。但是，日本家族信托并不景气，借贷信托蓬勃发展并成为信托的支柱型业务。[3] 因此，

---

[1] Trustee Act [RSBC 1996].
[2] 陈向聪. 信托法律制度研究 [M]. 北京：中国检察出版社，2007：47-48.
[3] 道垣内弘人. 信托法入门 [M]. 北京：中国法制出版社，2014：5-7.

虽然日本属大陆法系国家，信托制度却主要受英美法系的影响。

尽管日本的成年监护监督制度已相当发达，法院可以直接监督，即监护启动时，监护人要制作本人财产目录，法院通过审阅财产目录、要求监护人报告履职情况等手段审查监护人是否尽忠职守；法院还可以进行间接监督，即设立监护监督人，一方面由监督人对监护人的履职情况进行一般性监督；另一方面凡涉及被监护人重大人身财产问题的决定，须经监督人同意后，监护人才可以实施。① 但即便如此，成年监护人侵占本人财产的现象仍然屡见不鲜。究其原因，在于成年监护人既负责照料本人生活，又代理本人做成法律行为；既有权处理本人人身事务，又有权处理本人财产事务，权限过大监督难以发挥作用。为此，日本新设了"成年监护支援信托"制度，即对符合条件的成年监护，在设立监护人后，法院再指示监护人对本人大额财产设立信托，监护人仅负责日常生活的小额财产及人身事务管理。② 由此可见，信托之于成年监护，既是替代决定措施的一种，同时也具有监护监督的意义，前者指向受托人而后者间接指向成年监护人。因此，信托在成年监护中具有集监护与监督于一体的功能。

中国台湾地区信托制度主要源于民国时期的上海租界。20 世纪六七十年代为了发展经济，中国台湾地区大力发展信托行业，随后陆陆续续颁布了"信托法""信托业法"等，信托法律制度较为健全。此外还有一些监护与信托并存的案例，并非高龄者事先设定信托，而是在受监护宣告后，法院鉴于避免监护人滥权，命监护人代理本人将财产交付信托的裁判（士林地方法院 2007 年监字第 64 号裁定、花莲地方法院 2008 年监字第 79 号裁定及花莲地方法院 2009 年家抗字第 9 号裁定）。同时，"信托法"本身就自带监督制度。一方面，法院认为对受益人即成年监护本人的利益有必要时，可以自利害关系人或检察官申请，选任信托监察人，监察人可以为本人做出有关信托的涉诉或非诉行为。本人也可以在设定信托时直接任命监察人或约定监察人产生方式。另一方面，除营业信托及公益信托外，法院还可以根据利害关系人或检察官申请，通过设立检查人等方法，审查受托人履职情况。

中国香港地区设立特殊需要信托的原因在于一些家长表示，虽然他们有能力满足其有特殊需要子女的长远生活需要，但由于其子女缺乏自我照顾能力，他们仍然担忧其离世后子女的照顾问题。即使他们可找亲友代为继续照顾，但

---

① 《日本民法典》第 853、863、851、864、876 之 3、876 之 8 条等。
② 浅香龙太，内田哲也. 监护制度支援信托的目的和运用［J］. 旬刊金融法务，2012，1939：30.

不想将全部财产直接交予亲友或照顾者,而希望以信托形式使其财产得到管理,以让他们在世时为其子女拟备的长远照顾计划得以在其离世后持续执行。特殊需要信托办事处于2018年12月成立,由社会福利署署长法团担任"特殊需要信托"的受托人,在家长离世后管理他们的财产,并按照他们的意愿定期向其子女的照顾者或机构发放款项,以确保他们的财产用于继续照顾其子女的长远生活需要上。参与"特殊需要信托"的委托人须与社会福利署签订信托契约,并附上意向书及受益人的照顾计划,以及明确日后担任受益人的个人或机构照顾者。此外,委托人须订立遗嘱,指明离世后其资金要转移至"特殊需要信托"。特殊需要信托办事处的主要职责包括:处理直接与"特殊需要信托"相关的行政事宜,包括设立、管理及终止"特殊需要信托"户口;为委托人、受益人、照顾者及其他相关人士就照顾计划提供所需数据及建议,包括定期检视照顾计划的执行情况;将不同信托户口的资金汇聚投资及管理,并定期向照顾者发放用于受益人福利及利益的资金;若受益人有其他福利需要,转介其个案于相关的服务单位跟进等。

我国大陆地区能够体现监护信托的法律实践为遗嘱信托。遗嘱信托指委托人预先将财产规划内容详订于遗嘱中,遗嘱生效后,将信托财产转移给受托人,由受托人依据信托的内容管理信托财产。① 相较于遗嘱继承,遗嘱信托可巧妙地解决关于财产传承的问题,一方面可减少因继承遗产产生的纠纷,并避免产生巨额的遗产税;另一方面能够避免受益人随意挥霍财产,解决后位继承人不被认可的问题。在监护领域,作为监护人的遗嘱人或因为被监护人年龄尚小,涉世未深,或由于被监护人意思能力余缺,无法合理利用财产,因此可以选择使用遗嘱信托。遗嘱人可以在遗嘱中明确说明将来的遗产交由受托人管理、处分,并按照约定向受益人分配利益,如可以规定按照受益人的年龄进行阶段性分配:在受益人25岁的时候分配25%,30岁的时候分配30%,剩下的在其35岁进行分配。②

三、监护信托法律实践

虽然我国立法规定有遗嘱信托,但目前依然存在明显漏洞。《信托法》第8条规定,采取信托合同形式设立信托的,信托合同签订时,信托成立。采取其他书面形式设立信托的,受托人承诺信托时,信托成立。按此规定,遗嘱信托

---

① 李霞. 遗嘱信托制度论 [J]. 政法论丛, 2013, 2:43.
② QUINN M J. Guardianship of Adults [M]. New York: Spring Pub. Co., 2005:117.

只有在受托人承诺时才能够成立。此规定与英美信托法上"衡平法不允许信托因缺乏受托人而无效"的法理相悖。如按照美国法，只要存在有效的财产转移，即使受托人对此并不知情，信托亦成立，即通知受托人或者接受信托的承诺对于信托的成立并非必要。① 而《继承法》则采用《民法通则》的相关规定，认为遗嘱是立遗嘱人单方意思表示，其成立与生效不需要受遗嘱人同意。两部法律对遗嘱信托的成立生效要件的规定不统一，导致了在法律适用上的冲突。②《民法典》亦未就此问题做出回应。另外，遗嘱信托属于他益信托，并不能满足老龄群体为自己能力丧失后的晚年生活提前安排财产管理之需求。

随着我国人口老龄化的深化、家庭结构的变化，以及社会生活、子女抚养、优质养老等理念的转变，如何规划和托付余生愈发成为社会大众关注的焦点。万向信托联合杭州市国立公证处、上海市普陀公证处（顾问单位）将信托制度与监护制度紧密结合，成功落地全国第一单监护支援信托，让当事人人生规划更加全面，首次在现实服务层面实现"信托制度＋监护制度"的创新融合。2021年3月，国内首单身心障碍者服务信托业务在北京成功落地，该服务信托模式旨在借用信托制度的架构优势，为身心障碍者提供一个可选择、可持续、可信赖的解决方案，以信托方式解决身心障碍者家属最关注的问题。民间实践走在了立法前头。由此可知，我国监护信托立法的滞后限制了实务的发展，因此，我国有必要立足于本国国情，结合多种信托产品的优势，建立完备的监护信托体系。

第三节 我国监护信托的基本框架

通过前文的阐述，可以发现信托在成年监护中具有替代财产管理的功能，且在理论和实践中具有必要性和可行性，而在现有法律框架下，也可通过法律解释的方法将信托制度嵌入成年监护。《德国民法典》第1802—1824条详细规定了监护人代理被监护人处理财产事务的范围、方式、程序及其监督。其之所以选择在《民法典》中运用如此多的条文规定财产监护事务，是因为信托制度中存在的"双重所有权"问题一直无法被潘德克顿体系所接受。因此长期以来信托法的发展在德国一直受到掣肘。既然无法通过外置模式来解决这一问题，

---

① 赵廉慧. 信托法解释论［M］. 北京：中国法制出版社，2015：121-122.
② 李霞. 遗嘱信托制度论［J］. 政法论丛，2013（2）：46.

那么在《民法典》中规定财产监护事务就成了必然的选择。我国的情况则不然，《信托法》在2001年10月1日就已经生效，所以利用信托制度来解决财产监护问题至少在规范层面是没有障碍的。

首先，我国《信托法》《信托投资公司管理办法》和《信托投资公司资金信托管理暂行办法》等法律规定，构成了信托制度的法律保障。依据私法自治原则，只要符合信托三要素，信托关系即可成立，即具备合适的委托人、受托人、受益人，明确的信托财产及书面的信托文件，因此，在财产监护中适用信托制度在《信托法》方面是没有障碍的。其次，监护人应当有权为被监护人设立信托。依据《民法典》规定的"最有利于被监护人"的原则，监护人对被监护人的财产负有妥善保管、管理的职责。在社会经济的快速发展下，尤其在物价飙升的城市生活中，单纯的储蓄和消极财产管理已经不合时宜，并且在经济学意义上其还是一种使财富变相贬值的管理方式。通过目的解释的方式，监护人的管理职责理应包含积极的财产管理职责，那么在考虑被监护人利益并经过司法审查的前提下，监护人为被监护人设立信托应是法律所允许的。最后，依据《民法典》第34条"监护人的职责是代理被监护人实施民事法律行为，保护被监护人的人身权利、财产权利以及其他合法权益等"监护人对信托受托人的监督是监护职责的应有之义，监护人应当督促信托受托人合理规划财产、及时分配收益，并保护被监护人财产不受受托人侵吞。

在中国现有《信托法》乃至《慈善法》架构下，此类信托可能只能由信托公司参照普通民事信托的模式来推进，但因为门槛低、资金量少、事务工作量大，信托公司显然是没法盈利的，也是没法长久运营的。因此，中国信托制度、社会救助制度的改革和成年监护制度的完善任重而道远。从我国当前的法制政策环境、积极老龄化现状、保护身心障碍者的现实需求以及信托机构专业人才的储备来看，引入和运作监护信托是可行的。《民法总则》新增并为《民法典》吸收的意定成年监护制度反映了我国立法对老龄化社会每个成年人现实需求的真切回应，为成年人日后丧失行为能力、老人逐渐丧失判断能力之后的权益保障提供了新的合适路径和可选方案，同时也为未来监护信托制度的引入提供了契机。基于社会结构从家庭向个人变化的趋势，成年监护显现出社会化、专业化、职业化的特点，不再局限于家庭内部，更多地强调社会参与。[1] 因此，构建合理的监护信托制度，由职业受托人为被监护人之财产管理事务提供专业化服务，正是积极应对老龄化之实施机制，符合当下老龄监护改革趋势。

---

[1] 孙犀铭. 民法典语境下成年监护改革的拐点与转进[J]. 法学家, 2018（4）: 41.

一、传统财产监护模式变更

监护制度的意义在于弥补身心障碍者行为能力的不足，为其提供良好的照管和保护。信托则是一种财产管理与转移的设计，实现财产的收益与分配。信托在成年监护制度财产管理中的替代适用，有利于在保障被监护人物质条件的基础上，为被监护人提供自主、体面的生活。实现信托在财产监护中的替代适用，首先应变更传统财产监护模式。

财产权利是被监护人获得良好照顾的重要保障，被监护人的日常生活、接受教育、享受医疗看护离不开财产的支持，财产管理的目的就是更好地处理被监护人的人身事务，保障被监护人的生活水平。传统的完全监护模式对监护事项不做区分，监护理念落后，方式单一，由监护人承担全部的监护职责，这导致监护人难以胜任。监护人既要负责对被监护人的日常照料，帮助处理其日常事务，又要保护被监护人的人身安全和财产安全，以免遭受他人的侵害，如果还要求监护人承担积极的财产管理职责，对监护人要求过高，可能会导致监护人滥用职权，或随意甚至恶意侵害被监护人的财产利益，该种模式将带来极高的代理风险。通过将财产监护与人身监护相分离，能够在一定程度上减少代理风险。

我国受传统思想的影响采取家庭监护的模式，没有形成将监护权交由专业机构行使的理念。而在英美法系国家，信托制度已经成为成年监护制度的有力补充，在财产管理越发重要、专业分工趋于细致的现代社会，信托制度比一般的监护制度能更好地弥补监护人在财产管理上的不足，从而实现被监护人利益的最大化。信托在财产监护中的适用将会产生以下有利影响：其一，可以实现财产监护与人身监护的分离，信托机构负责提供专业的财产管理服务，而监护人则可以专注于对被监护人人身事务的处理；其二，信托的适用有利于实现监护财产的保值增值，被监护人可以持续地获得信托收益，以维持其正常生活；其三，一旦成立信托，信托财产就被隔离出来，有利于防止监护人滥用监护权，侵犯被监护人财产权益，降低了监护人全面掌管监护财产所带来的风险；其四，信托法中完善的监督机制可以弥补监护监督的不足，降低监护监督制度的立法成本。但是，信托制度的替代适用并不能免除监护人的监护职责。信托只能给予被监护人财产之保障，而不涉及人身照顾，监护人依然要承担其人身监护的职责。监护人应当合理运用信托收益，如用于处理被监护人的日常事务，同时，监护人还应当对信托受托人进行监督，保证其按照信托协议履行交付义务。

监护信托作为替代传统财产监护的一种方式，厘清信托与监护的适用顺位是合理构建监护信托的重中之重。美国较为成熟的监护制度与信托制度协同运用的立法和实践值得借鉴。在美国，若本人丧失意思决定能力，应首先启动其对自己的财产或人身事务的预先规划和安排（如持久代理权或信托），由其指定的代理人协助本人就相关事务做决定，此时公权力不应直接介入启动法定监护。法定监护在美国仅作为穷尽各种替代措施仍无法全面保护本人时才得以使用的最后手段。由此观之，美国的信托制度在被监护人的财产管理层面具有规避法定监护之效果。本人对财产事务的预先规划和安排未必面面俱到，在本人判断能力下降，某项或某些事务需要他人协助之时，若此事务并未被持久代理权授予或信托涵盖，便可能存在启动法定监护之必要。即便如此，法定监护的适用仍须谨守最小限制原则，应尽可能地给予本人最大限度的自主与自立，故存在仅针对本人的部分事务选任监护人的有限监护（limited conservatory），也存在对本人而言仅维持一定期间的暂时监护（temporary conservatory）。① 美国立法规定，只要持久代理权授予协议有明确的授权，则代理人可设立、撤销或变更可撤销信托。这也就意味着，若协议无明确授权，监护信托的受托人享有的财产管理权不被剥夺。由此可知，在美国，法定监护、持久代理权、信托可同时存在，其关键在于每个法律关系中的忠实义务人（fiduciary）之间的权限设置与调整，始终遵循"意定优先于法定"的基本原则。虽然我国学者均赞成意定监护优于法定监护之原则，但信托与监护之间的关系却无明文规范。在监护启动情形下，监护人对本人的事务享有概括代理权。所以，即使本人在意思能力健全时便设立信托对自己的财产事务做出了预先规划和安排，明确信托利益全部由本人（委托人）享有，一旦法院对丧失判断能力之本人宣告监护并为其选定监护人或确认意定监护人，监护人的权限将及于本人的所有事项，包括人身和财产事务，监护人极有可能打着"保护"被监护人利益的幌子任意终止信托，此时的信托毫无规避、替代监护之效果，在两者并存时，监护人的地位显然凌驾于受托人之上。② 在老龄化社会，越来越多的老年人的晚年生活需要得到保障，监护人滥用监护权侵犯老人财产权益的现象时有发生，如何确保老人的财产真正用到老人的晚年生活上是必须予以关注和重视的问题。鉴于此，基于尊重本人意愿、尊重自我决定权之考量，我国在引入监护信托制度时，应借鉴美国立

---

① 李立如. 成年监护制度与法院功能的演进：以受监护人权益保障为中心［J］. 东海大学法学研究，2015（45）：128 - 129.

② 黄诗淳. 美国生前信托之启示：以信托与监护之关系为焦点［J］. 台大法学论丛，2019，48（2）：520 - 521.

法实践，明确信托与监护的适用顺位，即如果本人在失能前已就财产管理事务设立信托，则监护开始并不必然导致信托的终止，监护人也不得替代本人任意终止。信托未涵盖之财产事务，得适用监护措施。若信托与意定监护授权的财产事务有冲突，则以本人最新的意思表示为准。

二、监护信托的主体

（一）监护信托的主体资格

我国《信托法》关于信托委托人、受益人的资格问题分别规定于第19条、第43条，即委托人应当是具有完全民事行为能力的自然人、法人或者依法成立的其他组织；受益人可以是自然人、法人或者依法成立的其他组织。并且，委托人可以是受益人，还可以是同一信托的唯一受益人。按照此规定，信托委托人必须具备完全民事行为能力，受益人无能力要求，这样无疑会对信托在监护制度中的适用造成极大的限制。在比较法上，中国香港地区将特殊需要信托的委托人规定为：有特殊需要人士的家长、兄弟姐妹或亲属；18岁或以上；于签订信托契约时并非未解除破产的人士；中国香港永久性居民。受益人应为：智障（包括唐氏综合症）、精神紊乱或自闭症人士；符合申请社会福利署资助康复服务资格或教育局的特殊学校收生资格；中国香港永久性居民及通常居住于香港。在新加坡，特殊需求信托的委托人应：21岁及以上；有意思能力；不是未偿清债务的破产者。受益人需要符合以下条件：新加坡公民或永久居民；居住在新加坡；有特殊需求者。特需信托机构将"特殊需求者"定义为由于身体、感官、心智及发育出现残障问题（包括精神疾病），以致在教育和培训、就业及休闲娱乐等方面无法取得平等机会的社会成员。美国的中西部特殊需要信托允许残疾人作为委托人设立信托，要求受益人必须是社会保障管理局确定的残疾人。由此可以看出，域外的监护信托并没有严格要求委托人具备完全行为能力，虽然新加坡要求委托人具备意思能力，但意思能力并不等同于行为能力。因此，我国立法应允许行为能力有一定瑕疵的成年障碍者可以在其意思决定能力所及之范围内，就其财产管理的部分或全部等事务设立监护信托。

另外，参考域外由监护人、近亲属等代为设立特殊需要信托之形式，尤其是中西部特殊需求信托的第三方信托类型，我国在现有的《信托法》规定下，还可以通过监护人或近亲属代理设立信托，包括两种形式：一是监护人或近亲属以被监护人的名义，将被监护人的财产委托给信托机构，二是监护人或近亲属以自己的财产为被监护人设立信托。代理设立信托的方式弥补了无民事行为能力人或限制民事行为能力人无法为自己设立信托的空缺。

还有，国家也可成为监护信托的委托人。对于无监护人的成年障碍者，特别是独居、孤寡老人，国家应承担一定的监护责任。尽管法律规定被监护人住所地的居委会、村委会或者民政部门可以担任临时监护人，但很难保证其能充分履行监护职责，这使无人监护的成年障碍者已成为一个社会问题。以国家作为委托人为这类成年障碍者设立信托，能够使其在有生之年获得足够的财产保障，同时也能减少相应的监护负担。

（二）监护人的权限

关于监护人是否可以就被监护人的财产设立信托这一问题，在我国台湾地区当前的裁判实务中确实存在监护人代理本人设定信托的做法，即在本人受监护宣告之后，法院出于避免监护人滥用代理权之考量，要求监护人代理本人将本人的财产设立信托。除法院要求外，当然也存在监护人依据本人最大利益原则，从最有利于本人之角度出发，主动想要代理本人设立信托。对此，有学者认为，由监护人代理本人就其财产设立自益信托，在法理的角度上并无任何问题，只要该信托的设立符合本人最大利益原则并尊重本人意愿即为适法，且无须就此问题特别立法。但也曾有法官指出，赋予代理人代理本人设立信托之权限，虽可防止监护人滥用监护权，但此举是否为民法规定的禁止投资行为，仍存疑问，因此希望能有明确的立法条文进行规范，以确定监护人可代理本人设立何种信托类型，这样法院在要求监护人为本人设立信托时也会有明确的法律依据。值得注意的是，虽然专业的受托人较监护人而言更能确保本人的财产确实用于本人身上，但如若监护人代理本人设立信托之时限定信托财产的使用范围，那恐怕会有无法起到防止监护人滥用财产管理权之嫌。因此，本人在订立意定监护协议时可明确是否授予监护人代理其设立信托之权利，若未授权或者未规定抑或不存在意定监护协议，则监护人代理本人设立信托应获得法院许可。至于监护人能否代理本人行使变更信托之权，在意定监护协议未授权的情况下，若允许监护人当然有权为之，将造成本人过去的意愿被推翻的不当结果，因此亦应经法院同意。

关于信托的终止，《信托法》第50条规定："委托人是唯一受益人的，委托人或者其继承人可以解除信托。信托文件另有规定的，从其规定。"该条文义内容，并未提及监护人有权代理本人解除信托。无论是法定监护还是意定监护，监护人作为本人的代理人，有权代本人做出法律行为，现行《民法典》并未限制监护人不得行使信托终止权。如此，只要监护人不赞成本人设立的信托，则监护人极有可能利用监护权终止信托。为解决这一问题，有学者提出，可以在信托条款中明确规定终止信托之权能只能由本人行使，代理人不得为之。也有学者指出，可以限制代理人仅在信托监察人同意之特定条件下方得行使信托终止权。然而，这样的观点也存在一些问题。第一种观点将信托终止权严格限定在本人手里，如若本人丧失能力后真的有终止信托以获得护养疗治之资金的需求时，其会因为欠缺决定能力而无法提出终止信托，此约定将会使监护人不知所措。第二种观点将代理人之终止决定权与信托监察人之同意权关联，这导致代理人终止信托须以该信托有监察人之存在为前提，然而在实务中，并不是每一件信托业务都设有监察人。对于这一问题，可参考美国做法。在美国，如果是不可撤销信托，在本人丧失能力后，其监护人或持久代理权人不得任意终止信托或要求分配信托资产；如果是可撤销信托，在本人丧失能力后，其监护人或持久代理权人只能在持久代理权授予协议有明确约定或法院许可的条件下方可撤销信托。由此可知，美国高度重视本人的预先决定，充分尊重本人预设之信托，严格限制监护人或持久代理权人的撤销权。因此，我国立法可以借鉴美国的做法，明确规定在本人丧失行为能力后，监护人不得任意终止本人预设的信托，除非在意定监护协议中明确规定意定监护人有权代理本人终止信托，若意定监护协议未授权或未规定，意定监护人代理为之应经过法院许可；法定监护人之代理终止行为均应经法院许可。①

（三）受托人的权限

依据我国《信托法》的规定，受托人应当遵守信托合同的约定，以受益人的最大利益为原则处理信托事务。在管理信托财产时，受托人必须恪尽职守，履行诚实、信用、谨慎、有效管理的义务。受托人除依法律规定取得报酬外，不得利用信托财产为自己谋取利益；不得将信托财产转为其固有财产；原则上，不得将其固有财产与信托财产进行交易或者将不同委托人的信托财产进行相互交易；必须将信托财产与其固有财产分别管理、分别记账。上述规定为立法明确的受托人权利义务，至于信托合同规定的权利义务则由当事人协商确定。监护信托作为一种新的民事信托类型，为委托人提供明确受托人权利义务的指导性意见有助于帮助委托人订立监护信托，也便于鼓励更多的信托机构参考指导性意见开展监护信托业务。

关于信托文件中受托人的权限，美国中西部特殊需求信托要求，信托资金必须仅用于指定受益人的利益，并且只能用于补充福利收入。如果信托管理不

---

① 黄诗淳. 美国生前信托之启示：以信托与监护之关系为焦点［J］. 台大法学论丛，2019，48（2）：528-530.

当或出于禁止目的进行分配，社会保障或医疗补助可将信托视为"可计算"资产，可能导致重要公共利益的减少或损失。一般而言，特别需要信托基金可用于：非其他来源支付的医疗和牙科护理；私人康复训练、服务或设备；补充教育援助；娱乐和爱好；交通；个人财产和服务。在我国香港地区，信托启动后，受托人将定期向照顾者发放为受益人的福利及利益的资金，该笔资金须主要用于满足受益人的日常生活、照顾及发展的需要；将不同委托人的资金汇聚投资及管理，或将有关资金交予信赖的合适机构进行投资；将投资的损益按比例分配给各信托户口。另外，受托人会收取管理费，并有权就履行职务而直接或间接产生的所有合理及适当的费用和收费等，从信托基金拨付上述费用或获信托基金发还相关款项。

监护信托设立之目的是通过专业化的财产管理避免被监护人遭受经济虐待或财产发生不合理的流失，确保信托财产真正用到被监护人身上。所以，委托人在与受托人订立监护信托合同时可明确受托人如何管理信托财产并使之服务于受益人。例如，受托人可将信托财产用于受益人的衣食住行，如使用信托财产支付受益人的房租或贷款、水电费、暖气费、物业费等日常生活开支；受托人可将信托财产用于受益人的医疗健康护理，如体检、治疗、住院、康复训练等医疗健康支出；或者受托人可将信托财产用于受益人的教育支出、社会交际支出、旅游娱乐支出等。因此，未来可提供信托合同中关于受托人权利义务的指导性意见，以协助当事人订立监护信托。

三、信托产品

前文提到，不少国家和地区推出了不同模式的信托产品，如扶养信托、遗嘱信托、特殊需要信托等，能够满足被监护人的各种需求。目前国内的信托业务仍是以商事信托为主，其中最受欢迎的是投资信托。但并不是所有家庭都能支出高达几千万的巨额信托财产，这使不少人在选择信托时望而却步。不过，民事信托正处于发展当中，我国《信托法》中规定了公益信托，《慈善法》第一次把信托公司作为单独的法律主体写进法律，信托机构陆续推出了个人信托业务。域外丰富的信托产品可以为我们提供参考和借鉴，信托产业需要满足不同被监护人的监护需求，根据被监护人的具体情况，推出更多适用于财产监护的信托产品。

美国的监护信托种类较为丰富，运行成熟。在财产管理信托中，受益人在失能前，可指示受托人管理、支配、投资和保存信托财产；受益人在失能后，受托人依照信托法之相关规定以受益人之最大利益为出发点管理信托财产。该信托种类在我国现行信托法下恐无法施行。虽然委托人与受益人为同一人时，受益人有权变更、终止信托，但我国信托法却并未明确赋予受益人积极指示受托人如何管理、支配、投资和保存信托财产之权。故财产管理信托在我国当前的信托法律体系下难以合理引入并构建。中西部特殊需求信托包括第一方信托和第三方信托两种类型。第一方信托是残疾人用自己的资金以本人为受益人设立的不可撤销信托，第三方信托是残疾人的父母或亲属或朋友作为委托人并提供资金，以残疾人为受益人设立的信托。第一方信托允许残疾人设立自益信托，而我国信托法要求委托人必须具有完全民事行为能力，因此，从现行条款规定来看，第一方信托无法在我国直接引入并适用。但前述的关于监护信托主体的研究指出，我国应允许行为能力有一定瑕疵的成年障碍者可以在其意思决定能力所及之范围内设立财产监护信托。若以此观点探讨第一方信托，首先，成年障碍者可在余存的意思决定能力范围内以自己为受益人设立信托，这一点无须再考虑；其次，第一方信托为不可撤销信托，可终止情形包括：信托账户余额低于最低余额要求，受益人死亡，信托机构因信托无法再继续履行而决定终止等。第一方信托的不可撤销性极大地限制了委托人的意思自治空间，不符合尊重本人余存意志、尊重本人自主决定的人权理念，故如果委托人尚余存撤销信托的意思决定能力，理应尊重其自主决定权，赋予其撤销信托的权利。因此，第一方信托可有选择性地作为监护信托的类型之一提供参考。第三方信托属于他益、可撤销信托，以他人的财产为残疾受益人提供生活照顾服务。除了可撤销性外，第三方信托与中国香港地区的特殊需要信托极为类似，均设立门槛低、管理费用低且受托人都是非营利组织，此类信托可以借鉴，但我国的信托机构多为营利性组织，故若要将第三方信托引入作为我国监护信托的一种，不可避免地需要政府发布相关政策予以支援。

  监护信托是将信托制度与监护制度协同利用的信托类型，具备利用信托的风险隔离功能实现被监护人人身照管和财产管理分离之效果，从而形成一种协同与制衡机制。[①] 因此，除了本人设立的自益信托、他人提供自己财产以残疾人为受益人设立的他益信托外，还应提倡、鼓励监护人将被监护人的财产交付信托管理，法院在指定监护人时应考虑是否为被监护人设立信托，成年人在订立意定监护时也应考虑是否对其财产设立信托，从而以更好地利用信托使被监护人的财产真正地用于其本身。丰富多样的监护信托品种，也为老年人提供了多

---

① 朱晓喆.意定监护与信托协同应用的法理基础——以受托人的管理权限和义务为重点[J].环球法律评论，2020（5）：68.

元的选择空间。老年人为避免日后监护人滥用监护权侵犯其财产权益,可在意思能力健全时就其财产事务设立监护信托,待其欠缺行为能力时,由专业受托人管理其财产并用于其晚年生活。

为确保监护信托受益人的受益权,防止信托管理中的欺诈行为,或因市场风险信托目的无法实现,建议在监护信托上设置完善的运营保障机制、风险补偿机制和长期授权机制。加强对受托机构的资质和运营标准审查,建立相应的风险准备金和赔偿准备金制度,保障监护信托账户的保值增值需求,确保监护信托资产满足委托人设定的最低收益标准,确保监护信托长期有效运行,以实现特殊需要人群的生活有经济保障。①

四、监护信托的协同作用

2016年8月3日国务院颁布了《"十三五"加快残疾人小康进程规划纲要》,其中明确指出要加快发展残疾人服务业。针对残疾人面临的意外伤害、康复护理、托养等问题,鼓励信托、保险公司开发符合残疾人需求的金融产品。该要求使很多家庭看到了对残疾人设立财产监护信托的曙光。监护信托作为一种替代监护人财产管理的制度,解决了特殊群体的财产管理需求,在国外广为运用。作为民事信托范畴下的一种信托类型,监护信托在具有一般信托资产特点的同时,并不会对信托受益人应获得的公共福利造成影响,在满足特殊群体,尤其是老年人,有尊严有质量的生活层面大有裨益。但是,民事信托收益较低,资金来源少,信托机构往往不愿意办理相关业务,因此政府的扶持尤为重要,只有政府予以倡导、扶持,才能鼓励信托机构广泛参与监护信托。这也是世界各国(地区)的通行做法。在美国,特殊需求信托是服务老年人、残障人士等弱势群体的社会救助制度的重要补充性法律制度。在新加坡,特需信托由社会及家庭发展部、国家福利理事会共同成立,旨在协助为有特需的人士提供财务保障。在中国香港地区,由政府牵头成立的特殊需求信托是非营利的,由社会福利署署长担任受托人,让家长可以安心地投放资产以便在他们离世后用于满足有特殊需求子女的长远生活需要。此外,政府还参考了国外经验,让受托人汇聚不同信托户口的资金作投资,以减低个别户口的收费。社会福利署只按涉及信托资金管理及行政开支的成本计算收费,除此之外所提供的其他相关服务如个案管理,则全数由政府承担。监护信托着力于保障信托财产用于心智障碍

---

① 官玉琴. 意定监护制度框架下的老龄人财产信托[J]. 东南学术,2019(2):175.

者的养老或子女的照护,在目前的实务中,开设信托账户的资金要求和费用不高,属普惠信托,多数信托机构因收益低而较少开展监护信托业务。因此,政府应当给予信托监护机构一定的优惠政策,在政策上支持信托监护制度的构建,如:免税经营优惠政策、财政拨款和财政补贴上的优待等。对于为提高成年障碍者生活水平而设立的公益信托予以税收优惠减免。

关于财产监护信托,尤其是不动产监护信托项目,我国可增设财产清册的公证及登记制度,将信托财产的状态向社会公示,使其经登记具有对抗第三人效力,以保护委托人的财产安全和信托的交易安全。然而我国《信托法》就信托财产公示采用登记生效主义,即法律或行政法规要求办理登记手续的财产作为信托财产,若没有履行登记程序,则信托不生效。如此一来,委托人仍可以未办理信托登记为由主张信托不产生效力,受托人对信托财产的管理处分及受益人享有信托利益缺乏法律依据,第三人与信托当事人的法律关系也处于不稳定的状态。另外《信托法》并未规定进行信托登记的机构,2014 年成立的中国信托登记中心也未能有效解决信托财产登记存在的困境。因此,采用信托登记生效主义不利于平衡信托内外部当事人的关系,并且信托财产登记的现状也并不适合采用登记生效主义,改为采用登记对抗主义更为合适。[①] 委托人在能力健全时若要设立信托,可以同受托人共同办理信托财产登记业务;若委托人在能力健全时尚未设立信托,而是在委托人丧失行为能力后由监护人设立信托,则应当由委托人的近亲属、监护人以及受托人共同在机构办理财产登记。通过对信托财产登记制度的完善,强化作为养老保障的信托财产的隔离风险效力,以保障受益人生活经济之需。

五、信托监督

现行法律规定中监护监督机制建立并不完善,而信托制度的适用,能够降低监督制度的立法成本。在信托替代适用于财产监护之后,信托监督机制也将替代原有的监护监督机制发挥作用。然而我国目前的信托监督机制仍然有待改进。设立信托意味着委托人失去了财产控制权,但由于老龄者和精神病患者的身体机能和智力水平的弱化,难以监督信托受托人是否尽职尽责地履行信托义务,也没有能力向失职的受托人追偿。因此,在适用信托时,必须建立严密的监督制度以保障老龄者的权益。

---

① 徐刚. 解释论视角下信托登记的法律效力 [J]. 东方法学, 2017 (6): 139 - 140.

第一，参考《信托法》中公益信托监察人制度，适用于监护制度的信托也应当设立信托监察人。应在受益人群特殊，比如受益人为无民事行为能力人或者限制民事行为能力人的情况下设立信托监察人。信托监察人一般由当事人选定或由法院任命，原则上可以行使受益人的各项监督权能。监察人以自己的名义，监督信托受托人的履职行为，并代替受益人处理有关诉讼事务。信托监察人未尽职责，给监护信托财产带来损害的，应当承担赔偿责任。信托监察人承担类似受托人的责任，亦不得做出与信托事务利益相冲突的行为。

第二，发挥监护人的监督作用。比如，当信托受托人未及时履行信托收益交付义务时，监护人应催告其按照规定配发信托利益，或者协助被监护人提起诉讼程序，以此形成监护人与信托受托人相互监督与制衡的关系。

第三，引入公权力监督。对于老龄者和精神病患者而言，其监护人未必有能力监督受托人履行义务，而聘请律师、会计师等作为信托监察人又意味着要支出一笔不菲的费用，因此，法院等公权力机关也有必要负担起一定的监督职责。借鉴国外的监督机制，民事信托由法院来监督，信托业归行政主管部门监督，而公益信托则由各公益事业管理部门负责监督。

第四，结合审计制度进行监督。依据《审计法》规定，审计机关对国家的事业组织和使用财政资金的其他事业组织的财务收支，进行审计监督。如前所述，政府机构应对监护信托予以扶持，包括财政拨款、政策优待等，因此，如果信托机构接受了政府扶持，应当纳入审计范围，进行审计监督，确保做到专款专用。

结　语

　　传统老龄监护系一把双刃剑，以理性人假设为基础全面剥夺老龄意思能力不完全者的行为能力，而后由监护人代本人做决定的他治模式，其实质是以监护人替代决定为中心，以切断本人参与社会交往为代价，以积极干预私人自治的方式保护交易安全及本人利益，这种过度保护方式对被监护人私权构成了严重侵犯，是对本人自主决定权的掠夺和自由的过分干预，背离了人权的价值追求。现代社会以来，基于人权新理念的倡导、人口老龄化的现实和《公约》的范式转变，无视本人残存意思能力差别性的传统老龄监护制度，在国际上备受诟病并被各国立法相继摒弃，通过采用协助本人决定的多元监护替代措施，如持久代理权、医疗预嘱、监护信托等，以替代传统监护制度的适用。反观我国《民法典》成年监护之规定，依然保留备受批评的无行为能力制度，基本沿袭了《民法通则》的一元化措施立场，对本人余存的能力尊重不足，并不具备尊重被监护人本人意愿的前提，既不符合国际立法趋势和人权保护理念，也不符合《公约》对缔约国废除无行为能力制度的要求。因此，基于《公约》缔约国之义务和域外国家与地区立法趋势和先进经验，我国应积极倡导失能前的民事规划，并提供多元化老龄监护替代措施以满足不同老年人的不同保护需求。具体而言，我国可通过对《民法典》第33条的解释构建持久代理权制度，由未来的医事法对医疗预嘱做出包括指令型预嘱（在世预嘱）和代理型预嘱的相关规定，通过对《信托法》进行目的扩展解释以初步设计监护信托制度，更为妥善地保障老龄群体的权益，应对高龄化的人口现状。而且，持久代理权、医疗预嘱和监护信托这三种替代措施如同菜单提供的多个选择项，可以合并使用，也可单独使用。多元化老龄监护替代措施不仅是有效应对当下我国面临的少子老龄以及高龄人的认知能力逐渐丧失的挑战的有效制度，而且适用于所有成年人为预防遭遇意外事故所导致的失能失智而预先做出的安排和规划，从而应当取代替代决定的完全监护而得到优先适用。

后 记

本书系司法部课题《老年监护措施替代机制》的结项成果，历时四年才封笔，系因为在该项目的四年完成过程中，本人见证了中国民事立法史上最壮观的工程《民法典》的诞生。笔者有幸作为专家受邀参与了立法活动，从2015年6月的首场《民法总则》专家论证会到后来的《民法典婚姻家庭编》立法专家，尤其是受邀成为《民法典婚姻家庭编》成年监护组成员。在参与立法活动同时，还受邀参加了日本、新加坡的第二、三届"亚洲成年监护法大会"，同时本人作为召集人在上海举办了第四届"亚洲成年监护法大会"；除此之外，本人还参加了德国柏林"第四届国际成年监护法会议"、韩国"第五届国际成年监护法会议"以及荷兰阿姆斯特丹"成年监护法欧洲大会"。作为一个见证人，笔者惊叹成年监护法走向式微到逐步被以尊重本人自我决定为目的的系列新措施所取代的国际趋势，也期盼我国的成年监护借《民法典》立法的良机对现行的成年监护加以改良，并新建一个可以基本满足心智残障者需求的中国特点的协助决定制度。这也激励着笔者走进老年人在内的心智残障者中间，聆听他们的心事、参与他们的活动，并尽力将自己了解的国际最新知识结合起来，才具备完成这个项目的要素，目前呈现在读者眼前的拙作便是笔者提交的作业。

鉴于作者的学养和知识储备的局限，书中的诸多观点有待商榷和批判，有些甚至是首次提出且论证需要进一步重复坚实，比如，涉及的民法基础理论成年监护对被监护人的基本民事权利的侵害和基本自由的剥夺，再比如，剥夺行为能力制度必须与监护切割，这些颠覆传统民法基本理论且被国际上肯认并已经体现在立法上的宏大命题，需要更多的后来人支援论证。另外，《民法典》第33条的解释和续法、医疗预嘱、监护与信托的协同支援等，都有待进行深入探讨。

本人最乐意提到的是下面这些年轻活跃可爱的弟子们，因为本书的完稿极大得益于他们聪慧、严谨认真、愿意追求真理、不慕近利，坚守学术热忱和信念，放弃诸多休闲时间甘于寂寞，几乎是随时呼应并从速落实。作为教师而言，他们是我的财富和朋友，谢谢他们创造的这次美妙经历和愉快合作。他们是博士研究生丰瑞娜、左君超、向明媚，硕士研究生徐娴、徐静、李志慧、傅莉、王馨然、钱业煌、刘珊、卢叶莹，博士后董思远博士。其中，丰瑞娜协助本人全程参与了拙作的环节，感谢她尽心尽力地辅助！

感谢《光明日报》出版社及上海市华侨事业发展基金会成年监护专项基金资助。最后也是最重要的，感谢本书的责编，感谢为本书的"出生"付出的辛劳。

李霞

2021年4月于上海松江

附 录

德国联邦司法部《代理预授权书》范本[①]

授权书

我，_____（授权者）

授权者客观信息

在此授权给_____（被授权者）

被授权者客观信息

本人在此授权给上述我所信任的可靠人选，请他在以下我所圈选的所有事务上对我进行代理。通过本授权书可以避免法院指派照管者来代理我的事务。因此，倘若我在订立此授权书之后丧事行为能力，本授权书将继续具备法律效力。

只要被授权者持有此授权书，授权书就持续有效。被授权者在行使代理行为时必须出示授权书正本。

1. 医疗保险/长期护理

・被授权者可以在所有医疗事务上替我做决定，也可以在急症或住院护理的细节上替我做决定。他有权替我执行我表达在病患意向书里的意愿。

　　□是　　　□否

・被授权者有权同意关于我的健康状况之检查和治疗措施之执行，他也有权声明不同意或者撤回上述医疗措施的同意，即使由于进行、不进行或中断这些措施而存在令我死亡或健康遭受重大或持久性伤害的风险。（德国民法典第1904条第1款和第2款）

---

① 该文件的作者为德国联邦公证协会秘书长霍伊申。

□是　　□否

·被授权者可以调阅我的病例资料以及同意将病例交给第三方,因此所有对我进行治疗的医师和非医务人员面对被授权者时可以免除他们的保密义务。

□是　　□否

·被授权者有权决定我的居留,尤其是决定入住养老院或其他机构,即使安置在上述机构会剥夺我的自由(《德国民法典》第1906条第1款);有权决定会剥夺我自由的措施(例如加装床的栏杆、使用药物或其他类似方式),只要该措施对我的利益是必要的(《德国民法典》第1906条第4款)。

□是　　□否

2. 居留和住所事宜

·被授权者有权决定我的居留处所,有权承接来自房屋租约的权利和义务,包括解约的权利,也可以取消我的户口。

□是　　□否

·被授权者可以替我签订新的租屋合同以及解约。

□是　　□否

·被授权者可以替我签订养老院的合同以及解约。

□是　　□否

3. 官署

·被授权者可以在政府单位、保险公司、退休金和社会福利机构代理我。

□是　　□否

4. 财产处置

·被授权者可以管理我的财产,并且可以在国内和国外处理所有与财产相关的一切法律行为和事务,也可以发表和接受各种声明,以及提出申请、变更和撤回申请。

□是　　□否

·被授权者可以支配任何形式的财物;

□是　　□否

·可以接受付款和贵重物品;

□是　　□否

·可以借款或接受义务;

□是　　□否

·可以针对我的存款账户、股票与养金账户和银行保险箱发表意愿声明,可以代理我处理与银行往来的业务(请也注意以下提示);

189

□是　　□否

·在法律许可一个照管者接受馈赠的范围内代替我接受馈赠；

□是　　□否

·以下的事务他不能处理：

提示：在关于银行事务里的财产处置上也可使用您的银行/储蓄银行提供的存款账户/股票和基金账户授权书（样本在附件）。此种授权允许被授权者处理与管理存款账户/股票和基金账户直接相关的一切事务，但是被授权者不能处理对于正常业务非必要的事务，例如签订融资合同。原则上您最好亲自到您的银行/储蓄银行签署存款账户/股票和基金账户授权书，如此一来可避免日后授权的效力受到质疑。倘若您无法拜访您的银行/储蓄银行，在与您的银行谈话时一定可以找到解决方案。用于不动产业务、贷款以及用于贸易行业需要一份公证人公证过的授权书。

5. 邮件和电话

·被授权者可以替我接受和开启信件，可以替我决定电信事务。他可以为我发表所有与此相关的意愿声明（例如签约和解约）。

□是　　□否

6. 面对法院的代理

·被授权者可以在面对法院时代理我以及进行所有的诉讼。

□是　　□否

7. 次授权

·被授权者有权授予他人次代理权。

□是　　□否

8. 照管意向

·倘若尽管有本授权的存在还是必须要任命一名法定辅助人。

□是　　□否

9. 死亡后的效力

·本授权书在我死亡以后仍然有效。

□是　　□否

10. 其他规定

签名地点、日期　　　　　　　授权人签名

签名地点、日期　　　　　　　被授权人签名

新加坡《持久授权书》范本[1]

持久授权书　范本（2014 版）
须知信息

持久授权书的目的

1. 持久授权书是一份授权于您所指定的人员（即被授权代理人）在您心智出现状况时替您做出决定之权利的法律文件。您可以让您的被授权人对与您相关的如下事宜做出决定：

  · 您的个人福利（包括可能涉及的医疗保健服务）
  · 您的财产管理（包括处理资金问题）

2. 这是持久授权书（LPA）的范本 1，这份授权书将会给予您的被授权代理人非常广泛的权力。您的被授权代理人将会在持久授权书与心智健全法案（Cap. 177A）（后文简称"法案"）允许的范围内代表您做任何事。如果您不希望授予代理人如此广泛的权力，仅希望授予特定的或受限的权力，您应当填写并使用持久授权书的范本 2（该部分必须由律师草拟）。

该文件需注册认证

3. 这份文件必须在公共监护人办公室（OPG）进行注册认证。注册认证必须在您（授权人）签署这份文件后的六个月内进行。

授权的时间效力

4. 被授权代理人只有在持久授权书注册认证以及您的心智出现问题（或被授权代理人有正当理由认为您心智出现状况）时行使授权书所赋予的权力。

授权的权限范围（被授权人允许或不允许从事的事项）

5. 被授权代理人的权限受到该授权文件以及法案的严格限制。

6. 被授权代理人必须遵守法案的基本原则，其中包含"代理人的代理行为必须为授权人谋求最大利益"这一点。

7. 被授权代理人不得就法案所禁止的事项行使决定权，例如以授权人的名

---

[1] 新加坡心智能力法与持久授权书［EB/OL］.［2021－04－19］. https：//www.msf. gov.sg/policies/PublishingImages/LPA%20Form%201%20Application.pdf

义订立遗嘱。

8. 在心智健全法案实施细则中有关于该法案的指导意见。您可以通过公共监护人办公室或访问 www. publicguardian. gov. sg 获取实施细则。被授权代理人必须注意实施细则。

持久授权的撤销与终止

9. 在心智正常的前提下，您可以随时撤销您的持久授权书。您必须以书面的形式告知您的被授权代理人从而确保其知晓您已终结其相关权限。您同意需要以书面形式告知公共监护办公室您所注册认证的持久授权书已被撤销。

第一部分：授权人的个人信息与承诺

个人信息：

1. 我已阅读了上述须知信息（或由他人读给我听），我确认表格中的所有信息及细节准确无误。

2. 我指定在表格第二部分中所填写的人员为我的被授权代理人（或候补代理人），在我的心智出现状况或被授权人有正当理由认为我心智出现状况时替我决定表格第三部分所列举的事务。

3. 一旦我的被授权代理人出现基于法案第 15（5）条中所列举的导致持久授权协议终止的任何事宜时，我指定我的候补代理人代替我先前的被授权代理人行使持久授权的权力（如果合适的）。

4. 我已年满 21 周岁并且不是未接触债务的破产人。

5. 一旦本文件在公共监护人办公室注册认证生效，我将终止先前的由我授予的已生效的所有持久授权（如果有的话），不论是关于个人福利层面还是财产事务层面，我会把该撤销行为通知到我先前的被授权代理人。

授权人的签名与盖章，以此作为法律凭证
授权人签名：
认证机构专员签名：
签名日期：

翻译人员的个人信息
翻译员个人信息：

翻译员签名：

签名日期：

□如果翻译员是认证机构专员，请在此处勾选

翻译后的语言或方言：＿＿＿＿＿＿＿＿＿＿＿＿＿＿＿＿

第二部分：被授权代理人、候补代理人的承诺与信息

1. 我已阅读了上述须知信息（或由他人读给我听），我确认表格中的所有信息及细节准确无误。

2. 我知晓法案第 3 条（原则）和第 6 条（授权人最大利益）所赋予持久授权行为中被授权代理人的义务和责任。

3. 我会务必注意心智健全法案实施细则。

4. 当以下导致持久授权行为终止的事宜出现时，我会及时告知公共监护人办公室：

a）我否认将我指定为被授权人的行为。

b）我被迫处理授权人的破产事务。

c）我与授权人的婚姻关系终止或无效（如果我与授权人有配偶关系）。

5. 如果原先的被授权代理人终止了持久授权关系，我将替代他/她履行被授权人的职责，我具备担任被授权代理人的资格。

6. 我愿签署该文件，同意担任被授权代理人（或候补代理人）。

被授权代理人个人信息：

被授权代理的行为包括（只能勾选一项）：

□仅包括个人福利

□仅包括财产管理事宜

□既涉及个人福利又涉及财产管理事宜

被授权代理人的签名与盖章，以此作为法律凭证

代理人签名：

证人签名：

签名日期：

第二代理人个人信息：

被授权代理的行为包括（只能勾选一项）：

□仅包括个人福利

□仅包括财产管理事宜

□既涉及个人福利又涉及财产管理事宜

被授权代理人的签名与盖章，以此作为法律凭证

代理人签名：

证人签名：

签名日期：

证人的个人信息：

□如果翻译员是证人，请在此处勾选

翻译后的语言或方言：

_____

候补代理人个人信息：

被授权代理的行为包括（只能勾选一项）：

□仅包括个人福利

□仅包括财产管理事宜

□既涉及个人福利又涉及财产管理事宜

代理人签名：

证人签名：

签名日期：

证人的个人信息：

□如果翻译员是证人，请在此处勾选

翻译后的语言或方言：

第三部分：被授权代理人的权限

个人福利：

当我的心智状况不允许我在个人福利事务上自主决定时，我的被授权代理人有权就该类事宜代替我做出决定。

□是 □否（只能勾选一项）

如果勾选"是"选项，则：

a）代理人的行为应当符合持久授权书的规定以及法案的规范。

b）代理人拥有同意或拒绝他人为我所提供治疗的权力，包括是否进行临床试验。

□是 □否（只能勾选一项）

c）当我有多个被授权代理人的时候，他们应当承担：

□共同连带责任

□个别连带责任

财产管理事务：

当我的心智状况不允许我在个人财产管理事务上自主决定时，被授权代理人有权就该类事宜代替我做出决定。

□是 □否（只能勾选一项）

如果勾选"是"选项，则，

a）代理人的行为应当符合持久授权书的规定以及法案的规范。

b）代理人必须遵循如下限制条件（如有需要，请勾选）

□代理人不得在未经法院许可的情况下在以下场所出售、转移、运送、抵押、处分我的住宅：

_____（至少写一个）

c）代理人在法案第 14（3）条和 14（4）条的许可范围内，有权以我的名义通过资金赠予的方式处分我的财产。

□否

□是，且资金额度不受限制

□是，但资金额度有限制，每年度不得超过_____美元。

d）当我有多个代理人的时候，他们应当承担

□共同连带责任

□个别连带责任

特定的权限：

被授权代理人有权采取各种必要措施和应急手段从而使其代理行为生效，包括下列与授权书第三部分相冲突的事项：

ⅰ．签署契约或其他所有通知函、申请函、合同、协议、文件和表单；

ⅱ．索要、恢复、接收所有支付给我本人的钱款并给予相应收据；

ⅲ．代替本人参加会议、投票表决，并在法院、仲裁庭或其他谈判调解场所行使持久授权协议所授予的辩护权，并接收法院传票或其他通知与告示；

ⅳ．在我本人许可第三方机构将我的信息和账户资料透露给我的代理人或代理人基于持久授权书所委托的第三方机构（包括但不限于中央公积金局、银行

与金融机构、保险公司、医疗机构与人员的前提下，获取关于我以及我的第三方账户的信息（包括机密信息）。

第四部分：LPA 认证

认证机构专员信息：
认证机构专员承诺：
1. 我是（仅选择一项）
□公共监护机构认可的具备持久授权书认证资格的医疗从业人员
□医疗登记法案所认可的精神病专家
□通过了法律职业资格考试取得法律从业资格的辩护律师或最高法院的法务官员
2. 我已阅读了规定信息并且知晓我作为认证机构专员的责任。
3. 我的行为独立于授权人、代理人和候补代理人。
4. 根据 2010 年心智能力规定第 7（2）条，我具备认证持久授权书的资格。
5. 在签署本文书时，我以自身的见解和认知证明：
a）授权人充分理解该文书的目的以及所授予代理权限的范围。
b）授权人签署持久授权书的行为并非出于欺诈或胁迫。
c）不存在其他任何其他导致该持久授权无法被设立的事项。

认证员签名盖章：
签名日期：

魁北克《保护委托》范本*

此委托书自动撤销以前本人以前所订立的《保护委托》或《失能预先委托》。

1. 只有1名代理人时

本人＿＿＿＿（委托人姓名），＿＿＿＿＿＿年　月　日出生，兹委任以下人员为代理人，负责本人的人身保护和财产管理事宜：

姓名	出生日期	住址	委托人与代理人的关系

或

有多名代理人时

本人＿＿＿＿（委托人姓名），＿＿＿＿＿＿年　月　日出生，兹委任以下人员为代理人，负责本人的人身保护事宜：

姓名	出生日期	住址	委托人与代理人的关系

本人同时委任以下人员为代理人，负责本人的财产管理事宜：

姓名	出生日期	住址	委托人与代理人的关系

如需要时，请勾选：

（　）在委任了两名代理人时（1名负责我的人身保护，1名负责我的财产管理），如其中1名代理人辞任、死亡或丧失行为能力，我的意愿是由另一名代理人作为我的唯一代理人。

（　）在我委任了1人以上的代理人负责我的人身保护时，或委任了1名以上代理人负责我的财产管理时，如其中1名代理人辞任、死亡或丧失行为能力，

---

* 四川省成都市律政公证处蔡勇译（原文来自魁北克公共保佐人官网）。

我的意愿是由其余代理人单独履责。

委托人和见证人签名（首字母）：_____、_____

2. 候补代理人

委托人只委任了1名代理人的情形

如我的代理人，无论因何种缘故丧失了履责能力，我委任以下人员为候补代理人：

候补顺序	姓名	出生日期	住址	委托人与候补代理人的关系
1				
2				

委托人委任了多名代理人的情形

如负责我人身保护的代理人，无论因何种缘故丧失了责任能力，我委任以下人员为候补代理人：

候补顺序	姓名	出生日期	住址	委托人与候补代理人的关系
1				
2				

如负责管理本人财产的代理人，无论因何种缘故丧失了履责能力，我委任以下人员为候补代理人：

候补顺序	姓名	出生日期	住址	委托人与候补代理人的关系
1				
2				

委托人和见证人签名（首字母）：_____、_____

人身保护

3. 住宿

本人希望，在尽可能的情况下，居住在本人的家里。但是，如果我的状况苛求我必须住进更安全、更适合本人需求的生活地点，负责我人身保护的代理人可根据具体情况做出决定，并应考虑本人的以下愿望：

_____
_____
_____
_____

4. 对生命最后阶段的安排

在对我生命最后阶段所需的照顾做决定时，代理人应尊重我的以下愿望：

（　） 本人声明，我反对一切延缓死亡的无望抢救措施。我希望有尊严地死亡，佐以所需的辅助性、舒适性的照管手段以及旨在减轻本人痛苦的医学措施，即使该医学措施具有加速本人死亡的效果。

（　） 其他特殊愿望：

_____
_____
_____
_____

委托人和见证人签名（首字母）：_____、_____

财产管理

5. 财产管理权限

针对本人财产的管理，我委托代理人根据以下条款管理本人的动产和不动产（按二选一勾选）：

（　） 简单管理（领取收入，财产的日常管理，动产和不动产的保管及维护，等等）。

（　） 全权管理（领取收入，财产的日常管理，动产和不动产的保管及维护，进行获益性投资，出售、抵押财产，等等）。

特别条款：（　）我希望，除非确有必要，代理人不要出售本人的以下动产或不动产：

_____

_____

_____

_____

6. 财产清点及财产管理报告

代理人应在开始履责时对本人的动产和不动产进行清点。清点过程应在公证人或两名证人的见证下进行：

（　）是　　　　（　）否

代理人需要提交财产管理报告：

（　）是　　　　（　）否

提交财产管理报告的频率：

（　）每年一次　　　　（　）其他：_____

财产管理报告提交给以下人员：

_____（姓名）　　_____（姓名）

委托人和见证人签名（首字母）：_____、_____

7. 代理人的报酬

本人希望：

（　）代理人免费履责。

（　）代理人根据以下规则从我的财产中直接获取报酬：

201

负责人身保护的代理人或已经成为代理人的候补代理人	报酬规则
姓名	报酬金额为： （　）按周支付＿＿＿＿＿＿＿加元 （　）按月支付＿＿＿＿＿＿＿加元 （　）按年支付＿＿＿＿＿＿＿加元 （　）按其他方式支付：
	（　）按每小时＿＿＿＿＿＿＿加元支付报酬

负责人身保护的代理人或已经成为代理人的候补代理人	报酬规则
姓名	报酬金额为： （　）按周支付＿＿＿＿＿＿＿加元 （　）按月支付＿＿＿＿＿＿＿加元 （　）按年支付＿＿＿＿＿＿＿加元 （　）按其他方式支付：
	（　）按每小时＿＿＿＿＿＿＿加元支付报酬

代理人在履责过程中所支付的一切必要费用（包括申请委托书的批准生效手续所支付费用），均可从我的财产中进行报销。

委托人和见证人签名（首字母）：＿＿＿＿＿＿＿、＿＿＿＿＿＿＿

其他条款

8. 部分失能时

如本人只是丧失部分行为能力时，我仍然希望此委托书获得整体批准：
（　）是　　　（　）否

9. 失能状况的定期复评

我希望代理人对我的失能状况定期申请复评：

（　）是　　　　（　）否

如果选择"是"，在此委托书批准生效以后，代理人每____（数字）年申请一次医学和社会心理学的评估，旨在对我的失能状况进行复评。根据评估得出的结论，代理人应做出必要的决定，以明确是否继续履行委托或终止委托。

10. 征询意见

如代理人认为有必要时，可就委托书的批准生效或执行的一切有关事宜，向我的亲友中最知悉情况的人员征询意见。

（　）是　　　　（　）否

被征询人姓名：＿＿＿＿＿＿＿＿　　地址：＿＿＿＿＿＿＿＿＿＿＿＿＿
被征询人姓名：＿＿＿＿＿＿＿＿　　地址：＿＿＿＿＿＿＿＿＿＿＿＿＿
被征询人姓名：＿＿＿＿＿＿＿＿　　地址：＿＿＿＿＿＿＿＿＿＿＿＿＿

委托人和见证人签名（首字母）：＿＿＿＿、＿＿＿＿

11. 未成年子女的监护

本委托书批准生效之时，如本人有子女尚未成年且无监护人，本人指定以下人员为该未成年子女的监护人：

监护人姓名	委托人与监护人的关系	子女的姓名

12. 其他安排

有关本人人身保护的其他特殊意愿：

有关本人财产管理的其他特殊意愿：

委托人和见证人签名（首字母）：＿＿＿＿、＿＿＿＿

13. 委托人签名

此委托书由本人_____（委托人姓名），_____

_____（完整地址），于___年__月__日签署于_____

（地点）。

委托人签名：_____

14. 证人声明

我们声明，确认委托人具有订立此《保护委托》的行为能力并在我们的面前签名，我们个人与此委托书无任何利益关系。

我们于___年__月__日在（地点）

署名，特此证明。

证人姓名：_____   证人姓名：_____

完整地址：_____   完整地址：_____

电话号码：_____   电话号码：_____

证人签名：_____   证人签名：_____

委托人和见证人签名（首字母）：_____、_____、_____

我国台湾地区"预立医疗决定书"范本

(预立医疗决定书于2019年1月6日政府已正式公布)

预立医疗决定书

本人＿＿＿＿＿＿（正楷签名）经"预立医疗决定照护咨商"已经清楚了解"病人自主权利法"赋予病人在特定医疗条件下，接受或拒绝维持生命治疗，或人工营养及流体营养的权利。本人作成预立医疗决定（如第一部分．第二部分及附件），事先表达个人所期待的临终医疗照护模式，同时希望亲友尊重我的自主选择。

意愿人个人信息

日期：＿＿＿＿＿年＿＿月＿＿日时间：＿＿时＿＿分

见证或公证证明

我选择以下列方式完成预立医疗决定书决定之法定程序（请择一进行）：

☐1. 二名见证人在场见证：

见证人1签署：　　　　　　　　　　关系：

个人信息：

见证人2签署：＿＿＿＿＿＿＿＿＿＿关系：＿＿＿＿＿

个人信息：

日期：＿＿＿＿＿年＿＿月＿＿日

☐2，公证：公证人认证栏位：

日期：＿＿＿＿＿年＿＿月＿＿日

说明：

一、见证人必须具有完全行为能力且亲自到场见证您是出于自愿、并无遭受外力胁迫等情况下签署预立医疗决定（病人自主权利法第九条第一项第二款）。

二、见证人不得为意愿人所指定之医疗委任代理人、主责照护医疗团队成员，以及继承人之外的受遗赠人、遗体或器官指定之受赠人、其他因意愿人死亡而获得利益之人（"病人自主权利法"第九条第四项）。

三、根据"公证法"第二条之规定，公证人因当事人或其他系人之请求，就法律行为及其他关于私权之事实，有作成公证书或对于私文书予以认证之权限。公证人对于下列文书，亦得因当事人或其他关系人之请求予以认证：一、涉及私权事实之公文书原本或正本，经表明系持往境外使用者。二、公、私文书之原件或复印件。

意愿人：＿＿＿＿＿＿

第一部分 医疗照护选项

临床条件	医疗照顾方式	我的医疗照顾意愿与决定（以下选项，均为单选）
一、末期病人	维持生命治疗	1. □我不希望接受维持生命治疗。 2. □我希望在(一段时间)＿＿＿＿＿＿内，接受维持生命治疗的尝试，之后请停止；但本人或医疗委任代理人得于该期间内，随时表达停止的意愿。 3. □如果我已经意识昏迷或无法清楚表达意愿，由我的医疗委任代理人代为决定。 4. □我希望接受维持生命治疗。
	人工营养及流体喂养	1. □我不希望接受人工营养及流体喂养。 2. □我希望在(一段时间)＿＿＿＿＿＿内，接受人工营养及流体喂养的尝试，之后请停止；但本人或医疗委任代理人得于该期间内．随时表达停止的意愿。 3. □如果我已经意识昏迷或无法清楚表达意愿，由我的医疗委任代理人代为决定。 4. □我希望接受人工营养及流体喂养。

续表

临床条件	医疗照顾方式	我的医疗照顾意愿与决定 （以下选项，均为单选）
二、 不可逆之 昏迷	维持生命治疗	1. □我不希望接受维持生命治疗。 2. □我希望在（一段时间）_____内，接受维持生命治疗的尝试，之后请停止；但本人或医疗委任代理人得于该期间内，随时表达停止的意愿。 3. □如果我已经意识昏迷或无法清楚表达意愿，由我的医疗委任代理人代为决定。 4. □我希望接受维持生命治疗。
	人工营养及流体喂养	1. □我不希望接受人工营养及流体喂养。 2. □我希望在（一段时间）_____内，接受人工营养及流体喂养的尝试，之后请停止；但本人或医疗委任代理人得于该期间内，随时表达停止的意愿。 3. □如果我已经意识昏迷或无法清楚表达意愿，由我的医疗委任代理人代为决定。 4. □我希望接受人工营养及流体喂养。
三、 持久 植物人 状态	维持生命治疗	1. □我不希望接受维持生命治疗。 2. □我希望在（一段时间）_____内，接受维持生命治疗的尝试，之后请停止；但本人或医疗委任代理人得于该期间内，随时表达停止的意愿。 3. □如果我已经意识昏迷或无法清楚表达意愿，由我的医疗委任代理人代为决定。 4. □我希望接受维持生命治疗。
	人工营养及流体喂养	1. □我不希望接受人工营养及流体喂养。 2. □我希望在（一段时间）_____内，接受人工营养及流体喂养的尝试，之后请停止；但本人或医疗委任代理人得于该期间内，随时表达停止的意愿。 3. □如果我已经意识昏迷或无法清楚表达意愿，由我的医疗委任代理人代为决定。 4. □我希望接受人工营养及流体喂养。

续表

临床条件	医疗照顾方式	我的医疗照顾意愿与决定 （以下选项，均为单选）
四、极重度失智	维持生命治疗	1. □我不希望接受维持生命治疗。 2. □我希望在(一段时间)＿＿＿＿＿＿内，接受维持生命治疗的尝试，之后请停止；但本人或医疗委任代理人得于该期间内，随时表达停止的意愿。 3. □如果我已经意识昏迷或无法清楚表达意愿，由我的医疗委任代理人代为决定。 4. □我希望接受维持生命治疗。
四、极重度失智	人工营养及流体喂养	1. □我不希望接受人工营养及流体喂养。 2. □我希望在(一段时间)＿＿＿＿＿＿内，接受人工营养及流体喂养的尝试，之后请停止；但本人或医疗委任代理人得于该期间内，随时表达停止的意愿。 3. □如果我已经意识昏迷或无法清楚表达意愿，由我的医疗委任代理人代为决定。 4. □我希望接受人工营养及流体喂养。
五、其他经中央主管机关公告之疾病或情形	维持生命治疗	1. □我不希望接受维持生命治疗。 2. □我希望在(一段时间)＿＿＿＿＿＿内，接受维持生命治疗的尝试，之后请停止；但本人或医疗委任代理人得于该期间内，随时表达停止的意愿。 3. □如果我已经意识昏迷或无法清楚表达意愿，由我的医疗委任代理人代为决定。 4. □我希望接受维持生命治疗。
五、其他经中央主管机关公告之疾病或情形	人工营养及流体喂养	1. □我不希望接受人工营养及流体喂养。 2. □我希望在(一段时间)＿＿＿＿＿＿内，接受人工营养及流体喂养的尝试，之后请停止；但本人或医疗委任代理人得于该期间内，随时表达停止的意愿。 3. □如果我已经意识昏迷或无法清楚表达意愿，由我的医疗委任代理人代为决定。 4. □我希望接受人工营养及流体喂养。

意愿人：＿＿＿＿＿＿

第二部分　提供预立医疗照护咨商之医疗机构核章证明

根据"病人自主权利法",意愿人_____于　年　月　日完成预立医疗照护咨商。特此核章以兹证明。

医疗机构核章字段：

　　　　　　　　　　　　　　　　　　　　　　　　意愿人：_____

附件、医疗委任代理人委任书〈若有指定,请选填〉

本人（正楷签名）_____兹委任_____（担任我的第____顺位医疗委任代理人）,执行"病人自主权利法"第十条第三项相关权限。

〔受委任之人〕正楷签名：_____

签署日期：_____年__月__日

受委任之人个人信息：

（本表若不附使用,请另行复印）

我国台湾地区"病人自主权利法"及实施细则
"病人自主权利法"
2019年1月6日正式施行

公布日期：2016年1月6日
最新变动日期：2020年12月29日
法规沿革：
1. 2016年1月6日制定公布全文19条
2. 2019年6月12日修正公布第15、19条条文
3. 2020年12月29日"立法院"第10届第2会期第10次会议通过修正第10、19条条文

第1条（立法目的）
为尊重病人医疗自主、保障其善终权益，促进医病关系和谐，特制定本法。
第2条（主管机关）
本法所称主管机关：在"中央"为"卫生福利部"；在直辖市为直辖市政府；在县（市）为县（市）政府。
第3条（名词定义）
本法名词定义如下：
一、维持生命治疗：指心肺复苏术、机械式维生系统、血液制品、为特定疾病而设之专门治疗、重度感染时所给予之抗生素等任何有可能延长病人生命之必要医疗措施。
二、人工营养及流体喂养：指透过导管或其他侵入性措施喂养食物与水分。
三、预立医疗决定：指事先立下之书面意思表示，指明处于特定临床条件时，希望接受或拒绝之维持生命治疗、人工营养及流体喂养或其他与医疗照护、善终等相关意愿之决定。
四、意愿人：指以书面方式为预立医疗决定之人。
五、医疗委任代理人：指接受意愿人书面委任，于意愿人意识昏迷或无法清楚表达意愿时，代理意愿人表达意愿之人。
六、预立医疗照护谘商：指病人与医疗服务提供者、亲属或其他相关人士所进行之沟通过程，商讨当病人处于特定临床条件、意识昏迷或无法清楚表达

意愿时，对病人应提供之适当照护方式以及病人得接受或拒绝之维持生命治疗与人工营养及流体喂养。

七、缓和医疗：指为减轻或免除病人之生理、心理及灵性痛苦，施予缓解性、支持性之医疗照护，以增进其生活质量。

第4条（病人对医疗选项有选择与决定之权）

病人对于病情、医疗选项及各选项之可能成效与风险预后，有知情之权利。对于医师提供之医疗选项有选择与决定之权利。

病人之法定代理人、配偶、亲属、医疗委任代理人或与病人有特别密切关系之人（以下统称关系人），不得妨碍医疗机构或医师依病人就医疗选项决定之作为。

第5条（医疗机构或医师应告知病人本人病情）

病人就诊时，医疗机构或医师应以其所判断之适当时机及方式，将病人之病情、治疗方针、处置、用药、预后情形及可能之不良反应等相关事项告知本人。病人未明示反对时，亦得告知其关系人。

病人为无行为能力人、限制行为能力人、受辅助宣告之人或不能为意思表示或受意思表示时，医疗机构或医师应以适当方式告知本人及其关系人。

第6条（病人接受手术或治疗前签具同意书）

病人接受手术、"中央主管机关"规定之侵入性检查或治疗前，医疗机构应经病人或关系人同意，签署同意书，始得为之。但情况紧急者，不在此限。

第7条（医疗机构或医师对危急病人急救义务之除外）

医疗机构或医师遇有危急病人，除符合第十四条第一项、第二项及安宁缓和医疗条例相关规定者外，应先予适当急救或采取必要措施，不得无故拖延。

第8条（预立医疗决定）

具完全行为能力之人，得为预立医疗决定，并得随时以书面撤回或变更之。

前项预立医疗决定应包括意愿人于第十四条特定临床条件时，接受或拒绝维持生命治疗或人工营养及流体喂养之全部或一部。

预立医疗决定之内容、范围及格式，由"中央主管机关"定之。

第9条（预立医疗决定之程序）

意愿人为预立医疗决定，应符合下列规定：

一、经医疗机构提供预立医疗照护谘商，并经其于预立医疗决定上核章证明。

二、经公证人公证或有具完全行为能力者二人以上在场见证。

三、经注记于全民健康保险凭证。

意愿人、二亲等内之亲属至少一人及医疗委任代理人应参与前项第一款预立医疗照护谘商。经意愿人同意之亲属亦得参与。但二亲等内之亲属死亡、失踪或具特殊事由时，可不参与。

第一项第一款提供预立医疗照护谘商之医疗机构，有事实足认意愿人具心智缺陷或非出于自愿者，不得为核章证明。

意愿人之医疗委任代理人、主责照护医疗团队成员及第十条第二项各款之人不得为第一项第二款之见证人。

提供预立医疗照护谘商之医疗机构，其资格、应组成之谘商团队成员与条件、程序及其他应遵循事项之办法，由"中央主管机关"定之。

第 10 条（医疗委任代理人之要件与权限）

意愿人指定之医疗委任代理人，应以成年且具行为能力之人为限，并经其书面同意。

下列之人，除意愿人之继承人外，不得为医疗委任代理人：

一、意愿人之受遗赠人。

二、意愿人遗体或器官指定之受赠人。

三、其他因意愿人死亡而获得利益之人。

医疗委任代理人于意愿人意识昏迷或无法清楚表达意愿时，代理意愿人表达医疗意愿，其权限如下：

一、听取第五条之告知。

二、签具第六条之同意书。

三、依病人预立医疗决定内容，代理病人表达医疗意愿。

医疗委任代理人有二人以上者，均得单独代理意愿人。

医疗委任代理人处理委任事务，应向医疗机构或医师出具身份证明。

第 11 条（医疗委任代理人之终止委任及解任）

医疗委任代理人得随时以书面终止委任。

医疗委任代理人有下列情事之一者，当然解任：

一、因疾病或意外，经相关医学或精神鉴定，认定心智能力受损。

二、受辅助宣告或监护宣告。

第 12 条（预立医疗决定注记于全民健康保险凭证）

"中央主管机关"应将预立医疗决定注记于全民健康保险凭证。

意愿人之预立医疗决定，于全民健康保险凭证注记前，应先由医疗机构以扫描电子档存记于"中央主管机关"之数据库。

经注记于全民健康保险凭证之预立医疗决定，与意愿人临床医疗过程中书面明示之意思表示不一致时，应完成变更预立医疗决定。

前项变更预立医疗决定之程序，由"中央主管机关"公告之。

第13条（意愿人申请更新注记之情形）

意愿人有下列情形之一者，应向"中央主管机关"申请更新注记：

一、撤回或变更预立医疗决定。

二、指定、终止委任变更医疗委任代理人。

第14条（医疗机构或医师得依病人预立医疗决定终止、撤除或不施行急救）

病人符合下列临床条件之一，且有预立医疗决定者，医疗机构或医师得依其预立医疗决定终止、撤除或不施行维持生命治疗或人工营养及流体喂养之全部或一部：

一、末期病人。

二、处于不可逆转之昏迷状况。

三、持久植物人状态。

四、极重度失智。

五、其他经"中央主管机关"公告之病人疾病状况或痛苦难以忍受、疾病无法治愈且依当时医疗水准无其他合适解决方法之情形。

前项各款应由二位具相关专科医师资格之医师确诊，并经缓和医疗团队至少二次开会确认。

医疗机构或医师依其专业或意愿，无法执行病人预立医疗决定时，得不施行之。

前项情形，医疗机构或医师应告知病人或关系人。

医疗机构或医师依本条规定终止、撤除或不施行维持生命治疗或人工营养及流体喂养部或一部，不负刑事与行政责任；因此所生之损害，除有故意或重大过失，且违反病人预立医疗决定者外，不负赔偿责任。

第15条（医疗机构或医师执行预立医疗决定前，应向有意思能力之意愿人确认该决定之内容及范围）

医疗机构或医师对前条第一项第一款及第五款之病人，于开始执行预立医疗决定前，应向有意思能力之意愿人确认该决定之内容及范围。

第16条（提供病人缓和医疗及其他适当处置）

医疗机构或医师终止、撤除或不施行维持生命治疗或人工营养及流体喂养时，应提供病人缓和医疗及其他适当处置。医疗机构依其人员、设备及专长能力无法提供时，应建议病人转诊，并提供协助。

第 17 条（医疗机构或医师应将病人之意愿等事项记载于病历）

医疗机构或医师应将其所执行第十二条第三项、第十四条及第十五条规定之事项，详细记载于病历；同意书、病人之书面意思表示及预立医疗决定应连同病历保存。

第 18 条（施行细则）

本法施行细则，由"中央主管机关"定之。

第 19 条（施行日）

本法自公布后三年施行。

本法修正条文，自公布日施行。

我国台湾地区"病人自主权利法实施细则"

公布日期：2018年10月3日
最新变动日期：2018年10月3日
法规沿革：1.2018年10月3日卫生福利部卫部医字第1071666162号令订定发布全文17条

第1条
本细则依"病人自主权利法"（以下简称本法）第十八条规定订定之。
第2条
本法第三条第四款意愿人，应符合本法第八条第一项规定，具完全行为能力，并依本法第九条第一项规定，参加全民健康保险，领有全民健康保险凭证。
本法第三条第六款所称病人，指前项意愿人。
第3条
病人为无行为能力或限制行为能力者，其法定代理人不受本法第四条第二项不得妨碍医疗选项决定之限制。但病人具完全行为能力时，已预立医疗决定者，应受本法第四条第二项规定之限制。
第4条
医疗机构或医师依本法第五条告知时，因病人及在场关系人之语言、文化因素，或有听觉、语言功能或其他障碍的沟通困难者，得由受有相关训练之人员协助。
第5条
本法第六条所定同意，应以病人同意为优先，病人未明示反对时，得以关系人同意。
病人为限制行为能力人、受辅助宣告，或意思表示能力，显有不足者，除病人同意外，应经关系人同意。
病人为无行为能力、意识昏迷或无法清楚表达意愿者，应经关系人同意。
第6条
意愿人依本法第八条第一项规定，以书面撤回或变更预立医疗决定者，应向医疗机构为之；医疗机构应以扫描电子档存记于本法第十二条第二项"中央主管机关"之数据库，并由"中央主管机关"更新注记于全民健康保险凭证。

第 7 条

医疗委任代理人不为本法第十条第三项第三款代理意愿人表达医疗意愿，或经医疗机构确认无法联系时，意愿人之预立医疗决定，不予执行。

意愿人委任医疗委任代理人二人以上者，得就本法第十条第三项第三款预立医疗决定所定权限，指定顺位；先顺位者不为意思表示或无法联系时，由后顺位者行使之。后顺位者已为意思表示后，先顺位者不得提出不同意思表示。

第 8 条

意愿人于临床医疗过程中，其书面明示之意思表示，与本法第十二条第一项全民健康保险凭证之预立医疗决定注记，或同条第二项预立医疗决定扫描电子档不一致时，意愿人依第六条撤回或变更前，医疗机构应依其书面明示之意思表示为之。但意愿人书面意思表示之内容，系选择不接受维持生命治疗或人工营养及流体喂养者，于撤回或变更程序完成前，医师仍应依原预立医疗决定注记或医疗决定扫描电子档之内容。

第 9 条

意愿人之预立医疗决定，依本法第十二条第二项规定存记于"中央主管机关"数据库者，其扫描电子档之效力，与预立医疗决定正本相同。

第 10 条

本法第十四条第一项第一款所定末期病人，依"安宁缓和医疗条例"第三条第二款规定。

前项末期病人之确诊，应由两位与该疾病诊断或治疗相关之专科医师为之。

第 11 条

本法第十四条第一项第二款所称不可逆转之昏迷状况，指因脑部病变，经检查显示符合下列情形之一之持续性重度昏迷：

一、因外伤所致，经诊察其意识超过六个月无恢复迹象。

二、非因外伤所致，经诊察其意识超过三个月无恢复迹象。

三、有明确医学证据确诊脑部受严重伤害，极难恢复意识。

前项诊察及确诊，应由两位神经医学相关之专科医师为之。

第 12 条

本法第十四条第一项第三款所称持久植物人状态，指因脑部病变，经检查显示符合下列情形之一之植物人状态：

一、因外伤所致，其植物人状态超过六个月无改善迹象。

二、非因外伤所致，其植物人状态超过三个月无改善迹象。

前项确诊，应由两位神经医学相关之专科医师为之。

第 13 条

本法第十四条第一项第四款所称极重度失智，指确诊失智程度严重，持续有意识障碍，导致无法进行生活自理、学习或工作，并符合下列情形之一者：

一、临床失智评价量表（Clinical Dementia Rating）达三分以上。

二、功能性评价量表（Functional Assessment Staging Test）达七分以上。

前项确诊，应由两位神经或精神医学相关之专科医师为之。

第 14 条

本法第十四条第一项第五款所定情形，由"中央主管机关"召开会议后公告之。

前项会议前，病人、关系人、病友团体、医疗机构、医学专业团体得检具相关文件、数据，向"中央主管机关"提出建议。

第 15 条

本法第十四条第二项所定缓和医疗团队至少二次照会确认，为在相关专科医师确诊后，协助确认本法第八条第二项病人之预立医疗决定及其内容。

第 16 条

医疗机构或医师依本法第十四条第三项规定不施行病人预立医疗决定时，应建议病人转诊，并提供协助。

第 17 条

本细则自本法施行之日施行。

我国台湾地区"意定监护公证法实施细则"、意定监护契约范本和公证通知格式

第一部分
"意定监护公证法实施细则"

第 66 – 1 条

意定监护契约订立或变更之公证，本人及受任人应亲自到场。

前项公证应依下列规定办理：

一、提出户籍誊本或其他得证明尚未受监护宣告之文件。

二、请求意定监护契约变更之公证者，提出订立意定监护契约之公证书正本、缮本或影本。如曾变更意定监护契约者，宜提出历次变更之公证书正本、缮本或影本。

三、"依民法"第一千一百十三条之四第一项规定同时指定会同开具财产清单之人时，提出载有受指定人身份资料之文件。

四、提出其他必要文件。

公证人应确认本人之意识清楚，并确实明了意定监护契约之意义。公证人认为有必要时，得隔离单独询问本人。但本人有本法第七十四条或第七十五条规定之情形时，应使通译或见证人在场。

公证人应阐明意定监护契约于本人受监护宣告时，始发生效力，以及前后意定监护契约有相抵触者，视为本人撤回前意定监护契约之旨，并于公证书记载上开说明及当事人就此所为之表示。

公证人作成意定监护契约订立或变更之公证书后，应于七日内于"司法院"所定系统登录案件，并以司法院所定格式书面通知本人住所地之法院。公证人依第五十九条第一项规定为更正或补充之处分者，亦同。

第 66 – 2 条

意定监护契约撤回之公证，撤回人应亲自到场。

前项公证应依下列规定办理：

一、提出户籍誊本或其他得证明尚未受监护宣告之文件。

二、提出订立意定监护契约之公证书正本、缮本或影本。

三、提出已以书面向他方撤回之证明。

四、提出其他必要文件。

公证人应阐明意定监护契约经一部撤回者，视为全部撤回之旨，并于公证书记载上开说明及当事人就此所为之表示。

前条第三项、第五项之规定，于意定监护契约撤回之公证准用之。

第二部分
意定监护契约参考模板

立契约书人（委任人，以下简称甲方）委托□受任人1、□受任人2、□受任人3、…

（以下简称乙方，依实际个案情形填写）同意依本契约条款履行并签订条款如下：

第一条　契约本旨

甲、乙双方依"民法""成年人之意定监护"及相关规定，由甲方委任乙方于甲方受监护宣告时担任其监护人，处理有关甲方之生活、护养疗治及财产管理事务。

第二条　契约之成立与生效

（1）本契约之订立或变更，应由公证人作成公证书始为成立。

（2）本契约于甲方受监护宣告时，发生效力。

第三条　委任事务之范围

本契约委任事务之参考范围如下：

（一）有关生活管理事项：照护安排甲方之生活，例如生活必需费用之取得、物品操购及日常生活有关事项；协助缴纳相关生活照顾费用及其他税费等。

（二）有关医疗契约、住院契约、看护契约、福利服务利用契约及照顾机构入住契约等事项。

（三）保管与财产相关之证件、资料及物品。

（四）申请及领取甲方各项退休金、保险给付、津贴、补助，及办理各项福利身份资格之取得与变更等事项。

（五）开具财产清册：开具甲方财产清册，分别详列现金存款、动产、不动产、有价证券、其他财产权等清单。

（六）有关财产管理事项：1. 乙方应以善良管理人之注意义务，管理甲方之财产并予以记账。2. 甲方死亡时将甲方之遗产交还于其继承人。

（七）继承事宜。甲方为继承人时处理甲方之继承事宜，包含为继承登记程序、抛弃继承权、遗产分割、以及行使受遗赠权、继承回复请求权、行使扣减权之办理等事项。

（八）处理甲方行政救济、诉讼、非讼或诉讼外纷争解决事宜等。

（九）若甲方受监护宣告之原因消灭，应向法院声请撤销宣告。

（十）执行"民法"或其他法令所定监护人之相关职务。

（十一）其他约定事项。

例如：接受法定继承人查阅账册资料、与亲友会面之安排、信件拆阅、电子邮件之处理等。

第四条 受任人执行职务

乙方于执行委任事务应基于甲方之最佳利益为之。有关执行甲方之生活、护养疗治及财产管理之职务时，如甲方得以语言或其他方式表达意愿时，应尊重其意思；如甲方不能或无法表达意愿时，则依委任之意旨，综合考量其身心与生活状况为之。

第五条 费用之负担

乙方因处理本件甲方之监护事务而负担必要之费用，由甲方之财产负担。

第六条 契约之解除与终止

（一）于甲方受监护宣告前，甲方或乙方得随时以书面先向他方撤回本契约，并由公证人作成公证书。

（二）于甲方受监护宣告后，甲方有正当理由时，得声请法院许可终止本契约；乙方有正当理由时，得声请法院许可辞任其职务。

第七条 受任人为数人之执行职务范围

口共同执行职务。

口分别执行职务，执行职务之范围分别如下：

受任人1（例如生活管理、护养疗治事项）

受任人2（例如财产管理事项）。

口分别共同执行职务，执行职务之范围分别如下：

●受任人1、受任人2……共同执行。（例如生活管理、护养疗治事项）受任人3、受任人4……共同执行。（例如财产管理事项）……依序类推。

口其他约定执行范围。

第八条 会同开具财产清册之人

口甲方指定会同开具财产清册之人：

个人信息：

口由法院依职权指定。

第九条 报酬

本契约双方同意乙方之报酬如下：

☐甲方于本契约生效后，就乙方处理有关监护事务之报酬金额及给付方式为，乙方得自甲方之财产中受领之。

☐不给付报酬。

☐由乙方请求法院酌定。

第十条　处分财产是否受限制

☐甲方同意乙方为下列行为，不须经法院许可：

☐代理甲方购置或处分不动产。

☐代理甲方，就供其居住之建筑物或其基地出租、供他人使用或终止租赁。

☐乙方为下列行为，须经法院许可：

1. 代理甲方购置或处分不动产。

2. 代理甲方，就供其居住之建筑物或其基地出租、供他人使用或终止租赁。

☐甲方同意乙方得以甲方之财产为投资。

☐其他处分财产限制。

第十一条　契约之留存

本契约正本一式份，于订立后由立契约书人各执一份为凭，一份留存于法院公证处或民间公证人事务所。

立契约书人

甲方：

个人信息：

乙方：

受任人1：

客观信息：

受任人2：

客观信息：

受任人3：

客观信息：

　　　　年　月　日

附注：

一、本契约模板仅供参考使用，建议当事人仍应依具体个案需求斟酌订定相关条款。

二、甲方指定乙方为护养疗治事项之全部或一部时，如涉及医疗照护法规时，应依医疗照护法规办理。（例如："医疗法"第63条、第64条、第79条、

"安宁缓和医疗条例"第5条及第7条、"病人自主权利法"第10条及第11条、"人体器官移植条例"第6条第1项第2款、"长期照顾服务法"第42条、第43条等）。

第三部分
意定监护公证通知格式

一、

[意定监护契约公证通知]

邮政编码：

地址：

民间公证人：

法院邮政编码：

法院地址：台北市区路号

台湾地方法院收

二、

[变更意定监护契约公证案件通知书]

编号项目

1 公证人姓名：　　　　　　　　□法院公证人□民间公证人

2 公证人所属法院：台湾地方法院

3 公证书字号：　　年民公字第号

4 公证日期：　　年　月　日

5 订立意定监护公证书字号：　　年民公字第号

6 意定监护本人姓名：　　　　身份证：

7 意定监护受任人姓名：　　　　身份证：

8 本人住所地方法院：台湾地方法院

公证人签名与职章：

日期

日本、德国、法国以及我国台湾地区意定监护契约公证费用之立法例

	编号	学说	主要内容	"法律"依据	外国法例
意定监护契约订立	1	目标价额不能算定说（基本费说）	意定监护契约纵有约定受任人报酬，须持本人授意定监护宣告，受任人经法院指定为监护人，并开始执行监护职务后，始得受领此报酬。且本人何时受监护宣告、监护宣告何时终结，皆系未来不确定之事实，故报酬数额基本上无法计算，应认为此类事件之目标价额属不能算定之法律行为，核定收取公证费台币NT＄1000元。	"公证法" §112	日本法认为意定监护契约订立之公证，属目标价额不能算定之事件。依日本公证人费用令（公证人手数料令）第16条及第9条附表所示，收取公证费用日币11000元。① 又日本公证人于交付公证书正本或誊本时，依其张数，每张应收取日币250元②，如以公证书不超张之情形计算③，大约得收取日币1000元。且公证人作成意定监护公证书后，应向登记机关（法务局）为嘱托登记④，其为嘱托登记时，得收取嘱托费日币1400元⑤及印花税日币2600元，并加计日币540元之嘱托登记邮寄费，合计一件意定监护公证约得收取日币约17000元，折合台币约NT＄5000。意定监护契约亦合并有缔结一般之委任契约之情形，关于该委任契约如属有偿时，上项之数额即须增额计算。又受任人为复数（权限仅共同行使之情形除外），契约个数依受任人人数而增加，其费用亦应相应增加。

---

① 日本公证人费用令（公证人手数料令）第16条规定，法律行为之目标价额不能算定者，其价额视为日币500万元。同法第9条及附表所示，目标价额日币500万元之公证费用为日币1万1000元。此系第三级距，而非最低级距。日本级距为日币100万以下、100－200万、200－500万……

② 日本公证人费用令第40条。

③ 日本公证人费用令第25条规定，日本法以公证书4页以内为不超张之标准。

④ 日本公证人法第57－3条。

⑤ 日本公证人费用令第39－2条。

续表

编号	学说	主要内容	"法律"依据	外国法例
2	委任报酬说，未约定同基本费说	委任意定监护契约本质应属委任契约，由"民法""成年人之意定监护"一节立法说明可证。故意定监护契约订立之公证费核定，应以委任契约民事基本角度思考。 (1) 如契约未约定受任人报酬者，应认为此契约目标之价额不能算定，核定收取公证费台币NT＄1000。 (2) 如契约有约定受任人报酬时，则得以契约所载之受任人报酬，核定件法律行为之目标价额。虽已约定明确报酬数额，然无法定本人未来之受监护期间，如何计算，可分两说： A. 我国台湾地区平均长照期间说：缺点为我国台湾地区平均长照需求期间可能随时代更迭，公证人核定公证费用时，须再次确认目前之平均期间，且亦须仰类主管单位定期更新此数据，故明确性与可预测性略为不足。 B. 推定存续期间：依"公证法"第110条①准用"民事诉讼法"第77－10条②推定存续期间最长为10年。	"公证法"§112、110、"民事诉讼法"§77－10	

① "公证法"第110条规定："关于计算公证事件目标之价额，本法未规定者，准用民事诉讼费用有关之规定。"
② 民事诉讼法第77－10条规定："因定期给付或定期收益涉讼，以权利存续期间之收入总数为准；期间未确定时，应推定其存续期间。但其期间超过十年者，以十年计算。"

续表

编号	学说	主要内容	"法律"依据	外国法例
3	委任报酬说，未约定采不得上诉三审最高利益数额说	意定监护契约 (1) 已约定报酬者，应按该委任报酬计算公证目标金额或价额，并核定公证费。 (2) 未约定报酬，则依"公证法"第110条准用"民事诉讼法"第77-12条①以不得77-12上诉三审最高利益150万②加计1/10为165万。再依公证法109条规定核定公证费NT＄4000。	"公证法"§109、110、"民事诉讼法"§77-12	

---

① "民事诉讼法"第77-12条规定："诉讼目标之价额不能核定者，以第四百六十六条所定不得上诉第三审之最高利益额数加十分之一定之。""民事诉讼法"第466条第1项规定："对于财产权诉讼之第二审判决，如因上诉所得受之利益，不逾新台币一百万元者，不得上诉。"：第3项"前二项所定数额，台湾地区司法机构得因情势需要，以命令减至新台币五十万元，或增至一百五十万元。"

② "民事诉讼法"第466条第1项上诉第三审利益额数已自1991年2月8日起提高为150万元（台湾地区司法机构1991年1月29日"院台厅"民一字第03074号令参照）。

续表

编号	学说	主要内容	"法律"依据	外国法例
4	管理财产价额说	"民法"第1113－10条①准用第1112条②规定，意定监护契约约定之执行职务范围包含本人之财产管理。同法第1113－9条规定，契约得以约定受任人执行监护职务时，就关于处分不动产、住居所变更、投资等事项，不受应得法院同意之限制③。故意定监护契约类如信托契约之性质，得以契约所约定管理或处分财产之总额计算公证目标金额或价额。唯如无法算定时，又可分为采用基本费说与不得上诉第三审之最高利益数额说。	"民法"§1113－9、1113－10、1112、"公证法"§109	依德国法院与公证费用法第98条第3项④、第4项⑤及第36条第2项⑥规定，有关代理权授予以及病患监护，均依法律行为的价值，如财产价值无法算定时，应予以认定之法律行为价值

---

① "民法"第1113－10条规定："意定监护，除本节有规定者外，准用关于成年人监护之规定。"

② 民法第1112条规定："监护人于执行有关受监护人之生活、护养疗治及财产管理之职务时，应尊重受监护人之意思，并考虑其身心状态与生活状况。"

③ "民法"第1101条规定Ⅰ监护人对于受监护人之财产，非为受监护人之利益，不得使用、代为或同意处分。监护人为下列行为，非经法院许可，不生效力：一、代理受监护人购置或处分不动产。二、代理受监护人，就供其居住之建筑物或其基地出租、供他人使用或终止租赁。监护人不得以受监护人之财产为投资。但购买公债、国库券、中央银行储蓄券、金融债券、可转让定期存单、金融机构承兑汇票或保证商业本票，不在此限。

④ 德国法院与公证费用法98条第3项，法律行为价值，于一般代理权的情形，依适当的裁量而决定。在此间，应适当顾及授予之代理权与本人的财产。依予以决定之法律行为价值，不得超过委任人（本人）财产之一半。未有足够的根据决定价值者，以法律行为价值为5000欧元为准。

⑤ 德国法院与公证费用法98条第4项，在所有情形，应予以认定之法律行为价值，最高为100万欧元。

⑥ 德国法院与公证费用法36条第2项，以在非财产事件，法律行为价值依本法规定无法得出者为限，该价值于顾及所有个案情况，尤其是事件的意义与范围，以及参与人的财产与收入关系，依适当的裁量而决定。但以不超过100万欧元为限。

续表

	编号	学说	主要内容	"法律"依据	外国法例
	5	非财产关系与财产关系并为公证说	有关监护人指定部分,系为请求就婚姻、认领、收养或"其他非因财产关系"之法律行为,依"公证法"第113条第1项规定,作成公证书收取费用NT$1000。同条第2项于非财产关系之公证,并请求为财产关系之公证者,其公证费用分别收取之。故财产关系部分之公证,除得依上述四说收取公证费外,应另加计非财产部分公证费用NT$1000。	"公证法"§113	
	6	自定义费用说	公证人虽无在意定监护契约生效后每年检查意定监护人呈报财务情形之义务,然依"民法"第1113-3条第1项规定,必须于制作意定监护契约公证书七日内,将公证书电子文件上传并进行登录,再以书面通知本人住所地法院。此增加之成本,似得参考法国规定反映于公证制作公证书费用规定费用上。	民法§1113-3	以法国的保护未来之委任契约(le mandat de protection future)费用之计算,分成制作公证意定监护公证书及契约生效后,每年公证人检查意定监护人所呈报财务情形之费用。① 有关制作公证书费用规定在商业法典②,系单一费用,未税价为115.39欧元。此外尚有登录规费125欧元,将公证书数字化之费用,合计约为325欧元。约NT$11000。

---

① 此一费用,依照法国商业法典第A444-80条之规定,按照监护人报告之财产多寡而计算,设有三个级距。第一级距为低于25000欧元以下,未税额115.39欧元;第二级距为25000-65000欧元,未税额192.31欧元;第三级距为高于65000欧元者,未税额346.16欧元。
② 法国商业法典第A444-79条与A444-79-1条。

续表

	编号	学说	主要内容	"法律"依据	外国法例
变更	类型一	报酬数额之变更：差额计算说	（1）报酬增加：类推适用"公证法"第114条第4款但书规定，以新报酬与旧报酬间之差额，就增加部分核定本件变更之公证费。 （2）报酬减少：因受任人所得利益减少，且订立契约时即已依较高报酬核定公证费，故仅就报酬减少之变更，类推适用"公证法"第114条第4款本文规定，仅收取费用NT$1000。然"公证法"第114条第4款之前提为"曾于同一公证处或公证人事务所"作成公证书之法律行为之补充或更正①若于不同公证处或不同事务所，自得不必受拘束，可径依"公证法"第109条规定重新核定。②	"公证法"114（4）	法国意定监护公证书制作后，生效前，若有意定监护契约修改之情形，为新的公证书制作行为，须另外收费。依§商业法典"第A444-79条规定，未税额为57.69欧元，约NTS2000。德国法认为，法律关系变动之公证，其费用不得超过其变更部分之价值。③
	类型二	非报酬数额之其他事项变更：基本费说	如契约之变更内容未涉及报酬数额，例如：更改报酬给付方式、执行监护职务范围、职务分工、财产管理及处分方式等，因未增加公证之目标金额或价额，应类推适用"公证法"第114条第4款，仅收取公证基本费NT$1000。	"公证法"§114（4）	日本法认为意定监护契约之变更亦属价额不能核定，故费用收取同订立契约时之方式，折合台币约NT$5000。

① "公证法"第114条第4款规定："曾于同一公证处或公证人事务所作成公证书之法律行为之补充或更正。但以不增加目标金额或价额为限。其增加目标金额或价额者，就增加之部分，依第一百零九条之规定收取费用。"

② 唯台湾地区司法机构1998、1999年公证实务研究会研究专辑法律问题第15则讨论：调降租金协议之公证若至不同之公证处办理公证，费用之计算本不属于"公证法"第114条第4款所规定之范畴，多数说却以"衡平考虑当事人之利益与使用便利性，仍以收取公证费用1,000元方为合理"。显然逸脱了现行法条之文义解释，做出利于公证请求人之结论。

③ 德国法院与公证费用法97条第2项。

续表

	编号	学说	主要内容	"法律"依据	外国法例
撤回	1	基本费说	意定监护契约撤回公证系当事人一方，就已成立之契约撤回其意思表示，故此类型之公证未涉及财产或报酬之数额，亦无法评估其目标价额，故应依"公证法"第112条规定，就目标价额不能算定之法律事件，收取公证基本费 NT＄1000。	"公证法"§112	日本法针对意定监护契约之解除，规定系由公证人作成"文书认证"，并不要求作成公证①。而作成认证时，固定收取日币5500元②，折合台币约 NT＄1500。又契约解除时，无须由公证人向登记机关委托登记，而系由本人或受任人自行向登记机关登记③，故无嘱托费及印花税等之费用收取。 法国意定监护公证书制作后，生效前，若撤回，系制作新公证书，另收费。依商业法典第 A444-79 条规定，未税额为 57.69 欧元，约 NT＄2000。 德国法认为，撤销授权或委任之终止，其费用收取同样适用授予代理权之规定，故与订立时之费用收取应相同④。
	2	类推适用解除或终止说	意定监护契约撤回之公证目标价额无法算定，固属无误。然观察"公证法"第114条第2款规定："请求就下列各款事项作成公证书者，收取费用一千元：二、契约之解除或终止"契约之解除或终止皆系使法律关系消灭之法律行为，撤回之意思表示亦然。故就事件类型而言，意定监护契约之撤回应较接近此公证之类型，依相同意义事物应为相同处理之法理，应类推适用"公证法"第114条第2款之规定，收取公证费 NT＄1000。	类推适用"公证法"§114（2）	

---

① 日本意定监护契约法第9条。
② 日本公证人费用令第34条。
③ 日本监护登记法第7条第1项第4款、第8条第2项。
④ 德国法院与公证费用法第98条第5项。

我国台湾地区意定监护相关规定

"台湾地区民法典"第 14 条：

对于因精神障碍或其他心智缺陷，致不能为意思表示或受意思表示，或不能辨识其意思表示之效果者，法院得因本人、配偶、四亲等内之亲属、最近一年有同居事实之其他亲属、检察官、主管机构、社会福利机构、辅助人、意定监护受任人或其他利害关系人之申请，为监护之宣告。

第 1106 – 1 条：

有事实足认监护人不符受监护人最大利益，或有显不适任之情事者，法院得依前条第一项申请权人之申请，改定适当之监护人，不受第一千零九十四条第一项规定之限制。

法院于改定监护人确定前，得先行宣告停止原监护人之监护权，并由当地社会福利主管机关为其监护人。

第 1113 – 2 条：

称意定监护者，谓本人与受任人约定，于本人受监护宣告时，受任人允为担任监护人之契约。

前项受任人得为一人或数人；其为数人者，除约定为分别执行职务外，应共同执行职务。

第 1113 – 3 条：

意定监护契约之订立或变更，应由公证人作成公证书始为成立。公证人作成公证书七日内，以书面通知本人住所地之法院。

前项公证，应有本人及受任人在场，向公证人表明其合意，始得为之。

意定监护契约于本人受监护宣告时，发生效力。

第 1113 – 4 条：

法院为监护之宣告时，受监护宣告之人已订有意定监护契约者，应以意定监护契约所定之受任人为监护人，同时指定会同开具财产清单之人。

其意定监护契约已载明会同开具财产清单之人者，法院应依契约所定者指定之，但意定监护契约未载明会同开具财产清单之人或所载明之人显不利本人利益者，法院得依职权指定之。

法院为前项监护之宣告时，有事实足认意定监护受任人不利于本人或有显不适任之情事者，法院得依职权就第一千一百十一条第一项所列之人选定为监护人。

第 1113-5 条：

法院为监护之宣告前，意定监护契约之本人或受任人得随时撤回之。

意定监护契约之撤回，应以书面先向他方为之，并由公证人作成公证书后，始生撤回之效力。公证人作成公证书后七日内，以书面通知本人住所地之法院。契约经一部撤回者，视为全部撤回。

法院为监护之宣告后，本人有正当理由者，向法院申请许可终止意定监护契约。受任人有正当理由者，向法院申请许可辞任其职务。

法院依前项许可终止意定监护契约时，应依职权就第一千一百十一条第一项所列之人选定为监护人。

第 1113-6 条：

法院为监护之宣告后，监护人共同执行职务时，监护人全体有第一千一百零六条第一项或第一千一百零六条之一第一项之情形者，法院得依第十四条第一项所定申请权人之申请或依职权，就第一千一百十一条第一项所列之人另行选定或改定为监护人。

法院为监护之宣告后，意定监护契约约定监护人数人分别执行职务时，执行同一职务之监护人全体有第一千一百零六条第一项或第一千一百零六条之一第一项之情形者，法院得依前项规定另行选定或改定全体监护人。但执行其他职务之监护人无不适任之情形者，法院应优先选定或改定其为监护人。

法院为监护之宣告后，前二项所定执行职务之监护人中之一人或数人有第一千一百零六条第一项之情形者，由其他监护人执行职务。

法院为监护之宣告后，第一项及第二项所定执行职务之监护人中之一人或数人有第一千一百零六条之一第一项之情形者，法院得依第十四条第一项所定申请权人之申请或依职权解任之，由其他监护人执行职务。

第 1113-7 条：

意定监护契约已约定报酬或约定不给付报酬者，从其约定；未约定者，监护人得请求法院按其劳力及受监护人之资力酌定之。

第 1113-8 条：

前后意定监护契约有相抵触者，视为本人撤回前意定监护契约。

第 1113-9 条：

意定监护契约约定受任人执行监护职务不受第一千一百零一条第二项、第三项规定限制者，从其约定。

第 1113-10 条：

意定监护，除本节有规定者外，准用关于成年人监护之规定。

中国香港地区《预设医疗指示》指导手册

前言

现代医疗科技发达，很多疾病都可以治愈或受到控制。但是，每个人的生命都有尽头，不少疾病仍可以发展到药石无灵的阶段。不过，当疾病到了末期，病人面对死亡时，现代医疗科技还可以提供维持生命的方法，包括人工呼吸、心肺复苏术等。但由于疾病不能逆转，延长的只是死亡过程，对病人可能没有意义，甚至增加痛楚。面对这情况，病人、家属和医护人员，可以商讨应否提供没有意义的维持生命治疗（以下简称"维生治疗"），让病人安详离世。

医管局认为，在以下情况不提供或撤去维生治疗，是适当的：

· 清醒及知情的病人拒绝接受该治疗，

· 该治疗已无效用。

如果病人不清醒，该治疗是否无效用，需要医护人员与家属商讨，根据病人最佳利益而做决定。由于何谓最佳利益涉及病人的价值观及其对治疗的取向，有时候，当病人未有先前清晰表达其观点，医护人员与家属可能有困难达致共识。故此，如果病人仍清醒时，能够预先表达其有关治疗的意愿，甚至签署预设医疗指示，困难可能减少。诚然，与病人和家属商讨面对死亡的问题并不容易；在适当时候，医护人员会透过预设照顾计划，让病人和家属逐步了解面对的问题和选择，然后再做决定。本网页的目的，是为有关课题提供适切的资料，让病人、家属、和公众人士多一点了解。

香港医管局临床伦理委员会
2019 年

一、了解"维生治疗"以及包括的治疗

维生治疗是指任何有可能延长病人生命的治疗，但部分治疗方式却可能极具侵入性，对病人带来痛苦与身体之损伤，若病人一旦脱离这些维生仪器，往往就无法继续生存。

维生治疗一般包括

· 心肺复苏术

- 人工辅助呼吸（呼吸机）
- 血液制品（输血、血小板、血浆）
- 心脏起搏器及血管增压素（强心药）
- 化学治疗
- 透析治疗（洗肾）
- 抗生素
- 人工营养和导管喂饲食物和水分（胃喉）

什么是"心肺复苏术"？

心肺复苏术（CPR）是针对呼吸心跳停止的危重病人所采取的抢救措施。胸外按压维持暂时的血液循环保持呼吸畅通，以人工呼吸代替自主呼吸。此外，医护人员亦会适当地使用药物及电除颤以恢复心跳。

为何"维生治疗"会无效？

维生治疗如心肺复苏术是一种入侵性的抢救治疗，它的结果取决于许多因素。末期疾病的病人，由于导致心脏停顿的基本因素，如癌症和器官衰竭并没有改变，心肺复苏术的成功率非常低，有效救治的机会极微。此外，心肺复苏术可能导致并发症，如病人的肋骨断裂。在濒死病人身上施予无效的心肺复苏术，只会延长临终病人死亡过程，并造成不必要的伤害和痛苦。

其他的维生治疗，在个别的末期情况可能根本不能维持生命。在另一些情况，个别维生治疗虽然暂时维持生命，但由于疾病不能逆转，延长的只是死亡过程，对病人没有意义，甚至增加痛楚，不符合"病人最佳利益"，整体来说没有效用。在这些情况下，舒缓性的治疗会更为合适。

二、"病人的最佳利益"

"病人的最佳利益"是指就某项治疗而言，病人可得到的利益与可遭遇到的伤害、痛苦及困扰之间所做出的衡量。

决定病人最佳利益时，须考虑下列因素，以衡量病人的负担及好处。

1. 病人是否遭到严重及难以治理的痛楚或困难？
2. 对建议治疗的功效之临床判断
3. 病人是否不可逆转丧失知觉？是否有机会苏醒自决？
4. 在当时环境下，治疗的入侵性是否有理据支持？
5. 若提供治疗，能否改善病人情况及改善程度？

此外，病人的最佳利益不单只从医疗角度考虑，他们的意愿是十分重要的考虑因素，亦要考虑病人的信仰和价值观，来平衡利益与负担；如病人无法表达自己，可参考家属和照顾者的意见，得知病人的价值观、意愿、文化及宗教信仰等以推定病人的最佳利益。

三、不给予病人无效"维生治疗"是否等于"安乐死"

安乐死是直接并有意地使一个人死去，作为提供的医疗护理的一部分，实质上是透过杀害病人以解决其痛苦。杀害病人可以视为刑事罪，道德上亦极具争议性。在香港地区，一如世界上绝大部分地方，安乐死是违法行为，亦不符合医护人员的专业守则。

不给予无效的"维生治疗"≠"安乐死"

但是病人有权拒绝自己不想接受的治疗，包括维生治疗，医护人员如果强行施予病人拒绝的治疗，有可能被视为袭击病人。反过来，医护人员没有施予这些治疗，只是尊重病人的意愿，让其安然离世，并不是施行安乐死。

停止或不给予病人无效治疗亦不是施行安乐死，因为无效治疗不符合病人的最佳利益，对于濒临死亡的病人施予无效的维生治疗，只会带来更多的痛苦。病人需要的，不是这些无效治疗，而是要临终关顾，让其安然离世。

中国香港地区特殊需要信托申请指南及费用

一、申请手续

1. 服务查询及申请

服务查询	★家长/亲属（委托人）致电/亲临特殊需要信托办事处作服务查询 ★委托人初步了解"特殊需要信托"服务
与家人商讨	★委托人与家人及其有特殊需要的子女/亲人（受益人）商讨是否申请"特殊需要信托"服务
服务申请	★委托人填写服务申请表，并交回特殊需要信托办事处
参与信托服务的准备	★委托人递交相关证明文件以确立其申请资格（有关证明文件清单请参阅下方【提示你】） ★委托人与信托户口经理商议受益人的长远照顾计划、相关开支预算及指定的个人或机构照顾者 ★信托户口经理与受益人及其他相关家人接触（如适用），了解其参与信托的意愿/意见

2. 设立信托户口

提交信托文件及首次注资	★委托人自行委聘律师提供法律意见，订立遗嘱，并在律师面前签立信托契约 ★委托人须附上意向书及受益人的照顾计划 ★委托人安排注入首次注资于信托户口
设立信托户口	★"特殊需要信托"户口设立

＊提示　证明文件包括：

委托人

1. 香港永久性居民身份证

2. 婚姻证明（例如：结婚证）（如适用）

3. 资产证明（例如：银行月结单）

4. 意向书及照顾计划

5. 照顾者同意书

6. 信托契约

7. 遗嘱副本

受益人

1. 出生证明/关系证明

2. 香港永久性居民身份证

3. 婚姻证明（例：结婚证）（如适用）

4. 残疾证明文件（例如：精神科医生或临床心理学家评估报告等）

5. 工作证明（如适用）

6. 正/曾就读的特殊学校的证明文件（如适用）

7. 康复服务中央转介系统申请康复服务登记书（如适用）

设立"特殊需要信托"的三份主要信托文件

1. 信托契约

家长/亲属（委托人）须在律师见证下签立信托契约，证明于离世后由社会福利署署长法团（受托人）根据信托契约的条款管理由委托人转移至受托人的财产，并将财产使用于照顾其有特殊需要的子女/亲人（受益人）。

2. 遗嘱

家长/亲属（委托人）须通过律师订立遗嘱，指明于离世后将资金转移至"特殊需要信托"的安排，并由遗嘱执行人负责执行有关安排。家长/亲属（委托人）须把有关遗嘱的副本交予特殊需要信托办事处存档。

3. 意向书及其照顾计划

家长/亲属（委托人）在签立信托契约的同时，须附上意向书及受益人的照顾计划，写清日后受益人每年的照顾项目及开支；日后担任受益人照顾者的个人或机构；并提供个人照顾者的姓名或机构照顾者的名称及取得照顾者的书面同意。若有多于一名照顾者，委托人应在意向书内列明照顾者的优先次序，获委托人给予最优先次序并在当时愿意及有能力的照顾者会承担照顾者的责任。

开支项目	预算每月开支
基本需要	
日常生活需要	
医疗/牙科需要	
康复/专业支援需要	
住宿开支	
照顾需要	
教育需要	
社交与康乐需要	
其他需要	

＊提示：信托户口经理会与委托人及受益人（如适用）共同商讨及制定意向书及照顾计划。委托人必须自行聘请律师，就信托契约及遗嘱内的相关条文提供法律意见。

二、财务管理及信托费用

受托人会成立咨询委员会，就管理及信托基金的投资事宜提供意见，并因应咨询委员会的意见，根据《受托人条例》（第29章）的条文动用信托基金进行投资。

信托户口启动前	★受托人不会就首次注资的款项收取任何管理费用，亦不会用作投资；而该笔款项将会存放于储蓄存款户口。
信托户口启动后	★受托人会定期向照顾者发放为受益人的福利及利益的资金，该笔资金须主要用于受益人的日常生活、照顾及发展。 ★受托人将不同"特殊需要信托"委托人的资金及/或受托人管理的其他信托的资金汇聚投资及管理，及/或将有关资金交予受托人信赖为合适的机构进行投资。 ★受托人将投资的损益按比例分配予各信托户口。 ★受托人会收取管理费。 ★受托人有权就根据有关契约履行职务和行使权力而直接或间接产生的所有合理及适当的费用和收费等（包括受托人的任何法律或其他专业顾问的费用），从信托基金拨付上述费用或获信托基金发还相关款项。 ★受托人可向获其委任的照顾者支付服务费/其他费用，而这些费用可从相关的信托户口扣除。

＊提示：受托人可调整收费的条款及条件，有关调整会通过社署网页公布。

三、委托人的检视清单

1. 申请"特殊需要信托"只可以有一名委托人（例如受益人的父母的其中一方）。

2. "特殊需要信托"户口只接受港币现金注资，不接受其他资产类型。

3. 在启动信托户口前（即你在世期间），标存入的第一笔资金款项（即首次注资）不会用作投资，亦不会收取任何管理费；该笔款项将会存放于储蓄存款户口。

4. 在启动信托户口后，信托服务会收取管理费。

5. 信托契约一旦生效，信托便不能被撤销。除了信托户口启动前（即委托人仍在世），而受益人已离世或已移民外地以致受托人认为受益人不再通常居住中国香港；受托人将把首次注资金额归还予委托人。

6. 为设立信托户口，你必须订立遗嘱，指明于离世后将资金转移至"特殊需要信托"的安排，并由遗嘱执行人负责执行有关安排。你必须将遗嘱副本提交受托人存档。

7. 假如你日后修改遗嘱内容，必须及时通知受托人并附上最新的遗嘱副本存档。

8. 受托人会定时与你检视受益人的照顾计划及财务需要。如受益人的状况转变，你可对意向书、照顾计划和财政预算做出更改。

9. 你必须在意向书内提供照顾者的姓名或名称，并取得照顾者的书面同意，以便照顾者在信托户口启动后（即你离世后）执行你在生时为受益人拟定的照顾计划。

10. 在信托户口启动后，你在生前所指定的照顾者会定期收到由受托人为受益人的福利及利益向其发放的资金，该笔资金会主要用于受益人的日常生活、照顾及发展。

11. 你委任的个人或机构照顾者有可能额外再收取费用，并从相关的信托户口扣除。

12. 当你离世后但未能收到你的遗嘱执行人提供的进一步注资时，受托人会运用首次注资的资金让照顾者执行照顾计划，直到户口资金用罄，信托户口便会终止。